大学生安全教育与应急处理训练

主　编：张效民
副主编：撒承贤　赵伟光　孙剑坪

商务印书馆
2013年·北京

图书在版编目(CIP)数据

大学生安全教育与应急处理训练/张效民主编. —北京：商务印书馆，2011(2013.10 重印)
ISBN 978-7-100-08585-4

Ⅰ.①大… Ⅱ.①张… Ⅲ.①大学生—安全教育—高等学校—教材②自救互救—高等学校—教材 Ⅳ.①G645.5 ②X4

中国版本图书馆 CIP 数据核字(2011)第 189572 号

所有权利保留。
未经许可，不得以任何方式使用。

大学生安全教育与应急处理训练
张效民　主编

商　务　印　书　馆　出　版
(北京王府井大街36号　邮政编码 100710)
商　务　印　书　馆　发　行
北京瑞古冠中印刷厂印刷
ISBN 978-7-100-08585-4

2011年10月第1版　　　开本 787×1092　1/16
2013年10月北京第4次印刷　印张 16
定价：27.00元

《大学生安全教育与应急处理训练》编写委员会

主　任　　刘洪一
副主任　　撒承贤　杨润辉　温希东　张效民
委　员　　陈国梁　赵伟光　罗　刚　任全录
　　　　　严　薇　李继中　夏　勇　汪　治
　　　　　曹天禄　李　强　孙剑坪　周　玲

《大学生安全教育与应急处理训练》编写组

主　编　　张效民
副主编　　撒承贤　赵伟光　孙剑坪
编写者　　张效民　撒承贤　赵伟光　孙剑坪
　　　　　夏　勇　潘文峰　李　耀　肖　燕
　　　　　阴法楠　胡明鸣　黄炳华

序

改革开放30年来,我国的高等教育实现了跨越式发展,高等教育已提前进入大众化发展阶段,毛入学率达到23%,在校学生总规模已接近3000万人。中国已经从人口大国发展成为教育大国和人力资源大国,正在向人力资源强国迈进。但是我们也应该清醒地看到,我国的大学教育水平与我国应对复杂多变的国际形势和日趋激烈的国际竞争,与全面建设小康社会的新要求和人民群众的新期待等方面还有相当的差距。安全教育在我国的高等教育体系中还相当薄弱,甚至是一个空白。广大学生应对各种突发性自然灾害事件和社会安全事件的应急处理能力,与发达国家相比还存在明显的差距,不能有效应对我国自然灾害频发的严峻形势,无法适应我国经济与社会的高速发展。把安全教育作为一门特殊的大学课程来研究和建设,对大学生进行系统的安全教育,培养科学的安全理念,提高应对突发安全事故的能力既是时代发展的要求,也是高等教育人才培养工作中值得认真研究的现实课题。

值得一提的是,深圳职业技术学院长期注重学生综合素养的培养,始终把人的全面发展摆在十分重要的位置。在安全教育中,注重培养"安全教育,终身受益"的教育理念,成功地探索了一条在大学生中开展安全教育的可行之路,并于2009年9月将大学生安全教育正式作为一门必修课,纳入学校的课程体系,取得了良好的实效。更感欣慰的是,来自宁夏职业技术学院、四川烹饪专科学校、电子科技大学的老师,与深圳职业技术学院的老师一道,在总结吸收深圳职业技术学院安全教育经验的基础上,全面吸收国内外安全教育的先进经验,立足我国大学生的实际,编写了这部全新的安全教育教材。综观整部教材,无论是理念目标,还是内容形式的设定,都使人耳目一新,体现了安全教育的最新理念和方法,充分体现了教材的研究含量和编者们的良苦用心。可以肯定地说,这部《大学生安全教育与应急处理训练》教材,是一部立足教学实际,贯彻现代安全教育最新理念和方法的好教材,必将进一步促进大学生安全教育的研究与思考。

长期以来,在我们的大学教育里,历来有重专业教育,轻人文素质教育的倾向。学科专业教育是硬学分,涉及人的综合素养的人文通识教育是软学分,涉及人身安全的安全教育更是不在课程设计的考虑之内。可以说,这种倾向本身就是一种教育上的短视浅见,需要不断的疏理纠正,使一切教育首先从人开始。我相信,随着我国高等教育的不断改革发展,人文通识教育在高等教育的课程比重中会越来越重,安全教育也会越来越为人重视,狭隘的专业教育意识势必会逐渐得到纠正,使人的发展、人的德行修养与专业教育一样成为大学教育的核心课程。衷心希望通过几代人的艰苦努力,把我国大学生乃至全体国民的文明水平提高到一个新的高度。

刘洪一

2011年8月于深圳

目　录

导论 ·· 1

第一章　公共安全与突发公共事件的应急处理 ··· 7
第一节　公共安全与突发公共事件现状 ··· 7
第二节　公共安全与突发公共事件的类型和特征 ······································ 9
第三节　突发公共事件的应急预案及公共事件等级 ································· 12
第四节　突发公共事件的应急处置 ·· 13
第五节　恐怖主义活动的防范措施 ·· 20

第二章　大学生活中人身财产的安全防范 ·· 24
第一节　盗窃犯罪的防范与应急处理 ·· 24
第二节　诈骗犯罪的防范与应急处理 ·· 28
第三节　抢劫、抢夺犯罪的防范与应急处理 ·· 31
第四节　传销犯罪的防范与应急处理 ·· 34
第五节　性侵害犯罪的预防和应急处理 ·· 37
第六节　毒品犯罪的预防和处理 ··· 40
第七节　高校宿舍用电安全 ··· 44

第三章　现代消防安全 ·· 48
第一节　燃烧的基本知识 ·· 49
第二节　灭火器的使用与灭火的基本方法 ··· 51
第三节　火灾的预防与扑救常识 ··· 54
第四节　火场逃生 ··· 59

第四章　现代交通安全 ·· 65
第一节　道路交通安全的基本精神和主要内容 ······································ 66
第二节　常见交通事故的应急处理方法 ·· 69
第三节　火车、轮船等交通工具发生事故时的应急自救方法 ·················· 75
第四节　世界主要发达国家交通安全的科学理念和基本规则 ·················· 80

第五章　网络信息安全与当代大学生的成长 ·· 92
第一节　互联网带来的安全问题及应对 ·· 92
第二节　网络陷阱的识别与应对 ··· 99
第三节　网络信息安全的维护与防范 ·· 102

第六章　重大自然灾害与传染疾病的防范处理 ·· 105
第一节　地震中的人身安全保护和自救方法 ··· 105

第二节　台风、洪水、暴风雪等异常自然灾害的安全防范 …………… 110
　　第三节　各种重大传染病及常见突发疾病的预防和应急处理 ………… 114

第七章　野外条件下的生存与自救能力 ……………………………………… 124
　　第一节　野外生存与自救的指导思想及基本装备保障 ………………… 124
　　第二节　野外生存与自救的基本技能 …………………………………… 128
　　第三节　野外活动中意外事故的防范与应对 …………………………… 132

第八章　校园暴力行为的防范与处理 ………………………………………… 137
　　第一节　校园暴力行为的类型与危害 …………………………………… 137
　　第二节　校园暴力行为分析 ……………………………………………… 140
　　第三节　大学校园暴力行为的控制与防范 ……………………………… 143

第九章　心理危机与精神疾患的应对防范 …………………………………… 150
　　第一节　大学生的心理危机与应对 ……………………………………… 151
　　第二节　常见的心理疾病与应对 ………………………………………… 153
　　第三节　抑郁症的预防与应对 …………………………………………… 160
　　第四节　精神分裂症的预防与应对 ……………………………………… 165

第十章　化学事故与核事故的安全防范 ……………………………………… 171
　　第一节　化学事故的安全防范 …………………………………………… 172
　　第二节　核泄漏事故的安全防范 ………………………………………… 175

第十一章　食品安全 …………………………………………………………… 190
　　第一节　食物中毒主要类别 ……………………………………………… 191
　　第二节　食物中毒发病的主要特点、种类、预防与应急处理 ………… 195

第十二章　大学生实习实训安全防范措施 …………………………………… 204
　　第一节　电工实训安全教育及安全防范措施 …………………………… 204
　　第二节　金工实训操作安全教育与应急处理措施 ……………………… 208
　　第三节　汽车维修实训安全与防范 ……………………………………… 213
　　第四节　化学实验实训中的安全防护措施与急救方法 ………………… 218
　　第五节　大学生顶岗实习的人身安全与防范 …………………………… 221

第十三章　国际交往中的安全问题 …………………………………………… 226
　　第一节　对外交往与留学生人员构成的新变化 ………………………… 227
　　第二节　对外交往与留学中应注意的基本安全问题 …………………… 228
　　第三节　安全问题的防范措施与应对方法 ……………………………… 232

附录一：疏散演习模板 ………………………………………………………… 238
附录二：消防疏散标志 ………………………………………………………… 241
附录三：消防警示标志 ………………………………………………………… 242
参考文献 ………………………………………………………………………… 243
后记 ……………………………………………………………………………… 245

导　论

　　自英国工业革命以来，人类在取得辉煌成就的同时，也为自身的发展付出了沉重的代价。

　　在相当长的时期，人们为了自身的发展，忽略了与自然的平衡关系，使得人类在创造一个一个物质文明的同时，也为自身留下了众多的生存隐患。历史上，人们对自然资源大规模无序的开发利用，对自然环境肆无忌惮的破坏，不仅使人与自然的矛盾日益尖锐突出，也使人类赖以生存的环境日益脆弱。20世纪以来频仍不断的自然灾害，就是自然对人类发出的一次次严正警告。远的不说，单就近十年而言，我们就先后经历了东南亚海啸、四川汶川地震、甘肃舟曲泥石流、日本福岛地震等众多自然灾害。这些重大自然灾害不仅使数以万计的人失去生命，上千万的人失去美好家园，更使我们赖以生存的环境越来越不安全，使抗灾救灾成为我们生活中不得不认真面对的沉重话题。

　　在自然给我们带来诸多警告的同时，我们自身的不当和失范行为同样给我们的环境和生活带来了极大的威胁，使我们生活中的不安全因素越来越多。福岛核电站事故让人们更加担忧核能利用的安全隐患，三聚氰胺事件让我们日益担心我们的食品安全，渤海蓬莱的溢油事件、甬温线上的高铁追尾事故、德国出血性胃肠杆菌疫情、挪威奥斯陆的爆炸和于特岛针对民众的枪杀惨案更是让我们纠结不安。

　　安全，已经日益成为与发展并行的主题，需要我们认真关注，认真思考，认真对待。

一

　　当前我国的国民经济总量已位列世界第二位，外汇储备已达世界第一位。与过去相比，无论我国的经济地位还是国际政治地位，都发生了很大的改变。我国正处于一个新的历史方位，正在进入经由世界大国向世界强国迈进的重要历史时期。据统计，2005年我国商务旅游出境人员超过3100万人，2007年出境人数已经超过了一亿人次。可以说，当今世界的任何一个国家和地区，都跃动着中国人的身影。可以预言，随着全球化的进一步深化，我国的国际影响必将进一步扩大，中国人必将在更大范围内，更加广泛深入地参与世界事务。从这个角度讲，中国人也必将更加直接、更加广泛地面对不同宗教信仰、不同历史文化、不同价值观念、不同行为习惯、不同生活方式的陌生世界和陌生人群。由于这些广泛的"不同"存在，如果处理不当，极可能引发误会冲突，从而使得我们面对的不安全因素更加复杂多元，一些过去看似遥远或不曾存在的因素也将成为我们需要直接面对的安全的挑战。这就要求我们站在新的历史高度,做好一切应对准备,包括思想的、观念的、能力的准备,使我们能够从容应对来自方方面面的挑战,有效地维护社会安全,保护我们自身的生命与财产安全。

面对日益增加的各种危害人民生命财产安全的潜在威胁,胡锦涛同志曾明确要求要在全社会加强对自然灾害的预防、避险、自救、互救等知识普及,全面提高风险防范意识和灾害救助能力。温家宝同志也多次强调,要将灾害教育纳入国民教育体系,让防灾减灾救灾科学知识进学校、进工厂、进农村、进家庭,提高公民与社会的风险防范意识。党和国家领导人的这些要求,体现了党和政府对国家和人民生命财产的高度关注,无疑是我们开展安全教育的重要指导思想。

二

在高等学校开展安全教育,是全社会安全教育的重要组成部分,也是学校教育的重要职责。

就目前高校校园的安全环境来看,大学校园作为社会的组成部分,社会上存在的各种不安全因素也必然会反映波及到学校里来。近年来,社会上的一些黑恶势力也在向高校校园渗透,给校园安全带来了极其严重的影响。一方面,社会上一些犯罪分子利用在校大学生社会经验不足,个别学生是非分辨能力欠缺,通过拉拢引诱个别学生吸食违禁饮品药品,从而控制利用上当受骗的同学从事违法犯罪活动;一些违法犯罪分子还在一些重大国际活动开展之际,以担任志愿者的名义,欺骗大学生外出打工,不少学生因此上当受骗。另一方面,国外敌对势力与国内分裂分子等反动势力进一步勾结,也把大学生作为争取拉拢的重要目标,通过网络等现代化手段,不断加强对高校的渗透。他们试图利用高校学生年轻、涉世不深、易于冲动,利用学校管理的漏洞和薄弱环节,制造事端,进而达到影响破坏社会稳定的政治目的。面对日益复杂的威胁,中央在《国家中长期教育改革和发展规划纲要》中明确要求,各级教育部门要把"加强师生安全教育和学校安全管理,提高预防灾害、应急避险和防范违法犯罪活动的能力。加强校园和周边环境治安综合治理,为师生创造安定有序、和谐融洽、充满活力的工作、学习、生活环境",作为未来十年教育改革与发展的重要内容来抓;深入开展平安校园、文明校园、绿色校园、和谐校园的创建活动,切实维护教育系统的稳定,维护学校师生的安全。这是我国首次把校园安全工作纳入到了教育改革与发展的核心工作中,体现了国家对学校安全和安全教育的关心与重视。

但是我们也要十分遗憾地指出,在我国现行高等教育人才培养体系中,有关安全文明教育的若干理论和实践问题长期没有引起足够的重视,安全教育还没有真正进入大学教育的课程体系。与发达国家相比,我国大学的安全教育无论是理念、意识、方法,还是应对灾难和危机的实际能力,都还存在巨大的差距,更与现代社会的发展要求脱节。由于缺乏必要的安全教育和训练,使得许多同学安全意识较为淡薄,保护自身安全和应对突发事件的能力明显不足,面对突发公共事件、自然灾害以及个人情感心理危机时,往往不能采取科学有效的应对方法,使得许多本来可以避免的悲剧不断发生。这些年来,几乎每年都会出现个别学生因不能承受个人感情问题的困扰、不能承受考试成绩不够理想的冲击、不能正确对待老师的批评而自杀、他杀的惨痛悲剧,需要我们每一位师生高度重视,高度警惕,彻底杜绝类似的悲剧再次发生。

三

教材是教学之所本。安全教育必须要有科学、适用的教材。所谓科学、适用的教材,指的是教材所提供的知识必须准确,教材的编写必须与社会的、高校校园的安全现实和学生的学习实际紧密结合,才可能达到预期的效果。为此,我们在本教材的编写中确定了以下基本原则。

一是以人为本的编写原则。在安全教育中,以人为本,最为重要的是体现对学生生命的尊重和维护。我们强调培养珍视生命的观念意识,强调珍视生命的行为习惯的养成,强调珍重自己的生命,也珍视他人的生命、珍视一切生命。这既是现代社会的要求,也是我们编写本教材最为重要的出发点和编写原则。以人为本要求我们对于大学生的安全教育要重在对于包括生命维护能力在内的保护自身一切合法权益能力的提高。要求我们每位大学生都具有维护个人一切合法正当权益不受侵害的能力,也要求我们的大学生能够关心他人,在他人生命和正当权益受到侵害时,能正当、合法、有效地与予以保护和救助,成为国家安全、社会安全和自身安全的合格维护者、保障者。

二是突出重点的编写原则。高校安全教育的重点在于安全与责任意识的培养和基本安全自救能力的养成。众所周知,安全与责任相连。古今中外,大多安全事件都与安全责任的缺失密切相关。应该说,当代大学生是一个具有较强责任感的群体,具有良好的综合素质。但不可讳言的是,也有一些学生由于各种主客观原因,不同程度地存在着责任感缺失的问题。近日媒体报道的一个留学日本的中国学生,竟然对在机场迎接他回家的母亲连捅几刀。其直接原因竟是家庭没有满足他的要求!在他看来,他的家庭应该满足他的一切要求,一旦得不到满足,就怀恨在心,以致酿成惨烈的人伦悲剧。这虽然只是一个极端个案,但这种责任感的缺失与倒错足以让我们警醒。需要谴责的不仅是这位失去理性的学生,更要反思的是承担教育责任的家庭、学校。我们认为,把责任感的教育培养纳入学校安全教育之中,具有极其紧迫的现实性和针对性。因为,离开了责任意识,所有的安全规程将无从谈起。

三是联系实际的编写原则。这里所说的实际,一是指学生对于安全问题认识与维护安全能力的实际。简单说,就是认识不足,能力欠缺。二是指课程的实际。安全课程是针对全体大学生的必修课程。从类型上讲,不是专业性课程,也不是研究性课程,而是素质培养的通识型课程。三是指课时、学分的实际。我们考虑到在整个高校教育的课程中,安全教育虽然重要,但毕竟占用学时少,分配学分少,而大学生学习课程门类多,学习任务重,安全教育不可能占用更多学时,分配更多学分;学生也不可能在这门学科上占用更多时间。四是指现行高校安全教育的实际。不用讳言,当下高校的安全教育与《国家中长期教育改革和发展规划纲要》的要求还有很大差距,远不能适应新的形势要求。据我们调查,许多高校对于在大学生中开展安全教育仍然认识不足,许多学校尚未开设这门课程,有的虽然开设,但是课程教材较为陈旧,未列入课程计划、未给予学分,未能反映今天我们所面临的各类安全问题,实践性较差。从以上实际出发,我们把课程的培养目标定位于重点培养学生的安全意识,授予学生维护生命财产安全的基本能力,使其在未来的生活和工作中终生受益。

　　四是强化自主性学习的编写原则。要求在教材编写中,尽量贴近课程教学特点,贴近教学实际,教材表现形式上强化教与学的互动性和实操性,充分体现自主性学习原则。在教材思想、知识内容的表达形式上,力求生动活泼,明白晓畅,做到知识性和生动性相结合,既体现一定的系统性,又体现突出的实用性,更易于为同学们所接受。因此在教材形式的考虑上,我们打破了传统教材的编写模式,注重教材的可读性,采用了案例导入、知识讲解、案例分析、模拟训练、课堂讨论、扩展阅读等方式,避免空洞的说教和脱离实际的理论探讨,将教与学双方的能动性充分调动起来,力求教学取得实效。

四

　　教学方法和教学条件是教育的重要问题,也是教育成功的必要前提。同样,安全教育必须要有适当的教学方法,也需要创造必要的条件。总结我们多年开展安全教育的经验,我们认为,以下几点值得广大教师和同学借鉴考虑。

　　一是高等学校必须把安全教育课程化、学分化。把安全教育作为通识型、实践性课程列入学校的课程体系,并赋予一定的学分,是改变学校安全教育相对滞后,激发学生学习热情,强化师生安全教育课程意识的一种有效方法。同时,对于教学双方更是一种督促力,有助于课程的规范化、科学化。

　　二是一定要坚持实践性课程的特色,强化模拟训练。安全教育作为一门实践性极强的课程,对于模拟训练具有极大的依赖性。实践不仅形成能力、锻炼能力、强化能力,还可以反过来强化安全意识,更好地促进安全意识的养成。2007年9月深圳龙岗舞王歌舞厅火灾中,一名保安员在火灾刚刚发生时,以一条用啤酒浸湿的毛巾捂住口鼻冲进现场,救出了他已经晕倒的女朋友。这一实例生动地表明,实践经验和能力能在关键时刻发挥巨大作用。这名保安员之所以能在保护好自己的同时救出他的女朋友，光靠具有安全意识是做不到的。同时，从另一个方面讲，如果这名保安员平常不具备消防安全的意识和一定的安全知识，他也一定不会知道，冲进烟熏火燎的火灾现场需要用湿毛巾捂住口鼻，才能在保护自己生命的同时，增加救助他人生命的可能性。所以，安全意识、安全知识与安全能力是相辅相成的，是一个问题的两个方面。我们强调安全教育的实践性特点，并不是说安全意识的培养不重要，而是说在面对具体的安全问题时，具体知识和应对能力更为紧迫，更显重要。在我们这个世界上，人类面对的各种安全问题层出不穷，既有传统安全问题，又有非传统安全问题。可以预言的是，今后我们还将面临诸多新的安全威胁，必须不断强化安全意识，学习安全知识，做到学思结合、手脑并用，在教育教学的实践中不断提升应对各类安全威胁的能力。强调实践性教学，还有一个重要作用，就是能够把学生从单一的课堂教学中解脱出来，增加教学的丰富性，使我们的安全教学更加生动真实，既增强教学的趣味性，也增强了教学的现场感，收到良好的实际效果。

  三是安全教育一定要建设一支高素质、高水平，坚持教学标准，坚持教学原则，不对学生放任自流的教师队伍。安全教育作为一门通识型、实践性课程，应该具有自己的知识结构、教学目标、教学方法和评价体系。当然作为一门新的课程，许多方面还不完善，还需要不断地探索；但就教学活动本身来说，要想成功完成教学任务，实现教学目标，必须对学习者严格要求，严格考核。就现在一些学校的安全教育而言，不少教师只是把这门课的开设视为完成上级交办的任务；就学生而言，也只是把这门课程视为必须完成的课程任务。这样，教学双方都没有很好地关心重视教学效果与质量，不去认真考查教学目标是否达成，使安全教育流于形式，走过场，未能达到应有的目的。

  我们殷切希望，承担安全教育课程的教师具有高度的责任意识，切实从爱护学生生命的角度来认真对待安全教育。教育者先受教育，教师自身首先要具有强烈的安全意识，要意识到安全教育对于大学生生活学习以及今后走上社会的重要性，认识到安全意识的培养、安全能力的养成，对个人而言，是受益终身的事情；对于群体而言，又是有益大众的事情；从社会的视角看，更是有利于和谐社会、幸福社会构建的大事。如果在安全教育上对学生放任自流，从某种意义上讲，无异于贻害生命，是对学生的生命财产安全极不负责的行为。我们相信，只要具有这样的认识，我们承担安全教育课程的教师就会认认真真备好每一节安全教育课，上好每一节安全教育课，就会严格要求学生，认真考查学生的学习成效，使安全教育的成效真正落到实处。

  有了这样的责任感，我们的教师就会积极认真主动地研究如何上好这门课程。作为一门新型的课程，还有许多教学方法上的问题需要探索。比如，在实践性教学中如何处理群体和个体的关系问题，使每一个学生都能达成学习目标？如何处理理论教学的枯燥乏味和实践模拟教学中的浮浅粗糙、流于形式问题，使学生始终对课程保持昂扬的学习热情？如何在极为有限的学习时间里高质量完成教学任务？如何有效检查和考量学生的学习效果,避免学习中的敷衍塞责、消极应付?如何根据新的安全形势与时俱进地不断补充新的内容、创造新的教学方法?如此等等,都值得我们认真研究探讨,都有待于我们的任课教师去创造性地进行教学与研究。

　　对于一门实践性极强的课程来说,如何评价教师的教学效果,考核教师的教学业绩,也是一个亟待解决的问题。这需要我们的任课教师和教育教学管理部门、教育督导部门以及广大受教育者共同研究解决。当前急需的是建立一整套具有针对性和学科特点、能涵盖学生学习和教师教学效果评价的安全教育评估体系,对学生的学习和教师的教学进行科学有效的评价,使考核评价有章可循。同时,还应该根据新的安全形势和教学的实际需要,动态地加以完善,使这一评价体系更具针对性和可操作性。

　　让我们谨记:安全教育是关系生命安危的教育,需要学校、教师和广大学生共同努力;安全教育需要常抓不懈,不可流于形式;安全教育的关键在于安全意识和维护安全能力的养成。

　　安全教育,终身受益!

问题讨论:

1. 如何正确看待评价我们面临的安全问题?
2. 如何理解在安全教育上的放任自流,最终会贻害生命?

第一章 公共安全与突发公共事件的应急处理

学习目标：

通过学习，认识和了解新时期我国公共安全面临的严峻形势及形成原因。进一步学习公共安全的基本知识和法律法规，掌握应对突发公共事件的基本方法。

导入案例：2003年非典型肺炎大流行

2003年1月，广东省河源市、中山市发生两起医院和家庭聚集性不明原因肺炎病例，广东省卫生厅及时派出临床医学和流行病学专家进行临床和流行病学调查。经回顾性调查，最早的病例发生在2002年11月16日。2003年1至2月间，广西、湖南、四川三省分别有少数输入性病例报告。2月下旬，山西省发生1例输入性病例，并引发当地传播。2003年3月初，北京市发现来自山西省、香港特别行政区的输入性病例。很多不具备收治条件的医院开始收治非典患者，由于防护不到位，交叉感染严重。3月27日，世界卫生组织宣布北京为非典疫区。全国内地除海南、贵州、云南、西藏、青海、黑龙江、新疆外，其余24个省份均有非典临床诊断病例报告。全国累计报告诊断病例5327例（其中医务人员969例），死亡349例。6月2日，全国首次出现无新发病例报告，此后再无新增病例。6月13日，世界卫生组织将广东从"近期有当地传播"的名单上删除，标志着广东防控非典疫情取得了重大胜利。6月24日，世界卫生组织宣布解除对北京的旅行警告，并从"近期有当地传播"的名单上删除，标志北京和全国防治非典的斗争取得阶段性胜利。

第一节 公共安全与突发公共事件现状

一、我国公共安全与突发公共事件的基本状况

（一）我国公共安全的形势处于严峻状态

近年来，全国每年因突发公共事件造成的损失非常惊人。资料显示[①]：2003年，我国因生产事故造成的经济损失达2500亿、各种自然灾害损失1500亿元、交通事故损失2000亿元、卫生和传染病突发事件的损失500亿元，损失共计6500亿元人民币，相当于我国当年GDP的6%；2004年，全国发生各类突发事件561万起，全国自然灾害、事故灾难和社会安全事件造成的直接经济损失超过4550亿元。据国家安全监督管理总局局长骆琳在2009年7月主持的安全工作会议上介绍，2009年上半年

---

① 《公务员应对突发事件学习读本》，北京．国家行政学院出版社，2008年8月第1版，第18页。

全国共发生各类事故 186775 起,死亡 36370 人。

近年来,各种自然灾害和各类突发事件频发,不仅给社会生产造成巨大损失,而且给人民正常生活带来严重破坏,也使得我国的公共安全形势十分严峻。

(二) 未来我国公共安全形势依然不容乐观

从自然的角度看,我国是世界上受自然灾害影响最为严重的国家之一。不仅灾害种类多、灾害发生频度高、灾害损失严重,而且受灾害影响的地域广、人口多。我国有 70% 以上的大城市、半数以上的人口、75% 以上的工农业生产值,分布在气象、海洋、洪水、地震等灾害严重的沿海及东部地区。每年因自然灾害造成的损失一般都在千亿元以上。

从社会发展的角度看,我国目前正进入经济社会发展的关键阶段,既是关键发展期,同时又是矛盾凸显期。人民内部矛盾出现一些值得重视的新问题,如果处置失当,有可能影响社会的和谐稳定。同时,国际政治经济格局的最新变化与国际间的冲突动荡,也会不同程度地波及影响我们。

莫斯科地铁爆炸案

北京时间 2010 年 3 月 29 日 12 时 50 分,莫斯科地铁发生爆炸,49 分钟后发生第二次爆炸,39 人死亡。爆炸系恐怖袭击,车臣分裂组织宣称对此次事件负责。"3·29"莫斯科地铁爆炸事件震惊全球,也给我国地铁安全防范敲响警钟。

专家分析认为,观察"3·29"莫斯科地铁爆炸事件,大致有四个教训:一是莫斯科地铁在高峰时段、政治敏感地段戒备较弱;二是莫斯科地铁人流量极大,警力配备不足;三是莫斯科地铁站设计存在缺陷;四是莫斯科地铁疏散能力较弱。

二、公共安全与突发公共事件成因分析

突发公共事件之所以发生,是多种深层次原因复杂交织的结果。自然灾害等客观原因与人为主观原因相结合,已成为危害公共安全的主要问题源。

(一) 前所未有的城镇化和城市现代化步伐,为我们带来了风险和挑战

近年来,随着城市化步伐的加快,无论对城市的基础设施,还是城市的管理水平都提出了新的考验,根据国际经验,人均 GDP 超过 3000 美元以后的增长时期将成为社会矛盾凸显期。在这个时期,利益重新分配,新旧观念相互碰撞,社会结构剧烈变动,不稳定、不确定、不安全的社会因素增加。城镇化和城市现代化带来的诸多问题和一些地区盲目追求经济发展速度,对资源和环境采取掠夺式开发,严重破坏了已有的生态生存环境,不仅加重了自然灾害的损失,也使社会承受灾害的能力更加脆弱,使得一些地区灾害频仍不断,日益严重。

(二) 不断加大的贫富差距使得不和谐因素日益增加

近十几年来,随着社会经济的长足发展,我国的城乡差距和贫富差别也在不断

增加。有研究表明,近年来,我国的基尼系数已经超过0.4的国际警戒线。随着城乡差距和贫富差别的加剧,不同利益群体之间的矛盾和冲突也更加尖锐激烈。如今,大量的进城农民工的合法权益保障问题,看病难看病贵的问题,以及大学毕业生就业问题等,都是涉及民生社会的基本问题,处理不当,极易引发尖锐的社会矛盾。

(三) 官僚主义与腐败行为依然存在

随着改革的深化,经济领域不可避免地会出现一些纷繁复杂的矛盾和问题。虽然这些问题的形成有着复杂的主观原因与客观原因,但确有不少问题在很大程度上也与一些干部工作作风不踏实,脱离群众,腐化变质,使得一些关系人民群众切身利益的问题长期得不到妥善解决,或对一些问题的处理主观武断,有违公平公正有关,使得一些地方,一些部门干群矛盾激化,时有恶性事件发生。

(四) 恐怖主义的威胁依然存在

恐怖主义日益成为影响国家公共安全的重要危害因素。国际上,虽然和平与发展仍然是时代的主题,但世界并不太平,并不安宁,各种矛盾交织,错综复杂。恐怖袭击、局部战争、金融危险、对水资源和石油资源的争夺,以及跨国性的重大疫情传播等突发事件不断出现,非传统安全问题越来越多,这些都日益危害着世界的和平与安全。例如,2001年发生在美国的"9·11"恐怖袭击事件,造成的巨大损失与伤亡至今让人们不能忘记;2005年7月,伦敦连续发生的多起地铁和公共车辆爆炸事件,造成地铁、公共交通陷于瘫痪,酿成了伤亡上千人的惨剧。国内,各种敌对势力与国外各种敌对势力加紧勾结,使得恐怖主义的现实危险逐渐上升,使得反恐形势更加严峻复杂。

(五) 自然灾害的危害与影响

人类对大自然的破坏已成为自然灾害类突发事件发生的主要因素。

恩格斯在《自然辩证法》一书中曾说过,我们不要过分陶醉于我们对自然的胜利,因为每一次大自然都进行了报复。的确,人类对大自然日积月累的破坏以及近年来地壳运动的不规则性和全球气候变化程度的不断加剧,使得各种自然灾害接踵而至。如2008年我国相继发生了"五十年一遇"的大面积冰雪灾害和"5·12"汶川大地震。2010年又发生了历史罕见的旱灾等重大自然灾害。

第二节 公共安全与突发公共事件的类型和特征

一、公共安全和突发公共事件的基本涵义

"公共安全"一词包括下面几个意思:(1)和私人安全相区别。"公共安全"是相对于"私人的安全"来说的,即强调执行安全活动的主体主要是公共部门或公共服务机构而不是私人机构。(2)公共安全的目的和性质主要是为公众提供服务,强调公共部门所负的社会责任和义务;强调公众的参与性,公共安全的整个活动过程和广

大公众的利益有密切联系。这种参与主要表现在公众对政府安全决策的影响。

(3) 安全活动的公开性。公开性一方面说明政府部门官员的安全工作要有透明度，让公众知晓，另一方面说明要让媒体和公众了解主要的安全管理工作并随时接受检验、调查和监督。

突发公共事件是从公共行政管理角度研究危机的专用术语。突发公共事件是指突然发生，造成或者可能造成重大人员伤亡、财产损失、生态环境破坏和严重社会危害，危及公共安全的紧急事件。突发公共事件大都具有危机的特质，或者说具有向危机事件转化的潜质。因此，在一定意义上突发公共事件可称之为突发公共危机事件。

二、突发公共事件的类型和特征

(一) 突发公共事件的类型

根据突发公共事件发生的过程、性质和机理，突发公共事件主要分为以下四类：

1. 自然灾害

自然灾害主要包括洪水灾害、气象灾害、地震灾害、地质灾害、海洋灾害、生物灾害和森林草原火灾等。

2. 事故灾难

事故灾难主要包括工矿商贸等企业的各类安全事故、交通运输事故、公共设施和设备事故、环境污染和生态破坏事件等。

3. 公共卫生事件

公共卫生事件主要包括传染病疫情、群体性不明原因疾病、食品安全和职业危害、动物疫情，以及其他严重影响公众健康和生命安全的事件。

4. 社会安全事件

社会安全事件主要包括恐怖主义袭击事件、经济安全事件和涉外突发事件等。

案例 ▶ 冰岛火山喷发火山灰给欧洲各国航空运输造成巨大影响

冰岛南部菲亚德拉冰盖火山于2010年4月14日喷发。火山灰蔓延至6000米至1.1万米高空并向欧洲大陆北部飘去。火山灰可能导致飞机发动机停止运转并影响空中能见度。出于安全考虑，包括挪威、瑞典、芬兰、丹麦、爱尔兰、英国、法国、德国、波兰等国在内的至少10个国家宣布关闭机场，封闭领空，航线停运。受冰岛火山灰的影响，欧洲领空禁飞，这让80多名计划出席波兰总统国葬的国家元首被迫缺席，重要的亚欧财长峰会门可罗雀，游客被迫滞留他乡，海陆运输费用涨了三四倍，英国物资供给出现短缺……

火山灰之所以严重威胁航空交通安全是因为火山灰云团所在的高度正是喷气客机飞行的高度。此外，火山灰中含有玻璃颗粒和岩石粉末，粘附在飞机发动机叶片上后会导致引擎停转,粘附在机体表面后将损坏机身,从而造成重大航空事故。1982年6月,英国航空公司的一架大型喷气式客机在从英国飞往新西兰途中,遭遇印尼爪哇火山爆发的火山灰,当时导致4台发动机停转,幸好在飞机急降6000多米之后,机组人员设法使3台发动机恢复工作,并在雅加达紧急降落,保住了机上263名乘客的性命。

(二)突发公共事件的特征

1. 突发性

突发公共事件虽然是由一系列细小事件逐渐发展而来的,有一个量变过程,但事件爆发的时间、规模、具体态势和影响深度,以及事件的爆发过程没有明显特征,让人们感觉非常突然。而且事件大多演变迅速,解决问题的机会稍纵即逝,如果不能及时采取应对措施,将会造成更大的危害和损失。

2. 不确定性

不确定性表现在发生的时间、地点难以确定,原因、变化方向、影响因素、后果等各方面都无规则,事件瞬息万变,难以准确预测和把握。不确定性和人类理性的有限性使得人们在事件面前往往无所适从,更增强了恐慌感和不安全感。

3. 威胁性

威胁性主要是指突发公共事件的负面影响,并且这种影响要具有全局性和系统性才会对社会组织和个人产生威胁。这种负面影响主要包括公共利益的重大损失,群众生命和财产的重大损失,公共部门形象和信任度的下降,社会核心价值观念的重要改变等。威胁性是形成社会恐慌的主要原因。"9·11"事件带来的恐惧超过了事件本身带来的损失,并给包括美国在内的许多国家带来了政治、经济、社会等方面无法估量的负面影响。

4. 紧迫性

突发性公共事件,事发突然,瞬息万变,一个微小的变化都可能引发更大的灾难。为了避免更大损失,迫切需要决策者依靠有限的信息,在有限的时间里,做出迅速的判断和决策,尽可能将损失降低到最小限度。处置是否及时妥当,关系到社会稳定、执政水平和国家安危,是对决策者的一个重要考验。如汶川"5·12"特大地震,党和政府指挥有方,组织各方力量,迅速开展救援和灾后重建工作,充分体现了政府的组织能力、救援能力,也体现了中国人民的团结精神和强大的凝聚力。

5. 持续性

在整个人类文明进程中,突发事件从未停止过。突发事件一旦爆发,总会持续一个过程,表现为潜伏期、爆发期、高潮期、缓解期、消退期。一个突发事件经常导致另一个突发事件的发生。持续性则表现为蔓延性和传导性。只有通过共同努力,最大限度降低突发事件发生的频率和次数,才能有效减轻其危害程度及对人类造成的负面影响。

6. 广泛性

如 1976 年发生在唐山的大地震,波及北京、天津、河北、河南等多个省市区。2003 年的"非典"疫情扩散到中国 20 多个省市区,并波及欧美。2009 年全球性的 H1N1 疫情目前已造成几千人死亡,全球绝大多数国家和地区都有感染者。

第三节　突发公共事件的应急预案及公共事件等级

2005 年 7 月国务院出台了《国家突发公共事件总体应急预案》和专项预案。2007 年 8 月 30 日,《中华人民共和国突发公共事件应对法》经第十届全国人大常委会第二十九次会议通过并颁布,并于 2007 年 11 月 1 日起施行。说明我国应急管理工作正在纳入经常化、制度化、法制化的轨道。

一、突发公共事件的应急预案

应急预案是针对可能发生的突发事件,为迅速、有序、有效地开展应急与救援行动,降低事故损失,预先制订的有关计划或者方案。

《中华人民共和国突发公共事件应对法》规定国家建立健全突发事件应急预案体系。国务院制定国家突发事件总体应急预案,组织制定国家突发事件专项应急预案;国务院有关部门根据各自的职责和国务院相关应急预案,制定国家突发事件部门应急预案。地方各级人民政府和县级以上地方各级人民政府有关部门根据有关法律、法规、规章、上级人民政府及其有关部门的应急预案以及本地区的实际情况,制定相应的突发事件应急预案。

我国突发公共事件应急预案体系包括:(1)国家总体预案;(2)中央专项应急预案;(3)国务院部门应急预案;(4)地方省(自治区、直辖市)政府总体应急预案、专项应急预案和部门应急预案,各市(地)和县(市、区)人民政府及基层政权组织的突发公共事件应急预案;(5)企事业单位根据有关法律法规制定的应急预案;(6)举办大型会展和文化体育等重大活动的主办单位制定的应急预案。

二、突发公共事件的等级

各类突发公共事件按照其性质、严重程度、可控性和影响范围等因素一般可以分为四级,即特别重大(Ⅰ级)、重大(Ⅱ级)、较大(Ⅲ级)、一般(Ⅳ级)。

案例 ▶ 美国新奥尔良市飓风应对失败案例

2005 年 8 月 29 日,"卡特里娜"飓风袭击美国墨西哥湾沿岸地区,造成 1200 多人死亡和空前巨大的财产损失,成为美国历史上最严重的自然灾害之一。

美国新奥尔良市在几天里经历了重大变迁:它曾经有着 48 万人口,活力四射;在遭到"卡特里娜"袭击以后，市区被洪水淹没，抢劫成风，强奸和纵火等罪行时有出现。无穷无尽的电视画面显示，又饥又渴的美国人无法逃离已经不适于居住的新奥尔良。延误的救灾工作令人们无法逃出，甚至无法得到饮水和食物。新奥尔良市大部分地区都被淹没在洪水下。反应计划没能安置成千上万名无法逃离该市的绝望难民，急救人员深受交通问题的困扰。

这些令人产生了关于美国城市可能应对更严重的灾难准备不足的怀疑。布鲁金斯学会的保罗·莱特说："在提前两天得到警告的情况下，还会出现这样的局面。突然受到化学、生物或者核武器袭击的结果又会如何？"具有讽刺意味的是，美国和国际媒体评述"卡特里娜"对美国新奥尔良等地袭击造成的灾难，认为贫困灾民的惨状使这个向中东输出民主的超级大国蒙羞，它也使美国最不公平的一面暴露无遗。

新奥尔良哀鸿遍野的景象让世界看到了强大的美国脆弱的一面。袭击美国的"卡特里娜"飓风使布什推行的社会经济模式陷入了道德上的困境，并使人们对美国这个世界上最强大国家的公共卫生体系提出了质疑。《泰晤士报》专栏作家杰勒德·贝克撰文说，遭飓风袭击的美国最让人吃惊的并不是灾难的严重程度，而是死难者的身份。在飓风中罹难的人大多数是佣人、花匠和厨师，他们所为之服务的新奥尔良家庭早在飓风到来前就逃走了。留下来的人都没有汽车，房屋抗风能力差，还有些人根本没有别的地方可去。新奥尔良市之所以会在遭到"卡特里娜"飓风袭击后陷入无政府状态，在很大程度上是因为撤离计划的制定者无视城内穷人。

第四节 突发公共事件的应急处置

我国在长期实践中逐步形成了在政府统一领导下，按照分级管理、分级响应、条块结合、属地管理为主的原则，分类别分部门对各类重大突发事件处理应对的模式。

一、突发自然灾害事件的应急处置措施

灾害发生后，各级行政部门和有关单位应按照属地原则，在当地人民政府救灾指挥部的统一领导下，采取相关措施进行抢险救灾及自救、互救。

（一）启动应急预案

应急预案是针对各种可能发生的灾害事故所需的应急行动而制定的指导性文件，是灾害预防和应急救援的重要组成部分，对实现应急行动的快速、有序、高效具有重要作用，有助于增强应对突发事故的应急处置能力，使灾害所造成的损失降到最低程度。应急预案的启动有严格的规定与程序，一旦启动应严格按照既定的程序执行。

（二）应急转移

应急转移与预警期间的避灾疏散不同，避灾疏散是危机可能发生尚未发生，属

于突发公共事件预警行为；危机已经发生后的应急转移则属于应急处置措施。

应急转移是突发公共事件应急管理中行之有效的紧急措施，因为它可以以较小的代价，最大限度地减少人员伤亡。如2004年9月4日，重庆市开县境内遭遇200年不遇的特大洪灾，168所学校、2万余名师生受灾，9479名师生被洪水围困。为抢救学生，开县教委、学校从容应对，指挥得力，组织严密，教职员工竭尽全力，成功转移了被困学生，保护了学生的生命安全。

（三）紧急抢救

自然灾害引发突发公共事件常常具有突发性，有时来不及进行应急转移，导致群众被困或伤亡。在此情况下，有关单位应该争分夺秒地组织紧急自救，并协助当地政府组织有关专业救援组织进行紧急抢救，减少伤亡和损失。不管是紧急自救，还是专业组织救援都应该注意以下问题：

1. 坚持以人为本、减少危害的原则

组织紧急自救应把保障群众健康和生命财产安全作为首要任务，最大程度地减少突发公共事件造成的人员伤亡和危害。组织紧急救援应迅速了解现场是否有人员伤亡或被困，应尽快使受害者脱离事故现场，及时将伤员送往医疗机构救治。杜绝因指挥不力、施救不力，造成不必要的人员伤亡。尤其要注意的是，在紧急救援或自救时，绝对不能组织未成年学生对相关财产进行抢救，以免造成不必要的人员伤亡。

2. 有组织、有分工地进行紧急救援

"临危不乱"是应对突发公共事件的关键。危机之时，如果惊慌失措，无组织地盲目抢救，很可能会造成人员的更大伤亡。因此，不管是紧急自救，还是紧急救援都应该有组织地进行。紧急抢救时应按照分工有序进行。一般来说，对人员和财产的抢救，主要由军队、武警和一般救援组织来承担；对伤员的救治，主要由医护人员进行；道路、设施和线路等的抢修，应由交通、电力、通信等部门进行。

（四）灾情传送

自然灾害引发的突发公共事件发生后，需要及时了解事件发生情况和受损情况。情况不明常常会延误救援，导致人员不必要的伤亡。因此，突发公共事件发生后，发生地的各级政府和有关单位应当在第一时间迅速、准确地获取第一手资料和相关信息，按照应急预案规定的时限上报，供领导及时决策，以便采取相应的措施进行救援。同时，及时组织新闻发布，通过媒体、网络提醒公众，将灾情及时向社会公布，以便人们有一定的心理和物质上的准备。

案例 ▶ 松花江特大水污染事件

2005年11月13日下午，位于吉林省吉林市的中国石油吉林石化公司双苯厂（101厂）新苯胺装置发生爆炸，引起化工原料火灾。由于吉林石化公司事后的污水处理存在先天缺陷,巨大的"水污染团"向松花江下游流去。然而,污染不仅影响了黑龙江省,随着水污染团流向黑龙江,使得污染波及更多城市与地区。

事故初期,由于有关部门在灾情信息披露方面不够及时,加重了事故带来的恐慌情绪和不满。为消除恐慌与疑虑,中国政府常驻联合国环境规划署副代表张世纲即时约见联合国助理秘书长、环境署副执行主任卡卡海勒,向其通报了松花江水污染事件的有关情况。张世纲说,中国政府承诺通过联合国环境署每天向国际社会通报事态的最新发展情况,以便国际社会和所有媒体能及时得到全面、准确的相关信息。

松花江污染事件再次反映了信息披露的重要性。

(五) 安置群众,安定秩序

1. 做好安置工作

安置点一般选择就近的政府的公共设施。安置方式一般是将受灾群众与家人一起安置,也可采取投亲靠友或由行政部门统一组织借住公房、搭建帐篷等。同时,要保障转移安置群众的生活,解决饮水、食品、衣物、医药等给养的调集和发放。

2. 做好心理安抚工作

做好灾后的心理抚慰工作,使他们的情绪能够稳定。除发挥新闻媒体的宣传作用,宣传救灾工作成效和典型事迹,稳定群众情绪外,可以集中部分专家成立心理危机与干预中心,对灾民进行心理辅导。

3. 维护好社会治安

突发公共事件发生后,社会处于动荡之中,不能排除有些人会乘机到灾区进行打、砸、抢等破坏活动。因此,有关部门应及时与公安机关协调,打击各种违法犯罪行为,保护群众的生活和公私财产安全,维护治安秩序的稳定。

4. 防止火灾、疫病等次生灾害的发生

各级人民政府、卫生部门和有关单位针对自然灾害的类型,有针对性地采取有效措施保证灾后群众身体健康,加强灾后传染病的防治,向群众宣传相应的健康知识,防止流行病的发生。

二、突发事故灾难事件的应急处置措施

事故灾难应急处置措施是指在事故灾难发生时应急处置者所采取的各种应对方法和救助行动。

(一) 组织疏散

在灾难性事故发生的情况下,必须有专门的部门与人员组织疏散与撤离可能受到伤害的群众,把处于危险环境中的群众疏散到安全地方。如在火灾事件中,火情紧急时就只能优先疏散人员。应急疏散时一定要选择安全的场所安置疏散的人员和财产,安置场所的后勤供应要有基本的保障。在应急疏散过程中应投入足够的人

力维持疏散的秩序。

(二) 紧急救援

紧急救援工作本身是一项高风险的工作,在救援过程中既要救助处在危难之中的人员和财产,又要保证救援人员的生命安全。因此,紧急救援应当尽可能地组织专业救援人员进行救援,以避免不必要的人员伤亡。

(三) 危机控制

危机控制是指在事故灾难发生后,应急处置者为了尽快消除险情而采取的防止事件进一步扩大和升级的各项措施。事故灾难事件的演变是一个动态的过程,如果危机一时难以消除,危机控制就显得异常重要。危机控制既可以防止事件进一步扩大和升级,也有助于降低事件造成损失的程度,更能够为组织应急疏散、紧急救援以及实施其他应急处置措施赢得宝贵的时间。

(四) 信息发布

信息发布是应急处置者主动掌握舆论导向的重要措施。通过信息发布,不仅可以使社会公众了解事件发展的具体情况,而且可以争取公众对应急处置措施的理解和支持。信息发布一定要真实、准确,否则就会使信息发布失去应有的作用。2008年5月12日汶川特大地震发生后,国家在第一时间公布权威信息,从根本上建立了权威的信息平台,消灭了谣言产生的温床,引导公众积极投入救灾活动。

三、突发公共卫生事件的应急处置措施

发生突发公共事件时,事发地的各单位应在当地政府和卫生行政部门的统一领导和部署下,按照分级响应的原则,根据突发公共卫生事件的严重程度,做好相应的应急处置工作。

(一) 信息报告

任何单位和个人都有权向国务院卫生行政部门和地方各级人民政府及其有关部门报告突发公共卫生事件及其隐患。突发公共卫生事件的责任单位,应建立突发公共卫生事件报告制度,应按照有关规定及时、准确地向上级有关部门报告突发公共卫生事件及其处理情况。

(二) 信息发布

全国突发公共卫生事件的信息由国务院卫生行政部门负责向社会发布。省、自治区、直辖市人民政府卫生行政部门经国务院卫生行政部门授权,向社会发布本行政区域内突发公共卫生事件的信息。信息发布不能简单的等同于信息报告;信息发布要及时、准确、科学。

(三) 亲临现场

领导及业务人员都要奔赴事件现场,获取第一手资料,及时组织和实施、采取针对性的救援措施,防止事件进一步扩大,减少人员伤亡和财产损失。

（四）协调、配合、联合行动

由于突发公共卫生事件的复杂性和公共性，在处置过程中需要多个部门参与，有时还有志愿组织和个人参加，要明确各自的职能，优化整合各种资源，发挥整体效能。

小贴士：社会安全事件的应急处置措施

《中华人民共和国突发事件应对法》第五十条规定了社会安全事件发生后可以采取的五个方式的应急处置措施，这些措施是应对社会安全事件的一般措施。

（一）强制隔离使用器械相互对抗或者以暴力行为参与冲突的当事人，妥善解决现场纠纷和争端，控制事态发展；

（二）对特定区域内的建筑物、交通工具、设备、设施以及燃料、燃气、电力、水的供应进行控制；

（三）封锁有关场所、道路，查验现场人员的身份证件，限制有关公共场所内的活动；

（四）加强对易受冲击的核心机关和单位的警卫，在国家机关、军事机关、国家通讯社、广播电台、电视台、外国驻华使领馆等单位附近设置临时警戒线；

（五）法律、行政法规和国务院规定的其他必要措施。

突发社会安全事件一旦爆发，就应该积极处置，并把握以人为本、及早化解、依法处理、慎用警力、当地政府负责五大原则。在处置过程中，具体采取七种基本方法：

1. 迅速控制事态，争取由大变小、由强变弱，防止其蔓延扩大；

2. 提出整体方案和对策，了解事态起因、参与人群情况、有针对性地作出应对策略；

3. 统一行动，要精心组织部署，明确责任分工，各方联合行动，才能全面解决问题；

4. 政府及有关领导直接对话，进行解释，消除误解和对立情绪；

5. 主导舆论导向，利用主流媒体做好正面宣传报道，减少和消除不实谣言和传闻的负面影响；

6. 组织纪律约束，利用归属组织做教育工作，进行纪律约束，最大限度减少参与事件的人数规模和越轨言行；

7. 法律约束措施，利用执法机关依法处置，保护公民合法权益，打击违法犯罪行为。

四、突发公共事件的善后与恢复

突发公共事件的发生往往会造成程度不同的破坏，社会秩序也处于一种非常规状态之中。如果事后不及时采取有效措施恢复社会秩序，就会影响到社会发展，有时甚至会引发新的突发公共事件。因此，突发公共事件的善后和重建是应急管理的重要一环,占有非常重要的地位。一般来说,突发公共事件的善后和重建包括恢复秩序,突发公共事件评估,突发公共事件后的重建,突发公共事件后的赔偿、补偿和救助,突发公共事件后的心理救援和心理干预,突发公共事件管理总结等。

(一) 突发自然灾害事件的善后与恢复

突发自然灾害事件应急处置完成后,工作重点应马上从应急转向善后与恢复行动,及时开展补救工作,积极做好善后工作,争取在最短时间内恢复正常秩序。

1. 做好医疗救助工作

做好事故中受伤人员的医疗、救助工作,向受到危害的人员提供避难场所和生活必需品,实施医疗救护和卫生防疫,对在事故中死亡人员进行人道主义抚恤和补偿,对受害者家属进行慰问,对有各种保险的伤亡人员要帮助联系保险公司赔付。

2. 做好信息发布工作

做好信息发布工作,严格信息发布制度,确保信息发布及时、准确、客观、全面,任何部门和个人不得编造、传播虚假信息。

3. 做好检查与抢修工作

全面检查和抢修损坏设备和公共设施,检查安全管理漏洞,对安全隐患及时补救、防范,避免事故再次发生。

4. 做好评估总结工作

组织相关部门、专家对灾害成因、影响、损失以及处置行动等方面进行调查,做出评估,总结经验教训,将相关处理结果及相关资料等汇总归档,为今后预防、处置、善后提供参考依据。

(二) 突发事故灾难事件的善后处置

1. 事故灾难的调查与评估

(1) 统计灾难中死亡和受伤的人数、需要救援和安置的人数,并对遇难者的安葬工作、受伤人员的救治工作等进行必要的分析和评估;统计各种设施、设备在事故灾难中的损失情况,为紧急抢修的安排和布置提供依据;统计其他公私财产的损失情况,以及处置事故灾难支出的相关费用。

(2) 及时查明事故发生的原因,分清事故的责任,依法查处相关责任人,总结突发事件预防、预警、应急预案、决策、疏散、救援、事件控制等各个环节的经验和教训,对应急处置过程存在的问题,提出整改意见和措施,并责成有关部门落实。

2. 事故灾难的赔偿、补偿和救助

事故灾难的赔偿是指在事故灾难发生中存在过错、应当承担责任的组织或个人对受害者所做的赔偿。为妥善解决因处置突发事件引发的矛盾和纠纷,应根据损失情况,制定救助、补偿、抚慰、安置等善后工作计划。

3. 事故灾难后的秩序恢复

事故灾难不仅严重危害公共安全,造成人员和财产的重大损失,而且严重扰乱正常的社会秩序。事故灾难发生后,为了减少不必要的伤害,集中精力处理事故,当务之急就是使社会秩序迅速恢复到正常状态。

4. 事故灾难后的心理救援

事故灾难给受害者和幸存者都带来了严重的心理伤害。人是受到精神意志支配的,人受伤的心灵需要抚慰和治疗。事故灾难后给受害者和幸存者的心理创伤进行救援和干预,直接体现了应急管理者对受害者和幸存者更高层次的人文关怀。

(三) 突发公共卫生事件的善后处置

突发公共卫生事件应急处置完成后,工作重点应马上转向善后与恢复行动,争取在最短时间内恢复正常工作和生活秩序。

1. 调查及评估

有关部门应对所发生的突发公共卫生事件进行调查,分析事故原因和影响因素,认真总结分析应急处理经验教训,对事故的处理工作进行总结,提出防范和处置建议,完成工作总结报告,报同级人民政府和上级主管部门。

2. 人员善后及抚恤

根据突发公共卫生事件的性质及相关单位和人员的责任,应认真做好或积极协调有关部门做好受害人员的善后工作。

3. 整改

对突发事件反映出的隐患或问题及有关部门提出的意见或建议进行整改,有针对性地开展经常性的宣传教育,防止突发事件的发生。

4. 恢复秩序

尽快修复被损坏的公共设施,组织受影响地区尽快恢复生产、生活、工作和社会秩序。要做好疫病防治和环境污染清除工作,对因传染病流行封闭的相关场所必须进行彻底清扫消毒后,方能解除出入禁令;因传染病暂时隔离的人员,必须在恢复健康,并经有关卫生部门确定没有传染性后方可离开隔离区;因水源污染造成传染病流行的地区,其水源必须经卫生部门检测合格后,方可重新启用。

四、突发公共事件案例分析

(一) 2008 年初南方冰雪灾

2008 年从 1 月 10 日开始,一场持续近 1 个月的低温、雨雪冰冻天气袭击了中国南方 19 个省区市,其影响范围之广、所造成的灾害之重为历史罕见。中国南方大部分地区交通中断,电力、供水设施遭受重创,春运受阻,群众日常生活受到严重影响,造成了巨大的经济财产损失。

这次冰雪灾害在我国自然灾害的抵御与积极应对、处理方面带来了很多有益的启示:

1. 建立统一的、专门的自然灾害应急管理机构。
2. 制定灾害管理基本法,健全应对自然灾害法制计划建设。
3. 建立全国性统一的灾害信息系统。

4. 加强应急管理的具体措施落实。

（二）2008年贵州瓮安"6·28"群体性事件

2008年6月28日，贵州省黔南布依族苗族自治州瓮安县发生一起严重打砸抢烧突发事件，造成百余名公安民警受伤，县委、县政府和县公安局被焚烧打砸，公共财产损失严重。"6·28"事件是一起起因简单，但被少数别有用心的人员煽动利用，甚至是黑恶势力人员直接插手参与的，公然向我党委、政府挑衅的群体性事件。

瓮安"6·28"打、砸、抢、烧事件发生后，在瓮安县城群众中引起强烈的反响，广大群众对一小撮不法分子肆意践踏法律，冲击国家机关，烧毁、损坏公共财物，影响社会正常秩序的行为深恶痛绝，要求政府做好疏导工作，严惩为首的不法分子，还老百姓一个稳定、和谐、平安的良好环境。

第五节　恐怖主义活动的防范措施

一、恐怖主义活动的基本含义

恐怖主义是指国际社会中某些组织或个人采取绑架、暗杀、爆炸、空中劫持、扣押人质等恐怖手段，企图实现其政治目标或某项具体要求的主张和行为。恐怖主义事件主要是由恐怖主义团体组织策划，通常表现为以针对社会公众和平民的暴力袭击为手段。

二、恐怖主义活动的主要表现形式

恐怖主义组织出现以来，通常通过以下方式开展危害社会的恐怖活动。

1. 暗杀，如1995年11月以色列总理拉宾在集会上被犹太极端分子刺杀身亡。
2. 劫持人质，如2002年10月莫斯科重大劫持人质案。
3. 爆炸，如伦敦地铁爆炸案。
4. 劫持交通工具，如美国"9·11"事件。
5. 武装袭击，如1997年9月开罗市中心博物馆武装袭击案。
6. 生化武器攻击，如1995年日本东京地铁的沙林毒气案，美国炭疽邮件事件。

案例 ▶ **美国"9·11"事件**

2001年9月11日美国东部时间早晨8:40，四架美国国内民航航班被劫持，其中两架撞击了世界贸易中心，一架袭击了五角大楼，第四架飞机在宾夕法尼亚州坠毁。纽约世界贸易中心的两幢大楼在遭到攻击后相继倒塌，世贸中心附近5幢建筑物也因受震而坍塌损毁；五角大楼部分结构坍塌；袭击事件令曼哈顿岛上空尘烟弥漫。事件中共有2998人罹难（不包括19名劫机者）：其中2974人被官方证实死亡，另外还有24人下落不明。罹难人员名单中包括：四架飞机上的全部乘客共246人，世贸中心 2603 人,五角大楼 125 人。共有 411 名救援人员在此事件中殉职。这次事件是继珍珠港事件后,历史上第二次对美国造成重大伤亡的袭击,是人类历史上迄今为止最严重的恐怖袭击事件。美国政府对此次事件的谴责和立场也受到大多数国家同情与支持;全球各地在事件后都有各种悼念活动,事发现场的清理工作持续到次年年中。该事件也推进了国际范围内的反恐怖合作。

三、恐怖主义袭击的紧急防护措施

(一) 前期预防

1. 准备家庭应急物品包:包括 2～3 日食物、水、电池、手电、药品等。
2. 准备家庭联系方案:确保发生意外事件可以及时联系到家庭成员。
3. 牢记当地政府的紧急联络电话。
4. 熟悉公共场所的紧急出口。
5. 提高警惕,注意周围环境,留意不寻常活动。不接受陌生人包裹,不将行李交给陌生人保管。

(二) 紧急应对

1. 爆炸

(1) 卧倒:迅速背朝爆炸冲击波传来方向卧倒,脸部朝下,头放低,在有水沟地方最好侧卧在水沟里边。如在室内遭遇爆炸可就近躲避在结实的桌椅下。

(2) 张口:避免爆炸所产生的强大冲击波击穿耳膜,引起永久性耳聋。

(3) 防烟防毒:爆炸瞬间屏住呼吸,逃生时以低姿势为好。不乱跑乱窜,大呼大叫。用毛巾或衣服捂住口鼻。

(4) 电话呼救:立即拨打 120、110、119 等急救电话。

(5) 伤员救助:检查伤员受伤情况,迅速清除伤者气管内的尘土、沙石,防止窒息。如呼吸停止,应立即进行人工呼吸和心脏按压。就地取材,对伤者进行止血、包扎和固定,搬运伤员时注意保持脊柱损伤病人的水平位置,防止因移位而发生截瘫。

2. 毒气

(1) 紧急防护:尽快用衣服、帽子、口罩等,保护自己的眼、鼻、口腔,防止毒气摄入。

(2) 快速撒离:遭遇毒气时,在场人员应迅速撤离现场。不要慌乱,不要拥挤,不要大喊大叫,镇静、沉着,有秩序地撤离。

(3) 注意方向:不可顺着毒气流动的风向走,逆向逃离。

(4) 及时就医:逃离后,要脱去被污染衣服,及时消毒,立即到医院检查,必要时进行排毒治疗。

3. 人质劫持

(1) 保持镇定。

(2) 保存体力。

(3) 不要意气用事,不要行为失控。观察时机,发现恐怖分子的漏洞后,随机应变。

(4) 设法传递信息。例如,人质可通过发送手机短信、写字条等方式,将所处地点、恐怖分子的数目、企图、特点等最重要的信息传递出来。

(5) 警务人员对恐怖分子发起攻击时,人质应立即趴倒在地,双手保护头部,随后迅速按警务人员的指令撤离。撤离时要避免惊慌混乱,首先搀扶老人和孩子。

4. 不明包裹

(1) 不明包裹特征

- 无邮票、无邮戳。
- 无寄信人地址。
- 收件人称呼、地址有误。
- 邮件上有过多胶布。
- 邮戳地区与寄件人地址不符合。
- 邮件上字迹怪异,或是剪贴的印字。

(2) 小心警惕

- 不打开、不摇晃、不碰撞、不嗅闻。
- 将不明邮件放入塑料袋收好。
- 及时洗手。
- 拨打电话报警。

5. 爆炸威胁

如果接收到关于爆炸的恐吓信息,如恐吓电话,要做到:

(1) 努力从恐吓方得到更多的信息,用纸笔记录对方所说的话。

(2) 注意电话的背景声音,如特殊的音乐、机器声响、对方的声音特质等。

(3) 如果是在工作地点,要及时向同事预警。

(4) 接到爆炸威胁后,千万不要触碰特殊的包裹。把特殊包裹附近的东西清理干净,尽快通知警察。

(5) 如果是在室内,要远离玻璃等易碎物品。

(6) 如果发现炸弹,不要试图移动,要立刻报警,请专业人员处理。

本章小结:

我国公共安全的形势依然不容乐观,日益严重的突发公共事件对人民的生命和财产构成严重威胁。

突发公共事件是从公共行政管理角度研究危机的专用术语,突发公共事件是指突然发生,造成或者可能造成重大人员伤亡、财产损失、生态环境破坏和严重社会危害,危及公共安全的紧急事件。

2007年8月30日,《中华人民共和国突发公共事件应对法》经第十届全国人大常委会第二十九次会议通过并颁布,并于2007年11月1日起施行。说明我国应急管理工作正在纳入经常化、制度化、法制化的轨道。

恐怖主义是指国际社会中某些组织或个人采取绑架、暗杀、爆炸、空中劫持、扣押人质等恐怖手段,企图实现其政治目标或某项具体要求的主张和行为。恐怖主义对当今世界人类的和平与发展事业构成严重威胁。

问题讨论：

1. 如何科学认识我国公共安全面临的严峻形势?
2. 《中华人民共和国突发公共事件应对法》的基本精神和主要内容是什么?
3. 恐怖主义的主要表现形式有哪些,应对恐怖主义应该采取什么样的紧急防护措施?

模拟训练题：设定一个场景,如果你被劫持做人质怎么办?

参考建议：

被当做人质是一种充满恐惧和危险的可怕经历。人质求生的基本原则是,被挟持的时间越长,生存的机会就越大。被挟持的最初几分钟是最危险的,如果受到挑衅,恐怖分子会变得非常激动而倾向于暴力。如果立即逃跑是不可能的,最好听从恐怖分子的命令。

假如你是一组人质中的一个,尽量使自己不要太显眼,不要用眼神接触恐怖分子。不要劝说、贿赂或者与他们争吵、打斗;同时避免与其他人质的交谈被他们看见。如有可能,脱下显眼的衣服、隐藏财物或者代表自身身份的标识。

按照挟持者的吩咐去做。一旦最初的几分钟过去,你便需要做好长期应对他们的准备,始终记住专业的人质救援队会尽力确保你的安全。如果挟持你的人跟你说话,你只要做出简短理智的回答就可以了,防止争论,特别是对像宗教和政治这样敏感的问题。

第二章　大学生活中人身财产的安全防范

学习目标：

通过学习,认识和了解盗窃、诈骗、抢劫、抢夺、传销、性侵害以及毒品等犯罪形式的类型、特点和规律,提高自身的安全防范意识,掌握遭遇人身和财产犯罪侵害时的有效应对手段和方法。

导入案例：电话信息诈骗案

"您好,你的电话已欠费,现正帮你转接服务专员。"

2009年5月19日下午1时许,家住深圳市福田区的老俞在家里的固定电话接到一个奇怪的欠费通知电话。电话中,一名自称电信服务人员的人告诉老俞：他家电话欠费人民币3000多元,现已无法使用,需要立即报警。

老俞还没反应过来,一个号码为020110的电话又打入他家的固定电话,一名自称是公安的人不耐烦地告诉老俞他被卷入一宗经济案件,涉嫌洗钱犯罪。随后,一名自称银行的工作人员又告诉老俞,为安全起见,要求其将银行存款转账至保密账号。懵懵懂懂的老俞在对方连蒙带吓的劝说下稀里糊涂将150多万元人民币转入对方账号。当晚7时许,老俞发觉被骗,立即报案。

近年来,在大学校园内外发生了许多涉及学生人身与财产安全的意外伤害事件,究其原因虽然各不相同,但有一个共同点,就是不少当事学生对事故的发生没有任何心理准备和自我保护意识,面对突发情况不知所措。就目前而言,不少青年学生一是缺乏社会经验,思想比较单纯,自我防范能力相对比较薄弱；二是缺乏安全防范意识,对可能发生的各种安全问题,缺乏必要的重视和警惕,给一些不法分子可乘之机是重要的主观原因。

大学生活是大学生进入社会开始独立人生的第一站。入学之前,基本上都是从家门到校门,保护学生人身安全和健康的职责主要由家长和学校的老师肩负着,在家长和学校老师的呵护下,社会上的各种不安定因素对学生影响相对较小。如今走出家门来到高校学习,急需强化安全知识的学习,不断提高自我保护能力。

第一节　盗窃犯罪的防范与应急处理

一、盗窃犯罪的概念及其特征

盗窃犯罪是指以非法占有为目的,多次秘密窃取或窃取数额较大的公私财物的行为。盗窃的基本特征是其侵犯的客体是公私财物的所有权。侵犯的对象是国家、集体或公民合法所有的财物。盗窃罪指向的财物一般是有形的,也包括具有经济价值的某些无形物,如电力、煤气、天然气、重要的技术成果、长途电话账号、电信号码等等。其客观方面表现为,行为人实施了秘密窃取数额较大的公私财物的行为或窃取的数额不是较大,但曾多次实施盗窃。

小贴士:盗窃适用的法律条文、司法解释及分析

1.《治安处罚法》第四十九条。盗窃、诈骗、哄抢、抢夺、敲诈勒索或者故意损毁公私财物的,处五日以上十日以下拘留,可以并处五百元以下罚款;情节较重的,处十日以上十五日以下拘留,可以并处一千元以下罚款。

2.《刑法》第二百六十四条。盗窃公私财物,数额较大或者多次盗窃的,处三年以下有期徒刑、拘役或者管制,并处或者单处罚金;数额巨大或者有其他严重情节的,处三年以上十年以下有期徒刑,并处罚金;数额特别巨大或者有其他特别严重情节的,处十年以上有期徒刑或者无期徒刑,并处罚金或者没收财产;有下列情形之一的,处无期徒刑或者死刑,并处没收财产:

(一)盗窃金融机构,数额特别巨大的;

(二)盗窃珍贵文物,情节严重的。

3.《最高人民法院、最高人民检察院、公安部关于盗窃罪数额认定标准》

各省、自治区、直辖市高级人民法院、人民检察院、公安厅(局),解放军军事法院、军事检察院:

根据刑法第二百六十四条的规定,结合当前的经济发展水平和社会治安状况,现对盗窃罪数额认定标准规定如下:

一、个人盗窃公私财物"数额较大",以五百元至二千元为起点。

二、个人盗窃公私财物"数额巨大",以五千元至二万元为起点。

三、个人盗窃公私财物"数额特别巨大",以三万元至十万元为起点。

各省、自治区、直辖市高级人民法院、人民检察院、公安厅(局),可以根据本地区经济发展状况,并考虑社会治安状况,在上述数额幅度内,共同研究确定本地区执行的盗窃罪"数额较大"、"数额巨大"、"数额特别巨大"的具体数额标准,并分别报最高人民法院、最高人民检察院、公安部备案。

分析

1.从理论上说,适用《治安处罚法》的盗窃数额没有下限,即只要有盗窃行为就可以给予处罚;而构成《刑法》盗窃罪的,则要求"数额较大"。因此,法律上有一个盗窃罪的"起刑点",即数额达到"较大"的标准,就判处刑罚,没有达到的给予治安处罚。

至于这个"数额较大"的标准,由各省、市、自治区的公检法部门来规定,因为全国各地的发展水平不同,必须根据具体情况具体规定。

> 2. 有一种情况,盗窃罪的认定不以数额为准,而以情节为准,即《最高人民法院关于审理盗窃案件具体应用法律若干问题的解释》第 4 条:对于一年内入户盗窃或者在公共场所扒窃三次以上的,应当认定为"多次盗窃",以盗窃罪定罪处罚。

二、校园盗窃犯罪的特点

一般盗窃案件都有以下共同点:实施盗窃前有预谋准备,熟悉环境;盗窃现场通常遗留痕迹、指纹、脚印、物证等;盗窃手段和方法常带有习惯性;有被盗窃的赃款、赃物可查。学校盗窃案件因作案主体和场所的特殊性,还有以下一系列特点:

1. 时间上的选择。作案主体在有人的情况下是不会行窃的,作案人必然选择作案地点无人的空隙实施盗窃。例如,上课和晚自习期间,同学们都在教室上课了,作案人便入室行窃;周末或节假日期间,实验室、办公室、公寓、计算机室通常处于无人状态,作案人便会乘隙而入。另外每学期开学和临放假期间,人员混杂,同学们疏于防范,也容易发生盗窃案件。

2. 目标上的准确性。学校中内盗案件比较多。哪个同学有钱或贵重物品,常放在什么地方,有没有锁在箱子中或柜子里,钥匙放在何处,作案分子都基本上了解。不动手便罢,一旦动手目标十分准确,通常能够很快得手。

3. 技术上的智能性。在学校中盗窃案件的作案主体,一般以高学历、高智商的人为多,有的本身就是学生。他们智力与盗窃技能多高于一般盗窃作案人员。

4. 作案上的连续性。正是由于作案人比较"聪明",所以其第一次作案容易得手。"首战告捷"后,作案人员往往产生侥幸心理,加之报案的滞后性或破案的延迟性,作案人员极易屡屡作案而形成一定的连续性。

三、常见的校园盗窃案件的行窃方式

发生在校园的盗窃案件主要有以下行窃方式:

1. 顺手牵羊是指作案分子趁人不备偷窃放在桌子、床上、走廊、阳台、球场、图书馆等处的钱物。

2. 翻窗入室是指作案分子趁主人不在时翻窗而入,将贵重物品盗走。

3. 撬门扭锁是指作案分子使用工具撬开门锁而入室行窃。这种犯罪分子手段毒辣,入室后还会继续撬抽屉或箱子上的锁,翻箱倒柜,从而盗走现金和各类贵重物品。采用这种方式的犯罪分子基本都是外盗。

4. 隔窗钓鱼是指作案分子用竹竿或者其他器材将室内的衣服或财物钩走,公寓一楼以及有窗户靠走廊的房间要当心此类盗窃。

5. 偷配钥匙是指作案分子用当事人随手乱丢的钥匙偷配好钥匙,趁当事人不在宿舍时打开当事人房间的锁,包括门锁、抽屉锁、箱子上的锁,从而盗走现金和贵重物品等。这类作案人大多是与当事人比较熟悉的人。

6. 蒙混入室是指作案分子用推销、传销和兼职等名义混入宿舍,骗取同学信任,然后伺机行窃。

四、防范盗窃的基本方法

防盗的基本方法有人防、物防和技防三种。其中,人防是预防和制止盗窃犯罪唯一可靠的方法。物防,是一种应用最为广泛的基础防护措施。而技术防范,则是可即时发现入侵、能够替代人员守护且不会疲劳和懈怠,可长时间处于戒备状态的更加隐蔽可靠的一种防范措施。对于学生来说,最重要的是做好教室和学生宿舍的防盗工作,保护好自己和同学的财物。这不仅是个人的事,而且也是全宿舍、全班乃至全校同学共同关心的大事。

学生宿舍和教室的防盗工作,要注意做到以下几点:

1. 最后离开教室或宿舍的同学,要关好窗户锁好门,养成随手关灯、随手关窗、随手锁门的习惯,以防盗窃犯罪分子隙而入。

2. 不要留宿外来人员。学生应该文明礼貌,热情好客,但决不能只讲义气、讲感情而不讲原则、不讲纪律。如果违反学校学生公寓管理规定,随便留宿不知底细的人,就等于引狼入室而将会后悔莫及。

3. 对进入公寓的陌生人应保持警惕,注意盘问,使犯罪分子无机可乘。

4. 注意保管好自己的钥匙,不要随意外借,若钥匙丢失,应及时通知其他同学,必要时换锁。

5. 现金多时最好立刻存入银行,贵重物品不用时最好锁入抽屉和柜子里,节假日离校时,应将贵重物品带走或托付给可靠的人帮助保管。

6. 团结友爱,互相帮助。室友间的团结友爱,宿舍间的互相照应在一定程度上可以积极预防盗窃犯罪。

五、发生盗窃案件的应对办法

如果发现自己的宿舍门、抽屉、柜子被撬,室内物品被翻动,则可能是发生了盗窃案件。一旦发生盗窃案件,同学们一定要冷静应对,其处置方式如下:

1. 立即报告学校保卫部门,同时拨打"110"报警。

2. 封锁和保护现场,不准任何人进入。不得翻动现场的物品,切不可冒失查看自己的物品是否丢失,以免破坏现场。这对公安人员准确分析、正确判断侦察范围和收集罪证,有十分重要的意义。

3. 如果发现嫌疑人,在保证安全的前提下,应立即组织同学进行堵截捉拿,同时向保卫部门和公安机关报告并积极配合。

4. 配合调查,实事求是地回答公安部门和保卫人员提出的问题。积极主动地提供线索,不隐瞒情况,学校保卫部门和公安机关有义务、有责任为提供情况的同学保密。

5. 如果发现存折、信用卡、银行卡、手机卡被窃,应当尽快办理电话挂失。

第二节 诈骗犯罪的防范与应急处理

一、诈骗犯罪的概念及其特点

诈骗罪是指以非法占有为目的,用虚构事实或者隐瞒真相的方法,骗取数额较大的公私财物的行为。由于它一般不使用暴力,似乎是在一派平静甚至"愉快"的气氛中进行的,受害者往往被表面假象蒙蔽,容易上当。其突出特点就是使用欺骗的方法取得公私财物。在犯罪形式上,犯罪分子多以编造假情况或隐瞒事实真相,诱使受害者陷于一种错误认识,信以为真,仿佛"自愿地"将财物交与犯罪嫌疑人。通常存有以下几种心理意识容易被诈骗分子利用:

1. 虚荣心理;
2. 幼稚、不作分析的同情、怜悯心理;
3. 贪占小便宜的心理;
4. 轻率、轻信、麻痹、缺乏责任感;
5. 贪求美色、想入非非的不良意识;
6. 易受暗示、易受诱惑的心理。

小贴士:与诈骗有关的法律条文

《治安处罚法》第四十九条。盗窃、诈骗、哄抢、抢夺、敲诈勒索或者故意损毁公私财物的,处五日以上十日以下拘留,可以并处五百元以下罚款;情节较重的,处十日以上十五日以下拘留,可以并处一千元以下罚款。

《刑法》第二百六十六条。诈骗公私财物,数额较大的,处三年以下有期徒刑、拘役或者管制,并处或者单处罚金;数额巨大或者有其他严重情节的,处三年以上十年以下有期徒刑,并处罚金;数额特别巨大或者有其他特别严重情节的,处十年以上有期徒刑或者无期徒刑,并处罚金或者没收财产。

二、常见诈骗方式

(一)借熟人关系进行诈骗

此类骗子往往是冒名顶替或者以老乡、朋友的身份进行诈骗,而受害人往往碍于面子,容易坠入圈套。

(二)借中介、兼职、招聘为名进行诈骗

此类骗子就是利用同学们急于找到工作的心理,以招工点、兼职家教介绍等名义进行诈骗,骗取介绍费、押金、报名费。或者利用同学们作为其廉价劳动力,从中获得非法利益。

(三) 以特殊身份进行诈骗

此类骗子多以社会上的"能人"、"名流"的名义进行诈骗,例如谎称自己是导演、星探、经纪人、记者、老板、军人等,抬高身价,以帮助同学解决各类困难为由进行诈骗。

(四) 以遇到某种困难或者不幸急需帮助进行诈骗

此类骗子多以走失或者丢失财物的学生、灾区群众、落难者等名义寻求帮助,进行诈骗。一些高校发生的诈骗案,多是以"借用银行卡打钱"等名义进行诈骗。一些不法分子选择入校新生尤其是女生为目标,先是以学生身份取得受害人的信任,再取得对方的同情,然后实施诈骗。

(五) 以小利取信,进行诈骗为实

采取欲擒故纵的方法,先将曾许诺的利益予以兑现,取得信任后,就狠狠地敲一把,让受骗者在绝对信任和不知不觉中蒙受重大的损失。

(六) 以电话、手机短信诈骗

冒充电信局、公安局、银行等单位工作人员实施的新型电信诈骗手段,犯罪分子使用"任意显号"软件等技术,随机拨打手机、固定电话或发送手机短信,显示国家机关的热线号码或总机号码进行诈骗。

三、常见街头陷阱

(一) 丢包陷阱

一人"无意"丢下一包东西,被丢的包里往往装满假钞、假金银首饰,另一人上前装作是与你一起发现的,要求平分拾到的东西,并花言巧语让你得大部分,但要你拿出身上的钱或佩戴的首饰做抵押,半诱半逼进行诈骗。

(二) 利用假贵重物品

诈骗,骗子以假的古董、名贵药材或笔记本电脑等为诱饵,谎称家里急需要用钱,希望低价出售,并安排一些"托儿"假装对货物很感兴趣,以此来诱惑你购买。

(三) 购票、手机充值卡陷阱

充值卡零售时基本上是全额出售,不会出现打折或是低价销售现象。只有那些从不正规渠道流入市场的充值卡才会有很低的折扣,而这些卡很可能是已经用过的废卡,不法分子将已刮开的密码涂层重新覆盖后再出售。购卡时不要轻易相信折扣很低的充值卡,避免因一时贪小便宜而上了不法分子的当,造成自身经济损失。

(四) 吃喝陷阱

不要随便接受陌生人的食物、香烟和饮料,不要被他人盛情迷惑。

四、新型智能欺诈犯罪

近年来,日常生活中人们对手机短信、网络的依赖程度越来越高,通过手机短信和网络发布信息的速度相当快,其覆盖面也越来越宽泛。一些不法分子同样意识到

了这一点。以手机短信、电信通讯和互联网为载体的新型诈骗方式层出不穷、花样繁多,令人防不胜防。此类诈骗犯罪发案呈上升趋势,并且出现境内外勾结作案的方式,加大案件侦破的难度,给人民群众造成巨大财物损失,成为影响社会治安稳定的因素之一。

案例 ▶ 打电话诈骗学生家长案例

2010年5月13日傍晚,深圳某高校一赵姓同学的父母到学校反映,下午该名同学的母亲接到自称是赵同学辅导员的手机短信,称赵同学出了车祸,现正在学校附近某医院救治,要求家长火速把钱汇入其指定的银行账户内,以便支付赵同学手术费用。家长非常焦急,马上拨打自己孩子的手机却无法接通。其母亲信以为真准备汇钱。好在赵同学的父亲多留了一个心眼,给赵同学平时要好的朋友打电话,确认赵同学正在学校上课,一切无恙,才没有上当受骗。

为防范此类新型智能诈骗,避免损失,以下几点需要引起我们的注意:

1. 告诉亲人不要轻信陌生人的电话和手机短信,以防有人以编造你在外发生意外为由,将你的亲人骗出,或以你的名义骗取财物。

2. 犯罪分子使用任意显号软件、VOIP电话等技术,冒充电信局、公安局等单位工作人员随机拨打手机、固定电话,显示国家机关的热线号码、总机号码,以受害人电话欠费、被他人盗用身份涉嫌经济犯罪或以没收受害人所有银行存款进行恫吓威胁,骗取受害人汇转资金。当接到来自自称是公安机关、电信局、银行等或者号码为110、95598等热线短号的电话或短信时,一定要提高警惕。可根据任意显号软件不支持回拨的特点,利用回拨的方式及时予以核实确认。

3. 犯罪分子通过建立炒股交流群和相关网站或者通过媒体广告、电话(短信)推销等形式,精心策划陷阱,以委托理财,收取服务费、咨询费、顾问费、会员费等名义,骗取股民的大量钱财。当你投资时,首先要查询此类机构和人员的业务资格;其次要小心授权,不要盲目支付会员费或授权他人代理操作账户管理及交易事项;也可亲自去投资公司现场了解情况,通过一系列措施有效地避免财物损失。

4. 如有人要问及个人隐私,要务必谨慎。根据我国法律规定,公安、检察院、法院等机关在侦办案件时,不会通过电话询问个人家中存款账户、密码等隐私情况,如果涉及案件必须查询时,办案人员必须出示工作证件及有关法律文书,到相关金融机构查询或者与可能涉案的群众当面进行询问。

说到底,虽然新型诈骗方式依靠科技手段让人真假难辨,变得更加扑朔迷离,但只要在面对种种骗局的时候能够冷静下来,克服自己内心的贪念,谨慎辨识,能够将骗局戳穿,避免遭受损失。

五、防范诈骗的基本方法

(一) 知己知彼,心明眼亮

要有反诈骗意识,校园的人际交往是具有多样性的,诈骗犯罪往往是在一种临时性的人际交往过程中发生。初次交往时,注意考察对方的身份,增强防范意识,提高识别诈骗犯的能力,不被其花言巧语所蒙骗。

(二) 不盲目崇拜"名流",防止"标签效应"的副作用

标签效应就是以名取人,有的人往往被对方名牌大学的"研究生"、"记者"、"导演"头衔诱骗而深信不疑,不作考证,结果受骗。有不少诈骗犯就是利用这些"标签",扮演不同的身份角色行骗的。

(三) 克服"第一印象"的消极影响

日常生活中人们十分注重第一印象。诈骗犯利用这一心理因素,设计骗局,刻意装扮自己,而一些同学往往便被诈骗犯的仪表、风度所吸引,陷入骗局。

(四) 提防求职骗局

目前大专院校的毕业生就业为双向选择,毕业生在选择分配单位时自主性大。有些学生为留在大城市就业多方寻找门路,在求职受挫时往往放松警惕,轻易相信他人;对骗子的许愿深信不疑,对骗子提出的要求也是机械照办,到头来很容易陷入不法分子设定的圈套,上当受骗。

(五) 加强同学之间的信息沟通

同学之间要相互沟通,互相帮助,营造良好的同学关系。一旦遇到事情,容易从同学之间得到"参谋"意见,避免出现"当局者迷"的情况。

(六) 不要轻易相信不明电话、短信的各种"幸运"通知

不要随意向陌生人泄露自己和家人的联系方式、地址、电话号码等私人信息。不要轻信电话、短信的中奖通知、求助、问候。面对此类电话短信,多问几个"为什么",骗局谎言总会露出马脚。

第三节 抢劫、抢夺犯罪的防范与应急处理

一、抢劫、抢夺犯罪的概念及其特点

抢劫,是以非法占有为目的,对财物的所有人、保管人当面使用暴力、胁迫或其他方法,强行将公私财物抢走的行为。抢夺是指以非法占有为目的,乘人不备,实施夺取他人财物的行为,属于介于盗窃罪与抢劫罪之间的一种犯罪形态。这两种不法行为严重侵害他人的人身权利,而且容易转化为凶杀、伤害、强奸等恶性案件,比盗窃和诈骗犯罪更具现实危害性。其特点如下:

> **小贴士：与抢劫、抢夺有关的法律规定**
>
> 《刑法》第二百六十三条。以暴力、胁迫或者其他方法抢劫公私财物的，处三年以上十年以下有期徒刑，并处罚金；有下列情形之一的，处十年以上有期徒刑、无期徒刑或者死刑，并处罚金或者没收财产：
>
> （一）入户抢劫的；
> （二）在公共交通工具上抢劫的；
> （三）抢劫银行或者其他金融机构的；
> （四）多次抢劫或者抢劫数额巨大的；
> （五）抢劫致人重伤、死亡的；
> （六）冒充军警人员抢劫的；
> （七）持枪抢劫的；
> （八）抢劫军用物资或者抢险、救灾、救济物资的。
>
> 《刑法》第二百六十七条。抢夺公私财物，数额较大的，处三年以下有期徒刑、拘役或者管制，并处或者单处罚金；数额巨大或者有其他严重情节的，处三年以上十年以下有期徒刑，并处罚金；数额特别巨大或者有其他特别严重情节的，处十年以上有期徒刑或者无期徒刑，并处罚金或者没收财产。携带凶器抢夺的，依照本法第二百六十三条的规定定罪处罚。

1. 案发时间多为晚上，特别是校园内夜深人静、行人稀少时。
2. 案发地点多为校园内比较偏僻、人少的地段。比如树林中、远离宿舍区的教学楼周围、无灯少人的小路，正在建设中的建筑物附近。
3. 抢劫的对象多为携带贵重物品的同学或深夜在僻静处疏于防范的恋爱男女，特别是女同学。
4. 犯罪分子抢夺的目标多为现金、钱包、银行卡、手袋、首饰、手机、笔记本电脑、数码相机等贵重物品。
5. 犯罪分子对作案现场的地形通常都非常熟悉，并多携带凶器。

二、预防抢劫、抢夺的基本方法

（一）避免独自在偏僻地方行走、逗留

尽量避免单独一人在偏僻、灯光昏暗的地方行走；深夜经过偏僻路段，要有人护送，并随时观察附近环境，发现可疑人员，应立即向光亮地方和人多的地方跑，并大声呼救。

（二）避免外露钱财

不要外露或向人炫耀自己随身携带的贵重物品，平时不要随身携带大量现金，也不要携带多张银行卡和信用卡。

(三）即时呼救报警

最好选择在白天和有人陪同的情况下存取大量现金,一旦遇到劫匪,不论是否被抢,都应及时呼救报警。

（四）斜背挎包,提高警惕

独自出行时,要提高警惕,不要在路上边走边使用手机,斜背装有钱包、手机等贵重物品的挎包。

（五）警惕麻醉食品和黑车

不要随便接受陌生人的食物、饮料、香烟等,防止不法分子通过麻醉方法实施抢劫。不要打黑车,对身后尾随的摩托车和机动车辆要高度警惕,防止飞车抢夺。

（六）行车在外,注意防范

开车外出,在偏僻路段发生轻微交通事故的时候,不要急于下车查看情况,应锁好车门车窗冷静观察并拨打"110"报警,耐心等待交警处理,防止犯罪分子故意制造交通事故实施抢劫。

（七）注意寝室宿舍安全

不要轻易让陌生人员进入宿舍,注意防范行窃人员冒充维修、推销、老乡等身份混入宿舍。

 学生遭到不法分子恐吓,财物被洗劫一空

2009年4月24日晚深圳某校学生刘某和曹某在学校附近商场一楼准备乘电梯上二楼时,刘同学不小心踩到了一男子的脚。刘同学向对方（两人）道歉后,准备继续往楼上走,但对方以"他们踩到人"需要赔礼道歉为由,将刘某和曹某两位同学带到附近一咖啡厅包厢,后又有四名男子进入包厢将刘某和曹某身上的现金和手机抢走,并胁迫曹某说出银行卡密码,将卡内的钱取走。

事后经了解,刘同学被抢走手机一部,价值1900元;曹同学被抢手机一部,价值1500元,手表一块,价值30元,银行卡现金3700元,身上现金80元,两人共计财物损失7210元。

三、发生抢劫、抢夺的应对方法

（一）利用有利条件,伺机反击

如果遭受抢劫或抢夺,要克服畏惧、恐慌情绪,冷静分析处置。如条件有利,有可能制服犯罪分子的,应大胆采取反击措施。充分利用自己对环境的熟悉,机智、勇敢地进行周旋。例如:倒地后可以抓土或者沙撒向歹徒的面部,用身边可利用的一切器材如木棍、玻璃瓶、砖头、石块击打对方,用全身最大力量攻击歹徒要害部位如眼睛、太阳穴、鼻、胯下裆部。反击时应做到"稳、狠、准"。

(二)把生命安全放在第一位

当面对穷凶极恶的犯罪分子,或者人数和实力悬殊时,不要力搏,应该按照"舍财不舍命"的原则,以保护自己的生命与身体不受伤害为前提,按照犯罪分子的要求交出索要财物,记清犯罪分子的体貌特征和逃跑方向,尽可能保留一切能有利于破案的线索。

(三)把握犯罪分子的心理弱点

可利用犯罪分子心理上的弱点,大声呼救,高声斥责进行"语言反击",扰乱对方心理,达到脱险的目的。

(四)及时报案

抢劫发生后要在最短的时间内向公安机关、学校保卫部门报案。报案时要保持镇定和头脑清晰,迅速准确地说出案发时间地点、犯罪分子的特征及有关情况,为案件破获提供线索和帮助。

(五)及时追赶呼喊

犯罪分子得手后逃跑时,在保持安全距离的情况下,大声呼叫并追赶。同时充分发动周围的人进行追捕堵截,力争抓获犯罪分子或迫使犯罪分子放弃抢劫的财物。

第四节 传销犯罪的防范与应急处理

一、传销犯罪的概念及其特点

传销,是指组织者或者经营者发展人员,通过对被发展人员以其直接或者间接发展的人员数量或者销售业绩为依据计算和给付报酬,或者要求被发展人员以交纳一定费用为条件取得加入资格等方式牟取非法利益,扰乱经济秩序,影响社会稳定的行为。传销通常具有以下四个显著特点:

> **小贴士:与传销行为有关的法律规定**
>
> 2009年2月28日,第十一届全国人民代表大会常务委员会第七次会议通过了《中华人民共和国刑法修正案(七)》,修正案中新增了"组织领导传销罪",规定:组织、领导以推销商品、提供服务等经营活动为名,要求参加者以缴纳费用或者购买商品、服务等方式获得加入资格,并按照一定顺序组成层级,直接或者间接以发展人员的数量作为计酬或者返利依据,引诱、胁迫参加者继续发展他人参加,骗取财物,扰乱经济社会秩序的传销活动的,处五年以下有期徒刑或者拘役,并处罚金;情节严重的,处五年以上有期徒刑,并处罚金。组织领导传销罪只将传销活动的组织者、领导者作为组织领导传销者的犯罪主体和打击重点,对一般的传销参与人员则采取行政处罚和教育相结合的措施。
>
> 此外,国务院于2005年通过并颁布了《禁止传销条例》。

（一）发展上下线

经营者通过发展人员、组织网络从事无店铺经营活动，参加者之间上线从下线的营销业绩中提取报酬。先参加者从发展的下线成员所交纳的费用中获取收益，且收益数额由其加入的先后顺序决定，组织者利用后参加者所交付的部分费用支付先参加者的报酬维持运作。

（二）囤货诈钱

非法传销人员为了迅速致富，往往强迫或诱导被推荐者买一大批"货"，可以是实物，也可以是货币，或某某现金卡，或变相称资料费，其目的是为了从非法传销公司获取尽量多的收入如奖金等。

（三）挂羊头卖狗肉

非法传销公司或者非法传销人员，往往打着合法培训会议的旗号，用"挂羊头"的方式来卖"狗肉"。他们利用人性的弱点，利用人们想暴富的心理，极力宣扬"迅速致富"的人生道理，为了达到让新人尽快加入的目的，非法传销公司或者非法传销人员往往会以炮制的赚钱发财故事，以及长时间有节奏的掌声和口号，甚至用现代声光电多媒体等技术手段来"故意"营造一种超出"常识"的氛围，诱使人们加入传销活动，从而谋取利益。

（四）交纳高额入门费

非法传销公司和非法传销人员的"收入"不是来源于把产品或商品销售给最终消费者后计提的合法收入，而是来源于加入者交纳的各种"高额费用"。因此，为了诈取高额利润，传销公司就要收取加入者的高额费用或强迫其认购上千元甚至上万元的货物。这就是传销公司的赢利"核心"，那些种种包你只赚不赔的动人计划都是"幌子"，无非是要你眼花缭乱，上当受骗。

此外非法传销还有产品种类少、价值很低、卖价很高、没有服务、不能退货；没有上市，没有正规报刊、杂志、实体店的支持等特点。同时，由于传销组织现在已经成了过街老鼠，一些传销公司采用加盟连锁、网络销售、框架营销等说法，掩盖其传销本质，诱人上钩。

案例 ▶ 出租屋做传销"发财梦"

以化妆品销售为幌子，骗来多个省市的人进入宝安区松岗街道某出租屋内进行"洗脑"培训，参与培训的人中不乏在校大学生。就在他们做着一夜暴富的"发财梦"时，8月20日上午，宝安警方接到线索，成功端掉5个传销窝点，查获非法传销人员87名，并收缴一批传销产品和传销书籍。

据最先发现这一可疑现象的松岗街道东方综管站管理员小姚介绍，连日来，他和同事小覃在东方大道某出租楼走访登记时发现，该栋402房间突然增加了不少陌生人，他们操着不同的口音，经常进出该房间。而据周围租户反映，十几名年轻人大清早就聚集在一起,随后就能从房间内不时听到读书声和鼓掌声。多年的走访经验让小姚意识到,里面极有可能是一非法传销窝点。为了不打草惊蛇,小姚和同事小覃随后以登记为由,进屋了解情况。"太震撼了,狭小的屋里聚集了20多名男女,地板上铺着很多报纸,留有打地铺的痕迹。而在一张小桌子上,则摆放着包装看上去很华丽的化妆品。这些不寻常的迹象,证明了我的判断。不仅是402房间存在蹊跷,其他楼层的房间内也发现相同的问题。"

随后,小姚立即将这一发现向社区民警报告。当天上午10点半,综管站管理员们协助社区民警成功控制了402号房间的可疑人员。同时,根据管理员提供的线索,在同一栋楼的其他四个房间也发现了非法传销窝点。事后统计,此次行动共查获87名涉嫌非法传销人员,查获传销物品一批。经初步了解,87名涉嫌非法传销人员来自广西、安徽、江西、河南等多个省市,其中不乏涉世不深的在校大学生。据悉,自称是负责某化妆品直销的经理以销售化妆品为幌子,将来自不同省市的人骗来深圳后,收取每人3000至5000元不等的"加盟费",并发展为"会员"。

二、传销组织利用大学生的原因

一些落网的传销头目在接受审讯时供述,他们之所以把黑手伸向学生,主要是因为大中专学生刚刚离开父母的监管,自立的意识较强,而其社会接触面又不广,思想单纯,容易轻信他人,缺乏社会经验和识别陷阱的能力,容易上当受骗。概括起来主要有以下几方面原因:

一是大学生社会接触面不广,但对生活期望值较高,容易被"洗脑",上当受骗。

二是参与传销的同学多数急于减轻经济压力,让自己和父母脱贫,从而对传销的一夜暴富神话产生期望。

三是传销组织的"洗脑"方法切合一些同学的心理需求,其谎言迎合了这部分同学社会阅历浅、叛逆心理强,富于幻想的心理特点。

四是个别学生理想信念有所缺失,仅凭有无短期效益来衡量一件事情是否有益。

五是一些同学被传销组织提出的平等、互爱等口号所迷惑,对传销集体产生心理依赖。

三、如何有效抵制传销

近几年来,由于高校毕业生就业出现一些问题,一些传销组织就抓住毕业生急于找工作的就业心理,想方设法把高校毕业生作为潜在的拉拢欺骗对象。近年高校毕业生找工作误入传销组织的案件有所上升,每年都有部分高校的毕业生误入传销组织并被控制失去自由,最后需要学校地方联动去解救。

抵制传销进校园,远离传销组织,重点需要做好以下几方面。

(一)不要相信天上掉馅饼

传销公司最常用的话就是"让你在消费的同时赚钱",这其实是传销组织编造的美丽谎言。消费就是消费，赚钱就是赚钱，天下没有白吃的午餐。

(二) 不轻信他人介绍工作

对熟人、朋友、同学甚至亲戚来电来信介绍工作，要感谢，要重视，但不要随意相信。要通过各种正规渠道进行调查核实，确定其所介绍的单位在招工，方可去应聘。因为传销组织通常有一个惯用的伎俩：就是利用熟人、朋友、同学甚至亲戚的关系把人骗进传销组织，令人陷入迷局，不能自拔。

(三) 就业最好走正规渠道

尽量通过学校举办的毕业生供需见面会和政府举办的人才市场，去寻找就业机会，避免非正规渠道带来的求职风险。

(四) 求职应聘时认真审验合同

我国《劳动合同法》规定，公司与个人发生劳资关系必须签订劳动合同，劳动合同是保证双方平等互利的必要工具。求职时，正规公司都会主动与求职者签订劳动合同。如果用人单位丝毫不谈合同，甚至拒绝签订合同，那么该公司就有违法嫌疑，就应特别警惕防范，小心上当受骗。

(五) 网上应聘特别谨慎

传销组织经常在网上发布优厚待遇的虚假职位信息，引诱求职者去应聘，还安排一对一的专人去车站接送。面对这种情况，要多渠道考证再做决定，绝不可盲目应聘。

第五节　性侵害犯罪的预防和应急处理

人类正常的性生活和性关系是受到社会法律保护的，性侵害犯罪是指违背当事人一方意志的性行为。近年来，高校也出现了不少性侵害的案件，严重侵犯了受害学生的人身权利，极大地损害了受害学生的身心健康。

小贴士：性侵害行为触犯的法律条文

《刑法》第二百三十六条。以暴力、胁迫或者其他手段强奸妇女的，处三年以上十年以下有期徒刑。

奸淫不满十四周岁的幼女的，以强奸论，从重处罚。

强奸妇女、奸淫幼女，有下列情形之一的，处十年以上有期徒刑、无期徒刑或者死刑：

(一) 强奸妇女、奸淫幼女情节恶劣的；

(二) 强奸妇女、奸淫幼女多人的；

(三) 在公共场所当众强奸妇女的；

(四) 二人以上轮奸的；

(五) 致使被害人重伤、死亡或者造成其他严重后果的。

一、性侵害的主要形式

（一）暴力式侵害

主要是指采取暴力手段对女性进行性侵害的行为。暴力侵害的主体比较复杂，有社会上的犯罪分子混入校园进行强奸犯罪，也有些是内部人员所为。方式有的是以强奸为目的，混入女生宿舍或校园内偏僻处伺机作案；也有的是本以抢劫、盗窃为目的，见有机可乘或因受害人处置不当而发展为强奸犯罪；还有的是因恋爱破裂或单相思，走向极端，发展为暴力强奸。暴力式性侵害极易发展为凶杀，对女大学生威胁最大。

（二）胁迫式性侵害

一些心术不正的坏人往往利用手中的特殊权利，或以掌握受害人的个人隐私、某些错误为把柄进行要挟，或是利用受害人有求于己的处境等进行要挟、胁迫，使女性忍辱屈从，在精神受强制而不敢抗拒的情况下，与女性发生非暴力胁迫的性行为。

（三）流氓滋扰式侵害

主要是指社会上的流氓结伙闯入校园，寻衅滋事，或是校内某些品行不端正人员在变态心理的驱使下，对女同学进行的各种骚扰活动。这些人对女同学的侵害方式，多为用下流语言调戏，推拉撞摸占便宜，偷看、偷拍女生沐浴等下流行为，或用卑鄙下流的手段强行搂抱、接吻甚至撕烂女生衣裤进行调戏。如在夜间，女同学孤立无援，或处置不当等情况下，也有可能发展为暴力强奸或轮奸。

（四）社交性强奸

这种犯罪行为的主体多是受害人的相识者。因同事、同学、师生、老乡、邻居等关系，与受害者有一定社会交往，利用机会或创造机会把正常的社交引向性犯罪。一些受害人身心受到伤害后，往往还出于各种顾虑不敢揭发。

案例 ▶ 女大学生遭网友性侵犯

一名女大学生因网络聊天，竟遭网友胁迫进而被性侵犯。密云法院近日以强奸罪判处行为人任某有期徒刑4年。

王某是某大学大二的学生，偶然通过QQ与任某结识。随着聊天的深入，逐渐熟悉的两人互生好感，并彼此交换了照片，互留了联系方式。此后，王某与任某由网络聊天改为电话聊天。2008年11月，任某再次在QQ上碰到王某，便和她打招呼，恰巧王某心情郁闷，没有理睬任某，由此引发了任某与王某间的互相对骂。怒极的任某电话里以去王某学校吵闹为由威胁王某陪他过夜。迫于无奈，王某顺从了任某的胁迫。淫欲得逞的任某4日后再次以同样理由威胁王某陪其过夜时，王某报案，随后公安机关将任某抓获。

法院经审理认为，任某采用威胁手段，违背妇女意志，强行与女性发生性行为，其行为已构成强奸罪，鉴于任某自愿认罪，酌情从轻处罚，遂判处任某有期徒刑4年。

二、易发生性侵害的地点

(一) 校内
洗手间、教室、礼堂、宿舍、实验室以及各种偏僻幽静处。

(二) 校外
公园假山、树林里、车站、码头、光线昏暗的街道、小区、小巷、立交桥下、出租屋、影院、舞厅、酒吧等公共娱乐场合。

三、如何防范性侵害

(一) 树立正确的人生观
树立正确的世界观、人生观、价值观、荣辱观，提高自身修养和辨别能力，拒绝色情影视和书刊画报，将主要精力投入到学习和增进同学友谊的集体活动中去。

(二) 谨慎交友
交往中要举止得体，不随意接受有特殊含义与贵重的礼物，对于那些总是探询个人隐私，过分迎合奉承自己，目光和举止异样的男性，应保持应有的警惕，尽量避免与其单独相处。不去酒吧、歌舞场所。

(三) 遵守校规校纪
严格遵守学校晚归规定，避免深夜滞留在外，不要独自在偏僻幽静处行走，尽可能不要与陌生男性结伴同行，不要在人员稀少的地方单独为陌生人带路，不随便接受陌生人的宴请，不要随意接受陌生人赠送的食品和饮料，不搭乘陌生人的机动车。

(四) 洁身自爱
洁身自爱，自尊自重，鄙弃抵制低俗的社会生活方式和有偿陪侍等不良活动。

四、发生性侵害的应对方法

(一) 公共场合的应对
在公共场合有人用语言、神态、动作进行挑逗和寻衅，可以视而不见，不予理睬让其自讨没趣。对死皮赖脸的纠缠者要严厉警告，并大声揭露其丑恶行为，求得附近行人的声援和帮助，并视情节轻重选择报警。

(二) 徒手反抗的方法
在有条件的情况下应选择积极反抗。反抗的手段包括防身术和正常搏斗中的抓、撕、咬、踢等简单战术，漫无目的的乱打是没有效果的，必须抓住人的要害部位，如眼睛、下体、腹股沟、肋骨等，实施狠、准、快的打击，制造脱离险境的机会。

(三) 借用武器的反抗方法
适时运用反击武器。灵活运用身边的武器攻击犯罪分子要害部位，例如：伞、硬封面的书、身上的钥匙串、手提包、地上的泥沙砖块、高跟鞋跟。人体拳头、肘部、膝部也是可以使用的个人武器。

(四)勇敢面对,振作精神

万一遭受性侵害失身后,要勇敢面对现实,汲取教训,分清原因,正确对待,振作精神,摆脱心理阴影,同时相信法律、及时报案、记清楚犯罪分子的体貌特征,尽可能保留证据,协助公安机关调查。

第六节　毒品犯罪的预防和处理

一、毒品的概念及特点

根据《中华人民共和国刑法》第357条规定,毒品是指鸦片、海洛因、甲基苯丙胺(冰毒)、吗啡、大麻、可卡因以及国家规定管制的其他能够使人形成瘾癖的麻醉药品和精神药品。目前,共有121种麻醉药品和130种精神药品列入《麻醉药品及精神药品品种目录》。常见的毒品主要有鸦片、大麻、海洛因、冰毒、摇头丸等。

小贴士:与毒品犯罪相关的法律规定

《治安处罚法》

第七十二条　有下列行为之一的,处十日以上十五日以下拘留,可以并处二千元以下罚款;情节较轻的,处五日以下拘留或者五百元以下罚款:

(一)非法持有鸦片不满二百克、海洛因或者甲基苯丙胺不满十克或者其他少量毒品的;

(二)向他人提供毒品的;

(三)吸食、注射毒品的;

(四)胁迫、欺骗医务人员开具麻醉药品、精神药品的。

第七十三条　教唆、引诱、欺骗他人吸食、注射毒品的,处十日以上十五日以下拘留,并处五百元以上二千元以下罚款。

《刑法》

第三百四十七条　走私、贩卖、运输、制造毒品,无论数量多少,都应当追究刑事责任,予以刑事处罚。

走私、贩卖、运输、制造毒品,有下列情形之一的,处十五年有期徒刑、无期徒刑或者死刑,并处没收财产:

(一)走私、贩卖、运输、制造鸦片一千克以上、海洛因或者甲基苯丙胺五十克以上或者其他毒品数量大的;

(二)走私、贩卖、运输、制造毒品集团的首要分子;

(三)武装掩护走私、贩卖、运输、制造毒品的;

(四)以暴力抗拒检查、拘留、逮捕,情节严重的;

(五)参与有组织的国际贩毒活动的。

走私、贩卖、运输、制造鸦片二百克以上不满一千克、海洛因或者甲基苯丙胺十克以上不满五十克或者其他毒品数量较大的,处七年以上有期徒刑,并处罚金。

走私、贩卖、运输、制造鸦片不满二百克、海洛因或者甲基苯丙胺不满十克或者其他少量毒品的,处三年以下有期徒刑、拘役或者管制,并处罚金;情节严重的,处三年以上七年以下有期徒刑,并处罚金。

利用、教唆未成年人走私、贩卖、运输、制造毒品,或者向未成年人出售毒品的,从重处罚。对多次走私、贩卖、运输、制造毒品,未经处理的,毒品数量累计计算。

制毒物品是指用于制造麻醉药品和精神药品的物品。毒品,有些是可以天然获得的,如鸦片就是通过切割未成熟的罂粟果而直接提取的一种天然制品,但绝大部分毒品只能通过化学合成的方法取得。这些加工毒品必不可少的医药和化工生产用的原料就是我们所说的制毒物品。因此,制毒物品既是医药或化工原料,又是制造毒品的配剂。

毒品的特性有两点:一是它能使人成瘾,产生强烈的生理和精神上的依赖性;二是毒品严重危害人的生理和精神健康,可直接导致死亡。依赖性、耐受性、非法性和危害性,就是毒品的四个基本特征。

依赖性也称药物成瘾性。毒品的生理依赖性是指使用毒品带来的生理上的变化,主要表现为一种周期性的或慢性中毒的状态,需要继续使用毒品才能维持肌体的基本生理活动,否则就会产生一系列机能紊乱和损害的反应。毒品的心理依赖性是指人在多次使用毒品后所产生的在心理上、精神上对毒品的主观渴求或强制性寻求毒品的心理倾向。毒品心理依赖性的作用十分顽固,它是吸毒者在生理脱瘾后复吸率居高不下的最重要的原因。

毒品的耐受性是指吸毒者在长期吸食毒品后,毒品产生的效果就会出现退化现象,肌体对毒品的反应迟钝变弱,必须不断增加剂量才能获得与以前相同的效果。由于毒品的耐受性,几乎使每个吸毒者都会逐步增大每次吸毒量、缩短吸毒间隔时间以及改抽吸为静脉注射。

二、毒品的危害

据统计吸毒者平均寿命不超过40岁,吸毒者在自我毁灭的同时,也破坏着自己的家庭,使家庭经济破产,亲属离散,陷入甚至家破人亡的悲惨境地。

(一) 吸毒对身心的危害

1. 生理依赖性,由于反复用药所造成的一种强烈的依赖性。

毒品作用于人体,使人体体能产生适应性改变,形成在药物作用下的新的平衡状态。一旦停掉药物,生理功能就会发生紊乱,出现一系列严重反应,称为戒断反应,使人感到非常痛苦。用药者为了避免戒断反应,就必须定时用药,并且不断加大剂量,使吸毒者终日离不开毒品。

2. 精神依赖性

毒品进入人体后作用于人的神经系统，使吸毒者出现一种渴求用药的强烈欲望，驱使吸毒者不顾一切地寻求和使用毒品。一旦出现精神依赖后，即使经过脱毒治疗，在急性期戒断反应基本控制后，要完全康复原有生理机能往往需要数月甚至数年的时间。更严重的是，这种对毒品的精神依赖性很难消除，这也是许多吸毒者在一而再、再而三复发吸毒的原因，也是世界医药界尚待解决的课题。

3. 毒品危害人体的机理

我国目前流行最广、危害最严重的毒品是海洛因，海洛因属于阿片英药物。在正常人的脑内和体内一些器官，存在着内源性阿片肽和阿片受体。在正常情况下，内源性阿片肽作用于阿片受体，调节着人的情绪和行为。人在吸食海洛因后，抑制了内源性阿片肽的生成，逐渐形成在海洛因作用下的平衡状态，一旦停用就会出现不安、焦虑、忽冷忽热、起鸡皮疙瘩、流泪、流涕、出汗、恶心、呕吐、腹痛、腹泻等症状。这种戒断反应的痛苦，反过来又促使吸毒者为避免这种痛苦而千方百计地维持吸毒状态。冰毒和摇头丸在药理作用上属中枢兴奋药，能毁坏人的神经中枢。

(二) 吸毒对社会家庭的危害

1. 对家庭的危害：吸毒者一旦染上毒品，实际上就是走上了一条自我毁灭之路。他们在自我毁灭的同时，也祸害自己的家庭。不少美好家庭因此经济破产、亲属离散，个别甚至家破人亡。

2. 对社会的危害：吸毒不仅导致吸毒者身体疾病，沦为家庭与社会的负担，同时也给社会造成了巨大的损失和浪费，同时毒品活动还会造成环境恶化，破坏人类的生存空间。

3. 毒品活动扰乱社会治安：毒品活动加剧诱发各种违法犯罪活动，扰乱了社会治安，给社会安定带来巨大威胁。

三、常见毒品种类

毒品种类繁多，目前常见的毒品主要有以下种类：

1. 鸦片，又叫阿片，俗称大烟，是通过提取罂粟果实中的乳液，经干燥凝结而成。

2. 吗啡，是从鸦片中分离出来的一种生物碱，比鸦片更易成瘾。长期使用会引起精神失常、谵妄和幻想，过量使用会抑制呼吸，导致呼吸衰竭而死亡。

3. 海洛因，化学名称"二乙酰吗啡"，俗称白粉，毒性强烈，有毒品之王的称谓。长期使用会破坏人的免疫功能，导致心、肝、肾等主要脏器的损害。

4. 大麻，主要包括大麻烟、大麻脂和大麻油。大麻对中枢神经系统具有抑制、麻醉作用，吸食后产生快感，有时会出现幻觉和妄想。长期吸食会引起精神障碍、思维迟钝，破坏人体的免疫系统。

5. 杜冷丁,是一种临床应用的合成镇痛药,长期使用会产生依赖性,被列为严格管制的麻醉药品。

6. 古柯,古柯是生长在美洲大陆、亚洲东南部及非洲等地的热带灌木。古柯叶是提取古柯类毒品的重要物质,从古柯叶中可分离出一种最主要的生物碱——可卡因。

7. 可卡因,可卡因是从古柯叶中提取的一种白色晶状的生物碱,能阻断人体神经传导,产生局部麻醉作用,并可通过加强人体内化学物质的活性刺激大脑皮层;兴奋中枢神经,表现出情绪高涨、好动、健谈,有时还有攻击倾向,具有很强的成瘾性。

8. 冰毒,外观为纯白结晶体,故被称为"冰"。对人体中枢神经系统具有极强的刺激作用,且毒性强烈。吸食后会产生强烈的生理兴奋,大量消耗人的体力和降低免疫功能,严重损害心脏、大脑组织甚至导致死亡。吸食后,还会造成精神障碍,表现出妄想、好斗、错觉,从而引发暴力行为。

9. 摇头丸,冰毒的衍生物,具有兴奋和致幻双重作用,服用后中枢神经强烈兴奋,可出现长时间随音乐剧烈摆动头部的现象,在幻觉作用下常常引发集体淫乱、自残与攻击行为,并可诱发精神分裂症及急性心脑疾病,精神依赖性强。

10. K粉,白色结晶粉末,静脉全麻药,有时也可用作兽用麻醉药。无臭,易溶于水,通常在娱乐场所滥用。服用后遇快节奏音乐便会强烈扭动,会导致神经中毒反应、精神分裂症状,出现幻听、幻觉、幻视等,对记忆和思维能力造成严重的损害;易让人产生性冲动,所以又称为"迷奸粉"或"强奸粉"。

小贴士:怎样识别火锅和食物中加了罂粟壳?

第一,从外观上识别。罂粟壳外形为枣核形,如鸽子蛋大小,一头尖,另一头呈9~12瓣冠状物。其壳体上往往有人为切割的多道刀痕。

第二,初吃加了罂粟壳的火锅和卤制品后,一般有心跳加快、脸微红、口感舒服,吃后不易入睡等感觉。

第三,如觉得吃的火锅和卤制品可疑,要揭露这种犯罪,就需要留下不少于50ML的火锅汤(最好取下层含油少的汤),送到当地的毒品检测机构或公安局的刑事技术化验室进行成分分析。

四、如何预防毒品

在我国现有的吸毒者中,青少年吸毒者占80%以上,他们大多对毒品一知半解,缺乏科学、客观的认识。如何才能抵制毒品的诱惑呢?

1. 保持心理防线。个别同学由于社会阅历浅,辨别是非能力较差,特别容易对同龄人的行为推崇和盲从。所以无论在什么情况下,都不应产生尝试毒品的念头,永远同毒品保持距离。因为,毒品的危害是药物生理反应,不像抽烟、饮酒可以用意志力戒除的。一旦沾染毒品,不是人的主观意志能够抵御戒除的。

2. 养成不吸烟的良好习惯。吸香烟的人最容易因好奇而染上吸毒的坏毛病。对于缺少鉴别能力的青年学生来说,从吸烟到吸毒有时只有一步之遥,戒毒专家警告说:"吸烟是吸毒者的预备军"。因此,预防吸毒也要从不吸烟开始,自觉养成不吸烟的良好习惯。

3. 慎重交友、杜绝攀比和赶时髦。"近朱者赤,近墨者黑"。许多吸毒者都是基于从众心理或迫于伙伴压力而染上毒瘾的。大学生应自觉地选择那些有理想、有道德、爱学习、讲文明、守纪律的人作为自己的伙伴和朋友。克服攀比和赶时髦心理,避免交友不慎而与吸烟者、吸毒者为伍,进出娱乐场合要小心谨慎,决不吸食摇头丸、K粉等兴奋剂。

4. 主动接受毒品基本知识和禁毒法律法规教育。了解毒品的危害,不听信毒品能治病,毒品能解脱烦恼和痛苦,毒品能给人带来快乐等花言巧语。即使自己在不知情的情况下,被引诱、欺骗吸毒一次,也要珍惜自己的生命,千万不要再吸第二次,更不要吸第三次。

案例 ▶ **处方药成瘾,青少年滥用"止咳水"等于吸毒**

近几年全国很多地区都报道了不同程度的"止咳水"流行滥用,甚至导致许多严重后果。青少年滥用"止咳水"问题在我国某些地区已成为严重的社会问题。由于不少"止咳水"中含有磷酸可诗因或罂粟壳提取物质,使用不当容易成瘾。一旦滥用,危害很大。因此,有媒体认为:"滥用止咳水等于吸毒"。

14~20岁这个年龄段的青少年,正处于身体和心理双重发展的年龄,对外界的环境辨别能力较弱,而他们的自控力相对较差,易受诱惑。青少年滥用处方药原因很多,多是出于好奇、受同伴影响、缓解压力以及寻求刺激等,但其背后更多的是家庭问题、教育问题和社会问题。国外研究资料表明,不和睦、不健康的家庭背景,同伴间的影响,熬夜,学习成绩差,自觉孤独以及药物的易得性都是药物滥用的危险因素。

因此,要杜绝青少年滥用"止咳水"成瘾现象,一方面要加大处方药品零售环节的监管处罚力度,另一方面学校和家庭都要对青少年的心理加以正确的引导及梳理,找出问题的症结所在,才是解决问题的最有效方法。

第七节 高校宿舍用电安全

高校学生宿舍是大学生在校期间的重要活动场所,它既是学生休息场所,也是学生学习和交往的重要场所。因此,学生宿舍的安全就显得尤为突出和重要,其中学生用电管理是不可忽视的重要环节。根据《学生宿舍安全管理条例》,高等院校宿舍房间至少配备 30~40W 的白炽灯管一只、开关插座各一个,并且宿舍要求一律用配电柜控制每个房间的用电量及电器用量。

一、高校学生宿舍用电安全容易出现的隐患

高校宿舍用电安全隐患主要有以下几种:
1. 用电安全意识淡薄,缺乏足够的用电安全教育。
2. 不遵守用电安全规定,随便拖拉电线并且在宿舍内任意增加电器的容量。
3. 在宿舍内违章使用电炉、热得快、电吹风、电热杯等大功率电器。
4. 宿舍内用电设施、用电设备老化,稍有不慎就会引起触电或者火灾事故。
5. 购买"三无"假冒伪劣电器产品。
6. 宿舍内部施工建设给宿舍用电安全带来的隐患。

二、用电安全隐患可能带来的伤害事故

每个学生宿舍都有一定的电路设计要求,所有电器的使用都必须按照设计的规定要求规范使用。如果违规或超负荷使用电热毯、电饭锅、热得快等电器设备,极易引发安全事故。例如有些同学在使用充电器时,随意将充电器放在床铺上或书本上,由于充电时间过长,极易引起充电器过热,引燃床上物品造成火灾。又如:电线拖在地上,可能被硬的东西压破,损坏绝缘体;在易燃、易爆场所乱拉电线,缺乏防火、防爆措施;乱拉电线为避人耳目,违规布线,加之使用的工具、材料、工作条件都很差或不合规范,个别甚至使用不合格的电线或低劣产品。这些都给宿舍用电造成了极大的安全隐患,极易造成短路、产生火花或发热起火等火灾事故,严重的还会导致燃烧爆炸,甚至引起触电伤亡事故。

为了保证同学们的人身财产安全,住宿学生应严格遵守宿舍用电管理规定,树立安全用电意识,自觉做到安全用电,防止用电不当引起触电或火灾等意外事故。

三、用电安全注意事项

在宿舍用电过程中,应注意遵守以下安全事项:
1. 禁止在宿舍内、走廊、卫生间等宿舍区域内私自拉接电源。
2. 严禁在宿舍内使用电炉、热得快、电热杯等大功率电器和假冒伪劣电器。
3. 正确使用电插座,电源插座板应远离蚊帐、被褥、衣物、书本等易燃品。
4. 人离开宿舍时,应关闭电器电源,确保用电安全。
5. 切勿用潮湿的手接触电源开关,切勿用潮湿的工具或金属的东西拨开电源开关。
6. 定期检查室内电器、线路,发现损坏或老化等情况,应及时报修,严禁私自更换、维修。

加强宿舍用电安全意识意义重大,它既能为广大学生提供一个安全的学习、生

活环境,有利于学校教学、生活秩序的正常进行,也为师生的生命财产提供安全保证。

案例

1. 上海商学院——4人死

2008年11月14日早晨6时10分左右,上海商学院徐汇校区一学生宿舍楼发生火灾,火势迅速蔓延导致烟火过大,4名女生在消防队员赶到之前从6楼宿舍阳台跳楼逃生,不幸全部遇难。火灾事故初步判断原因是寝室里使用"热得快"引发电器故障并将周围可燃物引燃所致。

2. 中央民族大学——上千女生疏散

2008年5月5日中央民族大学28号楼6层S0601女生宿舍发生火灾,着火后楼内到处弥漫着浓烟,6层的能见度更是不足10米。着火的宿舍楼可容纳学生3000余人。火灾发生时大部分学生都在楼内,所幸消防员及时赶到将上千名学生紧急疏散,没有造成人员伤亡。宿舍最初起火部位为物品摆放架上的接线板部位,当时该接线板插着两台可充电台灯,以及引出的另一接线板。该接线板部位因用电器插头连接不规范,且长时间充电造成电器线路发生短路,火花引燃该接线板附近的布帘等可燃物蔓延向上造成火灾。事发后校方在该宿舍楼进行检查,发现1300余件违规使用的电器,其中最易引发火灾的"热得快"有30件。

本章小结:

近年来,大学生受到人身和财产伤害的校园安全事件呈现出不断上升的趋势,同时也反映出一些大学生在学习、工作与社会交往过程中对自身的人身和财产安全缺乏必要的心理防范和自我保护意识。

当代大学生应了解生命的意义、价值和社会责任,爱惜生命是国民意识和公民道德的基本要求,认识和了解直接危害大学生健康成长的各种犯罪的特点及其表现,规避生命安全受到不法侵害和意外伤害,有针对性地提高生命的质量和保障自身安全的技能,提高预防和应对各种危害人身和财产安全犯罪的能力。

问题讨论:

1. 大学生防范校内外盗窃犯罪的基本方法有哪些?

2. 当前与大学校园生活有关的诈骗犯罪有哪些显著特征和惯用手段,如何有效防范?

3. 当代女大学生如何树立正确的世界观、人生观、价值观、荣辱观,筑起思想防线,提高识别能力,加强自身修养,做到自尊、自爱、自信、自强,有效远离和防止各种性侵害犯罪的发生?

模拟训练题：设定场景，假如你在深夜的路上遭遇持刀抢劫怎么办？

参考建议：

对付抢劫分子，足够的勇敢和无畏的搏斗常常能制服对方，甚至在突然遭抢的紧急关头，一声大吼也会产生一定的威慑力。但是，抢劫行为常常是突然发生的，被抢者没有丝毫防备，而抢劫者无论是蓄谋已久，还是突起歹意，在抢劫前，他们毕竟有了一定的物质上（如凶器等）和精神上的准备，这使得被抢者通常处于劣势。在这种情况下，最好不要鲁莽，先对敌我双方实力进行分析，如对方只有一两人，而自己也身强力壮，可以伺机与之搏斗，瞅准机会狠打对方的要害部位，将其制服或趁机脱身；如果对方人多势众，不要逞一时之勇，可以按照对方提出的要求交出钱物，以保生命安全的基础上，寻求逃脱的机会。

第三章　现代消防安全

学习目标：

通过对现代消防安全知识的学习，确立科学的消防安全观念，树立正确的消防安全意识，培养和提高处理应对消防安全事故的素质和能力。

导入案例：深圳龙岗舞王大火案

2008年，深圳龙岗舞王俱乐部"9·20"特大火灾导致44死88人受伤，震惊了全国。如此多的死伤人数过火面积却只有30多平方米。仅仅30多平米的火灾，为何造成如此严重的后果呢？事后查明，原因如下：

1. 涉案舞厅无照经营。深圳市工商局表示，舞王俱乐部2007年9月8日开业，通过审查注册信息发现，舞王俱乐部未办理工商登记，属于无证经营。深圳市公安消防局披露，舞王俱乐部位于龙岗区龙岗街道龙东社区自建楼3楼，自建楼无房产证，消防部门从未发放过消防许可证。

在发生火灾的3楼，迎客台后是一条10余米长的狭窄通道，仅容2至3人通过，高度约2米，逼仄、狭长，消防通道的不畅是酿成大祸的重要原因。

2. 火不大，烟很大。在"9·20"特大火灾中，绝大多数死者是因为吸入大量一氧化碳后中毒死亡的。大部分火灾中的遇难者不是被火烧死的，而是吸入浓烟窒息身亡。火灾发生后，冒出的浓烟中含有大量一氧化碳等有害气体，如果人吸入后，在几秒钟的时间内人就可能窒息身亡。

在"9·20"特大火灾发生的当晚，现场所有人都向唯一的出口逃跑，在跑动中发生了拥挤与踩踏，而就是这短短的几秒时间，许多人吸入了大量有毒浓烟而身亡。

3. 身处火场不懂得如何自救。据当晚一些逃生者描述，火灾发生后，他们的第一反应就是如何逃离现场，脑子里只有一个念头就是"快跑"。实际上这是一种非常错误的逃生方式。

在民宅、宾馆、酒店以及综合写字楼发生火灾时，如无法扑灭则应用湿毛巾或衣物捂住鼻子，尽量不要吸气，由于浓烟都是向上冒，要尽可能地压低身体或匍匐前进，寻找逃生出口。如楼下起火应尽量向楼上天台疏散，方便消防员实施救援。如楼上无法疏散则要关闭房间的门窗，用湿毛巾、湿棉堵住房门空隙，防止浓烟进入，并及时呼救。

火灾是破坏性很强的灾害事故，也是威胁人类安全的重要灾害之一。我们的防火灭火工作，直接关系到社会的稳定，经济的发展和人民群众生命财产的安危。

火灾的发生都不是偶然的,多是由于平时人们的粗心大意和相关部门疏于管理。在我们学习、工作、生活、娱乐的各种情况下,一个小小的疏忽就可能酿成一场巨大的灾难。在我国有这样一句广为流传的谚语:"贼偷三次不穷,火烧一把精光",形象、生动地刻画了火灾的残酷无情。一把火可使人们数十载辛勤劳动创造的物质财富顷刻之间化为灰烬。火灾不仅能烧掉茂密的森林和广阔的草原,也能使工厂、仓库、城镇、乡村化为灰烬,影响社会经济的发展和人们的正常生活;造成无法挽回和弥补的损失;甚至还涂炭生灵,夺去许多人的生命和健康,造成难以消除的身心痛苦。

国内有关消防专家研究表明,火灾中的死亡者,一半以上本是可以通过正确逃生获救的。同等条件下,面临火灾,谁掌握灭火的主动权、谁会正确使用灭火器,谁就能把灾情减小到最小程度;谁掌握一定的自救逃生常识和技巧,就可以为自己赢得更多的生存机遇。俗话说,"只有绝望的人,没有绝望的处境"。如果我们不幸遭遇了熊熊烈焰和滚滚浓烟,只有冷静机智地运用灭火自救和逃生知识才能拯救自己。

第一节 燃烧的基本知识

一、燃 烧

(一) 燃烧的基本概念

燃烧:俗称着火,指燃烧物与氧化剂作用发生的放热反应,通常伴有火焰、发光和发烟现象,即燃烧是一种剧烈的发光放热化学反应。

从燃烧的概念中可以看出,燃烧具有三个特征,即:化学反应、放热、发光。[①]

(二) 燃烧的条件

物质燃烧必须具备三个条件,即可燃物、助燃物和着火源。只有这三个条件同时具备并互相作用,才可能发生燃烧现象,三者缺一个不可。

1. 可燃物,即与空气中的氧或其他氧化剂作用,能够引起燃烧化学反应的物质。

2. 助燃物,又称氧化剂,即能与可燃物发生化学反应,协助燃烧的物质。

3. 着火源(温度),即点燃火的能源,它是可燃物与氧发生燃烧反应的能量来源,常见的是热能。其他还有化学能、电能、机械能和核能等转变成的热能。着火源能供给的能量大小通常由其温度来表示。

(三) 燃烧的种类

1. 着火,即可燃物质受到外界着火源的直接作用而开始持续燃烧的现象,这是日常生活中最常见的燃烧现象。可燃物质开始持续燃烧所需的最低温度叫做该物质的着火点,就是该物质的燃点。物质的燃点越低,越容易着火。

---

① 邢明典,侯少清:《社会安全消防培训教材》,河南大学出版社,2008年4月第1版,第7页。

2. 闪燃,即可燃液体挥发的蒸汽与空气混合达到一定浓度遇明火发生一闪即逝的燃烧,或者将可燃固体加热到一定温度后,遇明火会发生一闪即灭的闪燃现象。闪燃是可燃性液体的特征之一,各种液体表面都有一定量的蒸汽存在。对同一种液体而言,温度越高,蒸汽浓度就越大。当液体表面的蒸汽与空气混合形成可燃气体,并达到一定温度时,如火焰或炙热物体靠近此液体表面,即会发生一闪即灭的燃烧现象。

发生闪燃时的物体最低温度称为闪点。闪点是发生持续燃烧的先兆,当可燃液体温度高于闪点时,随时都有被点燃的危险。闪点是评定液体火灾危险性大小的主要依据。液体的闪点越低,火灾危险性越大。在防火工作中,应根据可燃液体闪点的高低,采取相应的安全防范措施。

3. 自燃,指可燃物在没有外部火源的作用下,因受热和自身发热并蓄热所产生的自行燃烧现象。自燃分为化学自燃和热自燃。

4. 爆炸,指由于物质急剧氧化或分解反应产生温度、压力分别增加或同时增加,释放出巨大能量,或是气体、蒸汽在瞬间发生剧热膨胀等现象。爆炸通常分为物理爆炸和化学爆炸。

(四) 可燃物燃烧的特点

1. 气体燃烧

气体燃烧作用的热量反应于氧化和分解,或将气体加热到燃点,不需要像液体或固体需要蒸发或熔化,因此易燃烧,速度快。

2. 液体燃烧

液体燃烧是液体蒸发出蒸汽而进行燃烧,所以燃烧与否,燃烧速率与可燃液体的蒸汽压、闪点、沸点和蒸发速度有关。

3. 固体燃烧

凡温火、受热、撞击、摩擦或与氧化剂接触着火的固体物质,称为燃烧固体。固体物质燃烧的特点是必须通过受热、蒸发、热分解等过程解析出的可燃气体浓度达到燃烧的极限,才能持续不断地发生燃烧。

二、火　　灾

(一) 火灾的概念

火灾是指在时间和空间上失去控制的燃烧所造成的灾害。在各种灾害中,火灾是最经常、最普遍地威胁公共安全的主要灾害之一。

(二) 火灾的分类

火灾根据可燃物的类型和燃烧的特性,分为 A、B、C、D、E、F 六类[1]。

A 类火灾:指固体物质火灾。这种物质通常具有有机物质性质,一般在燃烧时能产生灼热的余烬,如木材、煤、棉、毛、麻、纸张等火灾。

---

[1] 《火灾分类》,GB/T4968—2008 年 11 月 4 日发布,2009 年 4 月 1 日实施。

B类火灾：指液体或可熔化的固体物质火灾，如汽油、煤油、柴油、甲醇、乙醇、沥青、石蜡等火灾。

C类火灾：指气体火灾，如煤气、天然气、甲烷、乙烷、丙烷、氢气等火灾。

D类火灾：指金属火灾，如钾、钠、镁、铝镁合金等火灾。

E类火灾：指带电火灾，如物体带电燃烧的火灾。

F类火灾：烹饪器具内的烹饪物火灾。

(三) 火灾等级

根据2007年6月26日公安部下发的《关于调整火灾等级标准的通知》，新的火灾等级由原来的特大火灾、重大火灾、一般火灾三个等级调整为特别重大火灾、重大火灾、较大火灾和一般火灾四个等级。

1. 特别重大火灾：指造成30人以上死亡，或者100人以上重伤，或者1亿元以上直接财产损失的火灾；

2. 重大火灾：指造成10人以上30人以下死亡，或者50人以上100人以下重伤，或者5000万以上1亿元以下直接财产损失的火灾；

3. 较大火灾：指造成3人以上10人以下死亡，或者10人以上50人以下重伤，或者1000万以上5000万元以下直接财产损失的火灾；

4. 一般火灾：指造成3人以下死亡，或者10人以下重伤，或者1000万元以下直接财产损失的火灾。

第二节　灭火器的使用与灭火的基本方法

一、常见灭火器的种类

灭火器是一种可以由人移动的轻便灭火器具。其种类繁多，适用范围也有所不同，只有正确选择灭火器的类型，才能有效地扑救不同种类的火灾，达到预期的效果。

(一) 种类

1. 按其移动方式分为：手提式和推车式。
2. 按驱动灭火剂的动力来源可分为：储气瓶式、储压式、化学反应式。
3. 按所充装灭火剂成分可分为：泡沫、干粉、卤代烷、二氧化碳、酸碱、清水等。

(二) 常用灭火器

常见的手提式灭火器有：干粉灭火器、二氧化碳灭火器、泡沫灭火器。

1. 干粉灭火器

常见的干粉灭火器有两种：一是BC干粉灭火器，二是ABC干粉灭火器。BC干粉灭火器充装的灭火剂是碳酸氢钠干粉，ABC干粉灭火器充装的灭火剂是磷酸铵盐干粉。

灭火的原理：干粉灭火剂主要通过在加压气体作用下，喷出的粉雾与火焰接触、混合时发生的物理、化学作用灭火。一是产生化学抑制和副催化作用，使燃烧链反应中止而灭火;二是干粉的粉末落在可燃烧物表面,发生化学反应,形成覆盖层隔绝氧气达到窒息灭火。

使用方法:干粉灭火器最常用的是压把式(俗称:鸭嘴式)。使用前最好是上下晃动几下,使筒内的干粉松动,然后拔去保险销,将喷嘴对准火焰压下压把,灭火剂便会喷出灭火。

2. 二氧化碳灭火器

二氧化碳灭火器的灭火剂是液态的二氧化碳,主要依靠窒息和冷却作用灭火。

灭火原理:二氧化碳具有较高的密度,约为空气的1.5倍。在常压下,液态二氧化碳喷出会立即汽化。一般1kg的液态二氧化碳可产生0.5立方米的气体,灭火时二氧化碳气体可以排除空气而包围在燃烧物表面或分布于较密闭的空间中,从而降低燃烧物周围或防护空间内的氧浓度,产生窒息作用而灭火。另外,二氧化碳通过液体迅速汽化吸收周围热量,起到冷却的作用。

使用方法:二氧化碳灭火器常用的有两种:手轮式启闭阀和压把式启闭阀。手轮式使用时一手握住喷筒把手,另一只手撕掉铅封,将手轮逆时针方向旋转,打开开关,二氧化碳灭火剂即会喷出。压把式使用时,拔出保险销,一只手握住喷筒手柄,另一只手紧握启闭阀的压把,灭火剂即会喷出。

二氧化碳灭火器使用时应注意:一是不能直接用手抓住喇叭筒外壁和金属连接管,防止手被冻伤;二是在室内窄小空间使用时,灭火后应迅速离开,以防窒息。

3. 泡沫灭火器

泡沫灭火器分化学泡沫灭火器和空气泡沫灭火器两种,这里主要介绍化学泡沫灭火器。

泡沫灭火器内有两个容器,分别盛装硫酸铝和碳酸氢钠两种溶液。另外灭火器内还加入了一些发泡剂。此类灭火器主要是通过筒内酸性溶液与碱性溶液混合发生化学反应,将生成的泡沫压出喷嘴进行灭火。使用方法:当灭火器使用时,将灭火器倒立,泡沫即从灭火器中喷出,覆盖在燃烧物上,使燃烧物与空气隔离,并降低温度,达到灭火目的。

（三）针对不同类型的火灾，要选择不同种类的灭火器

1. 扑救 A 类火灾（固体物质火灾），应选用水型、泡沫、磷酸铵盐干粉灭火器。

2. 扑救 B 类火灾（液体火灾和可熔化的固体火灾），应选择干粉、泡沫、二氧化碳灭火器。

3. 扑救 C 类火灾（气体火灾），应选用干粉、二氧化碳灭火器。

4. 扑救 D 类火灾（金属火灾），千万不能用水施救，否则将发生更大的爆炸性灾难。如果一旦发生此类火灾，应采用专业的 D 类灭火剂、D 类灭火器进行有效扑灭，没有储备该类灭火器设备则可以采用沙土将其隔离、覆盖，让其自行燃烧殆尽以防止灾害进一步扩大。

5. 扑救 E 类火灾（带电火灾），应选择二氧化碳、干粉灭火器。

6. 扑救 F 类火灾，应选择干粉、泡沫灭火器。

二、灭火的基本方法

燃烧必须同时具备三个条件，即可燃物、助燃物和着火源。只要能去掉一个条件或使其不发生相互作用，就不会产生燃烧。根据这个基本原理，人们在灭火实践中总结出以下几种基本方法，我们只要掌握了这些基本方法，就可以按照客观实际情况，创造出多种多样具体的、有效的灭火方法。

1. 冷却法。这是根据可燃物质发生燃烧时必须达到一定的温度这个条件，将灭火剂直接喷洒在燃烧的物体上，使可燃物的温度降低到燃点以下从而使燃烧停止。冷却法是灭火的主要方法，常用的灭火剂是水和二氧化碳。

2. 隔离法。这是根据发生燃烧必须具备可燃物这个条件，将着火的地方或物体与其周围的可燃物隔离或移开。燃烧就会因为缺少可燃物而停止。如关闭电源开关、易燃气体、液体阀门，拆除与着火物相毗邻的易燃建筑物等。

3. 窒息法。这是根据燃烧需要足够的空气（氧气）这个条件。阻止空气流入燃烧区域或用不燃烧的物质冲淡空气，使燃烧物得不到足够的氧气而熄灭。这种方法适用于扑灭较封闭场所的火灾。

4. 抑制法。这种方法是使用化学灭火剂参与燃烧的连锁反应,使燃烧过程中产生的活性游离基消失,形成稳定分子,从而使燃烧反应停止。

以上方法在运用中,可根据实际情况,采用一种或多种方法并用,达到迅速灭火的目的。

三、火灾发展阶段

火灾的发生形成有一个物理过程,一般分为以下几个阶段:

1. 初起阶段。可燃物起火后在短时间内,燃烧面积不大,烟气流动速度不快,火焰辐射能力不强,周围的物品和结构开始受热。此阶段用较少的人力和简单的灭火器就能将火热控制或扑灭。

2. 发展阶段。由于燃烧强度增大,温度进一步上升,周围可燃物和结构受热并开始分解,气体对流加强,燃烧速度加快,燃烧面积迅速扩大。在这个阶段需要投入较大的消防力量才能将火扑灭。

3. 猛烈阶段。由于燃烧面积的迅速扩大,大量的热量被释放出来,温度急剧上升,使周围可燃物几乎全部卷入燃烧,火热达到最猛烈程度。这时,燃烧强度最大,热辐射最强,温度和烟气对流达到最大限度,可燃物将被烧尽,不燃材料和物体结构的机械强度遭到破坏,建筑物变形或发生倒塌,大火突破建筑物外壳向周围蔓延。此阶段火灾最难扑救,不仅需要投入大量的消防力量和器材去灭火,还要有相当的力量来保护周围的建筑物。

4. 下降和熄灭阶段。火场的火热被控制以后可燃材料已大部分燃烧殆尽,加上灭火剂的作用,火热逐渐减弱直到熄灭。

由此可见,火灾的初起阶段易于控制和扑灭,所以要千方百计抓住这个有利时机,扑灭初起火灾。也就是说日常生活当中,凭我们个人或少数人的力量和简单的灭火工具,只能扑救初起火灾。

第三节 火灾的预防与扑救常识

一、引发火灾的常见原因

(一) 用火不慎,引发火灾

1. 点蜡烛。一般的高校都有宿舍统一熄灯的规定,但个别同学在熄灯后或偶遇停电时,点蜡烛照明看书、做事,极易发生火灾。

2. 点蚊香。点燃的蚊香温度也有 700℃ 左右,而布匹的燃点为 200℃,纸张燃点为 130℃,若这类可燃物靠近蚊香,极易被引燃起火。

3. 吸烟。烟头的表面温度为 200~300℃,中心温度为 700~800℃,一般可燃物的燃点大多低于烟头表面温度,一旦烟头触及燃点低于烟头温度的可燃物,就可能引起火灾。

4. 违章使用炉具。个别同学使用煤油炉、酒精炉,特别是酒精(乙醇)是易燃液体,闪点12.78℃,如果使用不当最易引起火灾事故。

5. 烧私密物品、废物。有的同学在宿舍内焚烧自己的私密信件等物,一旦不慎极易引燃邻近的蚊帐、衣物、被褥等易燃物,引发火灾。

6. 树林草坪违章用火。如:在树林、草坪吸烟、野炊、烧荒、玩火都能引发火灾。因树林地上有大量的落叶和枯草,特别是冬天天气干燥,一遇火种,极易引发火灾。

(二) 电气火灾

电气火灾,除少数是设备上的原因外,大多数是人为因素造成的。

1. 违章用电。学校建筑物供电线路、供电设备,都是按照实际使用情况设计的,有些同学在宿舍内使用大功率电器,如电炉、电饭煲、电水壶等,使供电线路超负荷运行,造成线路短路起火。

2. 使用电器不当。如用纸张充当灯罩,长时间烘烤;充电器长时间充电,或被衣服覆盖,积热不散;电热扇长期不关,造成转叶过热,都易引发火灾。

3. 不关开关或忘关开关。有的同学在使用电器时没有关闭电源就离开宿舍,或突然停电,放下手中的电器,没有拔下电源插头就离开,来电时宿舍又没有人,造成电器长时间工作,引发火灾。

4. 乱拉乱接电源线。电子电器产品越来越多,宿舍内的电源插座远远不够,私自拉线,容易引发火灾。

> **小贴士**:放火罪是指故意放火焚烧公私财物,危害公共安全的行为。
>
> 《刑法》第一百一十四条 放火、决水、爆炸、投毒或者以其他危险方法破坏工厂、矿场、油田、港口、河流、水源、仓库、住宅、森林、农场、谷场、牧场、重要管道、公共建筑物或者其他公私财产,危害公共安全,尚未造成严重后果的,处三年以上十年以下有期徒刑。
>
> 《刑法》第一百一十五条 放火、决水、爆炸、投毒或者以其他危险方法致人重伤、死亡或者使公私财产遭受重大损失的,处十年以上有期徒刑、无期徒刑或者死刑。

(三) 违反操作规程

在实验和实训中用火、电以及危险物品时,若违反操作规程或安全管理制度,也会造成火灾的发生。

(四) 人为纵火

以实施破坏为目的放火的行为,是一种严重的犯罪行为。

二、校园火灾的特点

由于学校的特殊性,校园火灾具有下列显著特点:

1. 人员伤亡大。学校特别是高校是人群高度集中的地方，教学楼、宿舍、图书馆、食堂等密集场所，一旦发生火灾，极易造成群死群伤的严重后果。如2008年11月14日，上海商学院学生宿舍发生火灾，一个宿舍4人死亡。

2. 损失大。学校教学、科研、实验仪器设备多，动植物标本、图书资料多，特别是无形资产的损失将无法弥补。珍贵的标本、图书资料、档案往往是经过几十年甚至上百年的积累和保存，因火灾造成损失，则不可复得。

3. 影响大。高校历来是国家、社会和家庭高度关注的地方，一旦发生重大火灾，其影响的程度将无法估量。

三、校园火灾预防

（一）学生宿舍的火灾预防

学生宿舍是高校防火工作的重点要害部位之一，全面做好学生宿舍的防火工作有着极其重要的意义。因此，要求每个学生都要树立防火意识，认识火灾的危害，自觉遵守学校的消防安全管理规定，认真做到以下几点：

案例 ▶ 烟头乱扔宿舍起火　消防队员堵截施救

4月14日上午8时04分，南京雨花台区大定坊工业园88号一职工宿舍因工人乱扔烟头引发火灾。随后消防部门赶到现场，用了20分钟的时间迅速将火扑灭，事故未造成人员伤亡。

据目击者介绍，上午8点多的时候，该宿舍楼突然冒出淡淡的烟。开始烟不是很大，大家都以为是哪个工友在房间里煮东西吃。但是很快，淡淡的烟一下变成了浓烟，眼看情况不妙，几个工人赶紧上楼一看，果然有一间宿舍着火了。大伙儿急忙抓起身边的水桶、脸盆盛水扑救。工地负责人见状连忙拨打了火警电话。

上午8时18分，安德门消防中队接到支队调度室传警，立即出动3辆消防车、18名消防官兵，于8时25分到达现场。中队指挥员发现，起火的是该宿舍楼二楼的一个房间，火势正由东向西蔓延，如不及时堵截，整栋楼会陷入一片火海。情况紧急，指挥员命令头部车直攻火点，二部车堵截火势。

8时48分，现场明火全部被成功扑灭。为防止二次复燃，中队随后对现场进行清理，处置完毕后归队。

据了解，此次过火面积约15平方米。起火的原因系某工人在宿舍内吸烟，后丢下烟头外出，从而引发了这场火灾。

1. 不躺在床上吸烟，不乱扔烟头。人在疲乏时，躺在床上很容易入睡，烟头掉在被褥上，或者扔在可燃物上，容易发生火灾。

2. 不在宿舍内使用电炉、电热杯、电饭煲、热得快等大功率电器；不使用电热设备及煤气炉、酒精灯等明火。

3. 不乱拉接电线、电源,不在宿舍点蜡烛看书。

4. 不在宿舍使用明火焚烧物品和燃放烟花爆竹。

5. 不要将台灯靠近枕头、被褥和蚊帐,人走熄灯,关掉电器和电源开关。

6. 室内不存放易燃易爆物品,不使用假冒伪劣及质量不合格电器。

(二) 校园公共场所火灾预防

近年来,随着学校的建设和发展,校园的公共场所逐年在增加,学生经常出入聚集的有教室、实验室、实训中心、食堂、图书馆、体育馆、报告厅、俱乐部等,都是人员密度较大的公共场所。这些场所有的是装修可燃材料多,有的是易燃易爆危险品多,有的是用电量大、高热量设备多,是校园的重点防火部位。一旦发生火灾极易造成人员伤亡,特别是群死群伤的重大事故。因此校园公共场所的消防安全应注意以下几个方面:

1. 严格遵守公共场所的消防管理规定,自觉维护公共场所的秩序。

2. 切勿携带易燃易爆危险品进入公共场所和乘坐公共交通工具。

3. 在公共场所不吸烟,不随手丢弃烟头、火种,不使用明火照明。

4. 爱护消防设备和器材,不损坏或挪用、不圈占和埋压。

5. 不随便触弄公共场所的各类开关和电器设备,更不能触摸电线,以免触电或引起线路短路,发生火灾。

6. 要保证安全通道,楼梯和出入口的畅通。

(三) 实验室、实训室的火灾预防

实验室和实训室是学校各种精密仪器、设备和化学危险品集中的场所,数量多,价格高。一旦发生火灾损失大,伤亡大。进入实验室必须做到:

1. 熟悉实验、实训内容,掌握实验实训步骤,严格按规程操作,防止因不规范操作造成火灾事故。

2. 服从老师的指导,严守实验实训室纪律,禁止玩耍打闹,不做与实验、实训无关的事。

3. 严格遵守实验、实训室用电制度,特别注意电热器具的正确使用和保管,正在使用的电热器具不准接近可燃物,用后要及时断电。

4. 掌握实验、实训室内化学物品的特性,严禁将化学性质相抵触的物品混装、混放,剩余药品必须按规定处理,严禁带走或倒入下水道。

5. 实验、实训前后,都要认真检查电源、管线、火源、辅助仪器设备等情况,完毕后要关闭电源、火源、气源和水源。

四、几种常见火灾的应急处理

(一) 火灾发生后应采取的措施

1. 及时报警。《消防法》第四十四条规定:任何人发现火灾都应该立即报警。任何单位、个人都应当无偿为报警提供便利,不得阻拦报警,严禁谎报火警。由于怕追究责任或影响声誉不愿报警,惊慌失措忘记报警及误认为消防队灭火要收费等种种原因,导致个别人不能及时报警,耽误时机,使小火变大火,教训极为惨痛。所以无论火灾大小,都要及时报警。

(1) 立即拨打110报警电话。

(2) 详细反映火警内容,讲清楚发生火灾单位或个人的详细地址、起火部位,是何种物质着火,有无危险品,火势情况,并留下姓名和联系电话。

(3) 报警后立即派人到路口接应消防车。

(4) 还可向周围单位、人员求助,争取支援。

2. 组织扑救。一旦发生火灾,采取正确的、有效的灭火方法来控制和扑灭火灾是至关重要的。灭火时要注意掌握三个原则:救人原则,这是第一原则;先控制,后消灭原则;先重点,后一般原则。

(1) 就地取材。使用火场附近的灭火器进行灭火,利用初起火灾特点,争取最佳的灭火时间,将火灾消灭在初起阶段。

(2) 若有多人参与扑救。应组织分工扑救,可成立灭火组、抢险组、疏散组、警戒组、通信组等分头抢险灭火。

(3) 如有老弱病残人员和贵重物资,首先要疏散到安全地带。

(4) 听从指挥,不莽撞行事,要特别注意自身的安全。

3. 组织疏散。火灾初起时,要马上采取措施疏散在场群众,坚持救人第一原则。如楼宇一侧还没有起火时,要组织在场人员快速有序地撤离火场,起火一侧则注意是否有呼救声音,窗户、阳台、天台等是否有求救信号和求救人员。一旦发现要及时通知消防人员进行抢救,切忌莽撞行事;不要乘坐电梯疏散。

(二) 几种常见火灾的扑救

1. 炒菜油锅着火。可直接盖上锅盖,使火焰窒息灭火。如没有锅盖,可将蔬菜倒入锅内降低温度灭火,切忌用水浇,以防燃油溅出,引燃其他可燃物。如火势较大,可用干粉灭火器灭火。

2. 家用电器着火。首先,要关闭电源开关,用干粉或二氧化碳灭火器、湿毛毯、湿衣服将火扑灭。电视机着火应从侧面扑救,以防显像管爆裂伤人。

3. 煤气、液化气灶着火,能关闭阀门的要先关闭阀门,然后用浸湿的毛毯、被褥等捂压,还可用干粉、苏打粉用力撒向火焰根部,有干粉灭火器就最好。火焰扑灭后要迅速关闭阀门,关闭阀门时要注意避免被阀门烫伤。

4. 汽油、煤油、酒精等易燃液体着火。切勿用水扑救,可用灭火器、细沙或湿毛毯、被褥等捂盖灭火。

5. 衣物、织物及小件物等着火。可迅速将起火物拿到室外或卫生间较为安全的地方,用水浇灭,不要在家里乱扑乱打,以免火星飞溅引燃其他可燃物。

6. 身上衣物着火,可就地打滚压灭身上的火苗,千万不要胡乱奔跑,可让他人帮助用毛毯、被褥或灭火器灭火,但不要用二氧化碳灭火器,防止冻伤。

7. 扑救房间内火灾时,不要急于开启门窗,以防空气对流加大火势。

第四节 火场逃生

有关专家研究曾得出这样的科学结论:在历次火灾中的死亡者,如果掌握了正确的逃生自救方法,至少有一半以上的遇难人员是可以化险为夷的。因此,学习和掌握逃生自救的常识意义重大。

一、火灾逃生中的几种典型错误行为

(一) 原路脱险

大多数人总是习惯沿着进来的出入口和楼道进行逃生。当发现此路被火封死时,才被迫去寻找其它出入口,这时可能已失去最佳逃生时间。

(二) 向光朝亮

由于本能、生理、心理的原因,人们总是向着有光、明亮的方向逃生。而在火场中,电源可能被切断或已造成短路、跳闸的情况下,光亮之地正是火魔肆虐之处。

(三) 直身乱跑,大声呼喊

当发生大火时,燃烧会产生大量的有毒有害气体和烟雾,直立狂跑或一路大声呼喊,容易造成中毒窒息死亡。

(四) 盲目追随

当人们在火场遇到危险时,不能冷静判断,表现出惊慌失措,听到或看到有人跑动时,第一反应就是盲目地紧随其后,以至于误入险地。

(五) 贪恋财物

有人在火场中最担心的是财物被毁,而忙于抢运财物,甚至一次、二次冲入火场,没有掌握好逃生时机而葬身火海。

(六) 方向错误

在火场中,很多人是向上逃生的,认为跑到天台容易被救,其实不然。由于烟囱效应,火是向上燃烧的,火在猛烈阶段,其向上燃烧的速度比人向上逃生的速度还快,在你还没有到达屋顶就已超越你或追上你。如不得已时,也不要盲目朝楼下逃生,可就近逃到天台等待救援。

(七) 误乘电梯

在高层建筑发生火灾时,由于习惯心理,多数会往电梯里跑,想从电梯逃离火场。由于火场的电气线路随时会被切断,造成电梯停在楼层中间,不易营救。另外,电梯井的"烟囱效应"使烟气大量涌入,易造成中毒窒息等伤亡事故。

(八) 冒险跳楼

由于人们缺乏逃生自救常识,一旦被火困住,很容易失去理智,盲目采取跳楼等冒险行为而惨死楼下。

> **案例** 俄罗斯"瘸腿马"夜总会火灾

俄罗斯莫斯科时间2009年12月5日2时15分(北京时间5日4时15分)左右,俄彼尔姆边疆区首府彼尔姆市一家名为"瘸腿马"的夜总会发生火灾,当时现场有200多人在参加夜总会开业8周年庆祝活动,其中大多数人为夜总会员工和家属。据俄紧急情况部最新数据显示,火灾造成近200人死亡,130余人受伤。莫斯科时间2009年12月5日俄罗斯总统梅德韦杰夫签署命令,宣布当月7日为全国哀悼日,以悼念彼尔姆市夜总会火灾死难者。哀悼日当天,俄罗斯全国降半旗,电台、电视台和文化机构停止举办文艺娱乐活动及相关活动的节目报道。

此外,俄罗斯紧急情况部部长绍伊古5日在彼尔姆市对新闻界说,夜总会起火前没有发生爆炸,火灾系违规燃放舞台烟花所致。他说,夜总会老板没有向有关方面申请燃放烟花的许可。低矮的舞台顶棚着火后,现场灯光熄灭,由于过道狭窄,人们无法及时逃生,继而发生人员踩踏。死者大部分系因烧伤或者吸入有毒气体致死,也有一部分是死于混乱中的挤压踩踏,伤者大多数系由于呼吸道在火灾中受到灼伤。

二、正确的逃生理念

(一) 熟悉环境,牢记出口

当你入住酒店、商场购物、进入娱乐场所时,务必留心和记住疏散通道,楼梯位置和安全出口,特别是要明辨自己所处方位,关键时刻就能快速逃离现场。

(二) 通道出口,保持畅通

通道、楼梯、安全出口是火灾发生时最重要的逃生之路,任何时候都应保持畅通无阻,切不可堆放杂物或设闸上锁而自断后路。

(三) 保持冷静,迅速撤离

身处火灾现场,要保持冷静的头脑,迅速判断出安全地点和危险地点,并确定逃生方法和路线,尽快撤离险地。

(四) 低姿匍匐,掩住口鼻

火灾事故中真正被烧死的人并不多,80%是吸入有毒气体中毒而死。在烟雾弥漫的情况下,采取低姿或者匍匐行进较为科学,并用淋湿的毛巾、衣服等掩住口鼻。如在逃生中大喊大叫,乱跑乱窜会增大烟气和有毒气体的吸入量,对生命安全造成威胁。

(五) 不贪财物,不入险地

身处险境,应争分夺秒用最短的时间尽快撤离,不要把宝贵的逃生时间浪费在寻找财物和贵重物品上。已逃离险境的人员,切莫重返危险之地。

(六) 利用通道,善用设施

现代建筑基本上都是按建筑安全规范设计建造的,都会有两条以上的疏散楼梯、通道和安全出口,要根据现场的实际情况选择进入相对安全的楼梯通道,也可利用阳台、窗台、天台屋顶等攀爬到周围的安全地点,也可沿着水管、避雷线等建筑结构中的凸出物滑下脱险(这样的逃生需要有较好的身体素质或经过演练、训练)。

(七) 火场被围,借助器材

一般高层、多层公共建筑内部设有高空缓降器或安全绳、软梯、救生梯等。被困人员可以通过这些设施安全逃生。如无器材,可利用周围物品自制绳索逃离火场。

(八) 暂时避难,等待救援

在被火围困,无路可逃的情况下,要积极寻找避难场所。公共建筑一般都设有避难室或利用冲凉房、卫生间等暂时避难,并主动与外界联系,以便尽早获救,或暂避一时,伺机再逃。

(九) 信号显著,寻求救助

被困人员应尽量躲避在阳台、窗口等易被发现和求助时能避免烟火威胁的地方。可用电话报警求助,如无电话,白天可向窗外晃动色彩明显的衣物或投掷软质物品,晚上可用手电筒或有光亮的物品在窗口闪动,也可敲击金属物品,引起救援者的注意。

(十) 非不得已,跳楼求生

跳楼是被困人员在万不得已的情况下,也就是不跳必死才采取的逃生方法。用此方法要尽可能地采取一些救护措施,如有消防人员准备好的救生气垫,或将床垫、沙发垫抛在选择好的着地点作缓冲物,并尽量降低身体与地面的垂直距离,做好准备以后再跳。

(十一) 逃生预演,临危不乱

对自己工作、学习或居住所在的建筑物的结构及疏散通道、出口要做到了如指掌。可集中组织应急逃生预演,一旦发生火灾则会遇惊不险,顺利逃生。

三、火场逃生的注意事项

火灾发生后,现场往往浓烟弥漫,容易引发恐慌情绪。此时需要格外的沉着冷静,遵守以下事项:

1. 不能因为惊慌失措而忘记报警,大家都知道"早报警、损失少"的道理,报警晚,后果不堪设想。

2. 争分夺秒扑灭初起火灾。可利用周围的灭火设备,抓紧有利时机,趁火灾还没有发展起来,及时控制和扑灭,把损失降至最低。

3. 建筑物起火后,切莫进入电梯逃生,火场电梯的供电系统随时会断电使人们困在其中,由于电梯井的烟囱效应,使有毒烟气和高温直接威胁被困人员的生命。

4. 逃生时,每过一道门窗,要随手关闭,防止产生空气对流使烟火沿行走路线蔓延。

5. 逃生时为防止烟气吸入中毒,穿过烟火区域时,应佩戴防毒面具,用淋湿的被褥、毯子裹身,如无防毒面具,可用毛巾捂鼻,降低身姿,快速冲出险区。

6. 逆风撤离。应根据火灾发生时的风向来确定逃生方向,迅速逃到火场的上风处躲避火焰和烟气,同时也能获得更多的逃生时间。

7. 如果是宾馆、饭店发生火灾,应注意听广播通知,广播会报告着火的楼层、部位,以及安全疏散的路线、方法等。

8. 疏散要有序。遇到不顾他人死活的行为和无序拥挤现象,要坚决制止,只有有序地快速疏散,才能最大限度地减少伤亡。

扩展阅读:著名建筑火灾案例

一、美国米高梅旅馆火灾

米高梅旅馆投资一亿美元,于1973年建成,同年12月营业。该旅馆大楼为26层,占地面积3000平方米,客房2076套,拥有4600平方米的大赌场,有1200个座位的剧场,有可供11 000人同时就餐的80个餐厅以及百货商场等。旅馆设施豪华、装饰精致,是一个富丽堂皇的现代化旅馆。

火灾原因为吊顶上部空间的电线短路起火,发现之前已隐燃了数小时。旅馆的室内装修、陈设均为木质、纸质及塑料制品(壁纸、地毯),不仅加大了火灾荷载,而且燃烧速度很快,产生了大量有毒气体,加之火灾时没有关闭空调设备,有毒烟气经空调系统迅速吹到各个房间。大楼未采取防火分隔措施,甚至4600平方米的大赌场也没有采取任何防火分隔和挡烟措施。大楼内的消防设施也很不完善,仅安装了手动火灾报警装置和消火栓给水系统,只有赌场、地下室、26层安装了自动喷水灭火设备。

此次火灾共造成4600平方米的大赌场室内装饰、用具和"戴丽"餐厅以及许多公共房间的装饰、家具等财物大部分被烧毁,死亡84人,受伤679人。

二、中国江西南昌市万寿宫商城火灾

南昌市万寿宫位于南昌市最繁华的商业街胜利路和中山路交汇处。该建筑外形仿宋,集娱乐、商业、办公和居民住宅于一体。

火灾原因为电线短路起火。商城建设没有严格执行国家的有关建筑防火设计规范要求。商城从规划、设计、施工到竣工投入使用均没有报经公安消防监督部门审核、验收,火险隐患严重。消防安全管理混乱,从业人员防火意识、安全意识差,整个营业大厅内无一块安全疏散标志牌。消防装备落后,远远适应不了灭火救灾的需要。

此次火灾烧毁(损)、倒塌房屋面积12 647平方米,造成123户的603位居民和209个集体、个体商业户受灾,568个摊位和部分机电设备被烧毁,直接经济损失586万元,间接经济损失261万元。

三、中国新疆克拉玛依市友谊馆火灾

友谊馆位于新疆克拉玛依市人民公园南侧,始建于1958年,1991年重新装修投入使用。1994年12月8日下午由市教委组织在友谊馆举办专场文艺汇报演出。友谊馆正门和南北两侧共有7个安全疏散门,火灾发生时仅有1个正门开启。南北两侧的安全疏散门加装了防盗推拉门并上锁,观众厅通向过厅的6个过渡门也有2个上锁。

火灾原因为舞台正中偏后北侧上方倒数第二道光柱灯(1000W)与纱幕距离过近,高温灯具烤燃纱幕。由于友谊馆安全疏散门上锁关闭,致使在火灾发生时人员疏散中发生拥挤堵塞,来不及逃生,造成大量伤亡;室内装饰、装修、舞台用品大量采用易燃、可燃高分子材料,火灾时产生大量有毒、可燃气体,使现场人员短时间内中毒窒息,丧失逃生能力;火灾初起时处置不当;舞台上方纱幕着火时,馆内工作人员无人在场,现场人员惊慌失措,组织活动的单位也不能及时有效地组织人员疏散。

火灾烧毁观众厅内装修及灯火、音响设备,烧伤130人,烧死323人,直接经济损失210.9万元。

本章小结:

火灾是破坏性很强的灾害事故,也是威胁人类安全的重要灾害之一。我们的防火灭火工作,直接关系到社会的稳定、经济的发展和人民群众生命财产的安危。国内有关消防专家研究表明,火灾中的死亡者,一半以上本是可以通过正确逃生获救的。

火灾的应急处理步骤:1.及时报警。《消防法》第四十四条规定:任何人发现火灾都应该立即报警。任何单位、个人都应当无偿为报警提供便利,不得阻拦报警,严禁谎报火警。2.组织扑救。一旦发生火灾,采取正确的、有效的灭火方法来控制和扑灭火灾是至关重要的。组织灭火要注意掌握三个原则:救人原则,这是第一原则;先控制,后消灭原则;先重点,后一般原则。3.组织疏散。火灾初起时,要马上采取措施疏散在场群众,坚持救人第一原则。

正确的逃生理念:熟悉环境,牢记出口;通道出口,保持畅通;保持冷静,迅速撤离;不贪财物,不入险地;利用通道,善用设施。

问题讨论:

1. 火灾发生后应采取什么样的紧急措施?
2. 在现实生活中,人们在火灾逃生过程中最容易出现的典型错误有哪些?
3. 在火灾逃生中,我们应该确立什么样的科学逃生理念?

模拟训练题1: 假设现在学生宿舍楼某间宿舍起火,需要立即报警,你如何使用简短的语言打这个报警电话?

参考建议:

(1)在报警的内容方面:要讲清发生火灾的详细情况。当听到对方回答是"消防队"时,首先要报清起火单位和地址,其次要报清着火物质名称、火灾面积及火势情况等,若有人被困在火场内或有爆炸、中毒等危险因素存在时,应如实准确地报告。这样,消防队就可以针对不同火灾情况,调动相应的消防车辆,携带有关装备,及时有效地投入灭火战斗。最后,要把报警电话的号码和报警人姓名告诉对方,以便随时联系。

(2)说话要清楚。这一要求平时看来不高,但打火警电话时要做到这一点可不那么容易。报警时讲话要稍慢些,一定要让受话人听清楚。一定要保持沉着冷静,保持清醒的头脑。

(3)打完电话后,还要派人在火场附近的主要路口迎候消防车,为消防车引路。

模拟训练题2:试拟定一次火场疏散演习方案,有条件的话,可以组织班级同学按方案演练。

参考建议:

由同学分组自行拟订,老师组织讲评。

模拟训练题3:老师可以拿一个灭火器和防毒面具向学生进行展示,并让学生动手试用。

参考建议:

1. 灭火器的使用以干粉灭火器为例。使用手提式干粉灭火器时,应撕去压把上的铅封,拔去保险销,一只手握住胶管,将喷嘴对准火焰的根部;另一只手按下压把或提起拉环,干粉即可喷出灭火。喷粉要由近而远,向前平推,左右横扫,不使火焰窜回。由于干粉容易飘散,不宜逆风喷射。

2. 现在很多地方都配备了防毒面具,掌握其使用方法是很有必要的。各种过滤式防毒面具只能专防专用,不同型号滤毒药罐只能防其对应的有毒气体,要防止错用。使用前必须先阅读使用说明。使用过滤式防毒面具,必须严格执行一开,二看,三戴的规定。一开:打开滤毒罐两端的胶塞;二看:查看滤毒药罐、面罩有无缺陷;三戴:戴上面罩,呼吸畅通,确认完好,方准使用。使用中感觉呼吸困难,或自我感觉不适时,应立即退出毒区,更换面具。严禁在毒区内摘掉面罩。

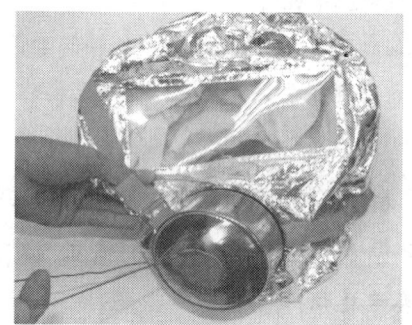
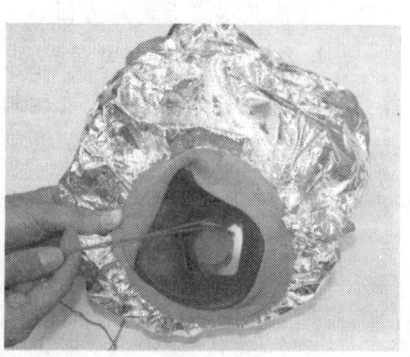
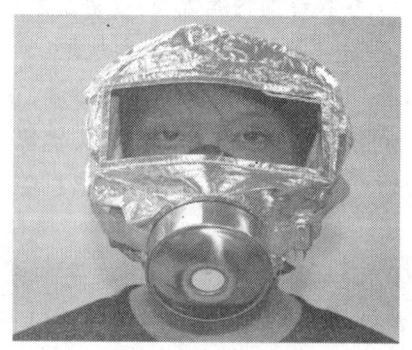

第四章 现代交通安全

学习目标：

充分认识我国现阶段交通安全事故对人民群众生命和财产造成的巨大危害，学习和掌握现代交通安全的基本精神、基本原则，确立科学的现代交通安全观念，有效预防和减少交通事故造成的危害，做维护交通安全的表率。

导入案例：重庆孙伟铭醉酒无证驾驶重大交通肇事案

2008年12月14日中午，重庆市民孙伟铭无证驾驶别克轿车前往成都市一酒楼为亲戚祝寿，大量饮酒后驾车将其父母送至成都火车北站，其后驾车由成龙路向成都龙泉驿区方向行驶。下午5点左右，孙伟铭与一辆比亚迪轿车发生追尾后，驾车继续高速前行，车行至成龙路卓锦城路段时，孙伟铭驾车越过黄色双实线，先后撞向对面相向正常行驶的四辆轿车，造成4人死亡、1人重伤的严重后果。经有关部门鉴定，孙伟铭驾车在碰撞前瞬间的行驶时速为134公里至138公里，大大超过限速60公里规定，超速20%以上，其血液中的酒精浓度为每百毫升135.8毫克，属醉酒驾驶。翌年7月底，成都市中级人民法院对孙伟铭无证醉酒驾车造成4人死亡，1人重伤案进行了公开宣判。法院一审认定，孙伟铭的行为已构成以危险方法危害公共安全罪，且情节特别恶劣、后果特别严重，故依法判处其死刑，剥夺政治权利终身。孙伟铭不服一审判决提出上诉，2009年9月8日上午，四川省高院做出二审判决，改判无期徒刑。

道路交通安全是目前全世界各个国家和地区最为关注的安全问题。日益严重的交通事故给人民的生命和财产安全带来了严重的伤害，并造成了严重的经济损失。据世界卫生组织2009年6月发布的全球道路交通安全状况调查显示，全世界每年有近127万人死于车祸，2000～5000万人因交通事故致伤致残，经济损失共计5180亿美元，据预测到2030年全球每年的交通事故死亡人数有可能超过230万人。

近期的相关统计和预测研究表明，伴随着经济与社会的高速发展，我国道路交通安全事故已经进入了高发阶段。事实表明，中国是世界上交通事故最严重的国家之一，目前我国汽车保有量占世界的2%，但交通事故占全世界的15%。据统计世界因交通事故死亡的人数中，每5人中就有1人是中国公民。2000～2004年交通事故的死亡人数已经连续超过10万人，平均每天死亡300人，相当于每天坠毁一架波音客机。近年来，随着机动车辆保有量的增加，道路里程的延伸，道路交通愈趋复杂，交通事故有愈演愈烈的趋势。因交通事故而死亡的人数、10万人死亡率等指标近年来持续攀高。2008年，全国共发生道路交通事故265 204起，造成73 484人死亡、304 919人受伤，直接财产损失10.1亿元。

研究表明,安全和法制意识淡漠,违法超载行驶、超速行驶、酒后驾车、疲劳驾驶、无证驾驶是导致交通事故,尤其是恶性事故的最主要原因。开展全民性、专业化、系统化的交通安全教育,树立牢固的安全意识和科学的安全理念,培养应对突发交通安全事故的技能和有效方法是适应现代交通文明的客观要求,也是面对各种现代交通安全危机问题的正确选择。

第一节　道路交通安全的基本精神和主要内容

一、我国《道路交通安全法》的立法目的和基本原则

《道路交通安全法》的立法目的是维护道路交通秩序,预防和减少交通事故,保护人身安全,保护公民、法人和其他组织的财产安全及其他合法权益,提高通行效率。其基本原则主要有：一是依法管理原则。道路交通安全工作,无论是主管部门履行职责,还是道路交通管理行为及有关纠纷的处理,都应当依法进行,以保障道路交通有序、安全、畅通。二是以人为本、与民方便的原则。《道路交通安全法》在机动车通行规则、交通事故责任的认定、交通事故快速处理和抢救费用的支付等方面都体现以人为本、与民方便的原则规定。该法规定,机动车行经人行横道,应当减速行驶。遇到行人通过人行横道,应当停车让行;机动车行经没有交通信号的道路上,遇到行人横过道路,应当避让;在道路上发生交通事故,造成人员伤亡的,车辆驾驶人应当立即抢救受伤人员;交警赶赴事故现场后,应先组织抢救受伤人员;对交通事故中的受伤人员,医疗机构应当及时抢救,不得因抢救费用未及时支付而拖延救治。

二、道路通行规则

机动车、非机动车实行右侧通行。机动车上路行驶,不得超过限速标志标明的最高时速。机动车通过交叉路口,应当按照交通信号灯、交通标志、交通标线或者交通警察的指挥通过;通过没有交通信号灯、交通标志、交通标线或者交通警察指挥的交叉路口时,应当减速慢行,并让行人和优先通行的车辆先行。驾驶非机动车在道路上行驶应当遵守有关交通安全的规定,在非机动车道内行驶;在没有非机动车道的道路上,应当靠车行道的右侧行驶。机动车、非机动车均应在规定地点停放,不得妨碍其他车辆和行人通行。

《道路交通安全法》规定,行人应当在人行道内行走,没有人行道的靠路边行走。行人通过路口或者横过道路,应当走人行横道或者过街设施;通过有交通信号灯的人行横道,应当按照交通信号灯指示通行;通过没有交通信号灯、人行横道的路口,或者在没有过街设施的路段横过道路,应当在确认安全后通过。行人不得跨越、倚坐道路隔离设施,不得扒车、强行拦车或者实施妨碍交通信号或者管理人员的指挥通行;没有交通信号和管理人员的,应当在确认无车驶临后,迅速通过。

三、交通事故的处理规则

（一）轻微交通事故的处置方法

1. 机动车与机动车、机动车与非机动车发生交通事故。在道路上发生未造成人身伤亡的交通事故，当事人对事实及成因无争议的，由当事各方填写"事故事实形态确认卡"，记录交通事故的时间、地点、对方当事人的姓名和联系方式、机动车牌号、驾驶证号、保险凭证号、碰撞部位，并共同签名。然后自行迅速将事故车辆移至不妨碍交通的地方协商处理或报警等候交警前来处理，最后持确认卡到"保险快速理赔联合服务中心"进行定损和索赔。当事人对交通事故事实及成因有争议的，应当迅速拨打报警电话。

2. 非机动车与非机动车或行人在道路上发生交通事故，未造成人身伤亡，且基本事实及成因清楚的，当事人应当先撤离现场，再自行协商处理损害赔偿事宜。当事人对事故事实及成因有争议的，应当迅速拨打报警电话。

（二）交通事故的常见处置方法

1. 及时报案。无论在校外还是校内，一旦发生交通事故，首先要及时拨打报警电话，有利于事故的公正处理和伤者的抢救，千万不能与肇事者"私了"。

2. 保护现场。事故现场的勘查结论是划分事故责任的依据之一，现场如果没有保护好会给交通事故的处理带来困难，造成"有理说不清"的情况。

3. 控制肇事者。若肇事者想逃脱，一定要设法控制，自己不能控制时，可以发动周围的人帮忙控制，若实在无法控制也要记住肇事车辆的车牌号码、颜色、车型等特征。

《道路交通安全法》在交通事故的处理上规定，机动车发生交通事故造成人身伤亡、财产损失的，由保险公司在机动车第三者责任强制保险责任限额范围内予以赔偿。超过责任限额的部分，按照下列方式承担赔偿责任：机动车之间发生交通事故，由有过错的一方承担责任；双方都有过错的，按照各自过错的比例分担责任。机动车与非机动车驾驶人、行人之间发生交通事故的，由机动车一方承担责任；但是，有证据证明非机动车驾驶人、行人违反交通安全法律、法规，机动车驾驶人已经采取必要处置措施的，减轻机动车一方责任。这些规定体现了对人的生命价值和人身权利的充分尊重，与国际上通行的规定一致。

四、对严重违法行为的处罚

《道路交通安全法》对于以下7种严重的交通违法行为规定了拘留的处罚：1. 对醉酒后驾驶机动车或营运机动车的；2. 对未取得机动车驾驶证、机动车驾驶证被吊销或者被暂扣期间驾驶机动车的；3. 造成交通事故后逃逸，尚不构成犯罪的；4. 强迫机动车驾驶人违反道路交通安全法律、法规和机动车安全驾驶要求驾驶机动车，造成交通事故，尚不构成犯罪的；5. 违反交通管制的规定强行通行，不听劝阻的；

6.故意损毁、移动、涂改交通设施,造成危害后果,尚不构成犯罪的;7.非法拦截、扣留机动车辆,不听劝阻,造成交通严重阻塞或者较大财产损失的。

2011年4月22日第十一届全国人民代表大会常务委员会第二十次会议通过了《关于修改〈中华人民共和国道路交通安全法〉的决定》,对《道路交通安全法》进行了第二次修正。第二次修正后的《道路交通安全法》规定:醉酒驾驶机动车将被"吊销机动车驾驶证,依法追究刑事责任;五年内不得重新取得驾驶证"。

案例 ▶ 醉酒驾车交通肇事逃逸案

2009年6月30日晚8时15分许,犯罪嫌疑人张某与他人在一饭店吃饭并饮用白酒后,驾驶牌照为苏ATH900的黑色别克君越轿车在南京金盛路由南向北行驶时,肇事车首先撞伤一名路人,然后居然继续加速,沿途先后撞倒9名路人,撞坏6辆路边停放的轿车,并且继续驾车行驶,后被巡逻民警成功截停。事故造成了3人当场身亡,2人经医院抢救无效死亡,另有4人受轻伤。经抽血鉴定,犯罪嫌疑人张某属醉酒驾驶。

经过血液检测,张某血液中的酒精含量,高达每百毫升381毫克,按照目前道路交通安全法的规定,血液中的酒精含量超过每百毫升80毫克即为醉酒,张某的检测结果是醉酒标准的4倍多。

张明知自己的行为不受控制,仍以高速疯狂逃窜的方式,致使多人伤亡,主客观都符合以危险方法危害公共安全的法律构成要件。法院以张某犯"以危险方法危害公共安全罪"判处无期徒刑。

根据《刑法修正案(八)》和修改后的《道路交通安全法》,自2011年5月1日起,醉酒驾驶将被判处拘役,不再只是处以行政拘留。

五、树立尊重生命的驾驶理念

汽车是社会文明的产物。经济发展,人们生活水平提高,买车开车的人也越来越多。现在很多大学生都有驾照,一些家庭条件较好的同学开车来上学的现象也屡见不鲜。作为现代文明进步标志的汽车,应该有文明的人、文明的行为与之配套。但由于我国正进入汽车时代的初始阶段,驾驶员们良好的理念与习惯还有待于加强。因此马路上常常出现一些与文明格格不入的不文明现象。近年来的典型案例表明,不少交通事故触目惊心,振聋发聩!

对于交通肇事者来说,许对事故的发生都属于主观过失,谁也不希望车毁人亡的结果出现。在平时的行车过程中,也会留心到一些交通安全事项。但为什么事故却屡屡发生呢?总结起来,原因不外以下几点:1.汽车运输本身存在一定的风险,车辆载人和从事客运在客观上就有发生交通事故而导致伤亡的危险;2.车辆驾驶者不遵守交通法规,忽视交通安全;3.驾驶技术存在问题,无证驾驶者或者新手们大多如此；4.驾驶车辆不符合行驶标准，多数"黑的"是由报废车辆翻新的，本身就潜伏着严重的事故隐患；5.酒后驾车，疲劳驾车；6.超速，超载，强行超车。

不难看出来，后五种原因都是主观因素，是驾车者安全意识缺失的表现。安全意识的缺失，其核心就是没有牢固树立尊重生命的意识；并不是说出事故的司机们就不珍惜别人的生命，不珍惜自己的生命。应该说这种"珍惜"心理常常会让位于经济利益和侥幸心理，就在这不经意间，事故就降临到了我们身边。

可以想见，一旦具有了强烈的尊重生命的意识，我们做每件事情就会三思而后行，我们的任何行为就会受到自主意识的控制。自主意识的控制是有效的控制，比被动接受交通法规的约束更有效。有了这种意识，我们就会乐于遵守交通规则，把自己的行为真正约束在法律规则的范围内；有了这种意识，我们就清醒地知道"超速、超载、强行超车"是十分危险的；有了这种意识，我们就会文明行车，注意礼让，不会抢道占道，开"霸王车"；有了这种意识，我们就不会酒后驾车，更不会冒险无证上路；有了这种意识，我们就会对自己的行为负责任，不会起逃逸之念，不会存卸责之心。总之，有了这种意识，我们就在思想上站在对他人对自己的生命极端负责的高度来驾驶车辆，预防事故，自然可以防患于未然。

第二节　常见交通事故的应急处理方法

一、交通事故中求生自救的基本原则

（一）现场抢救应遵循的基本原则

1. 先呼救、报警，再抢救；
2. 先抢救人员，后抢救财物；
3. 先抢救重伤员，后抢救轻伤员。

（二）抢救的基本顺序

1. 现场呼救。利用附近的电话向公安、交通、医疗救护部门呼救，或就近向企业、部队机关等单位紧急求救，也可拦截过往车辆求救。

2. 现场抢救。遇伤员被挤压夹嵌在事故车辆内时，不要生拉硬拽，而应待机械拉开或切开车辆，再救出伤员。若车辆压住伤员，不要轻易开动车辆，应用顶升工具或者发动群众抬起车辆，再救出伤员。

3. 现场急救。伤员救出后，应对其进行必要的检查和急救，再转送医院。对于脑部发生外伤的伤患，要立即进行包扎止血；对于感到头痛、头晕等有脑震荡症状的伤患，应该就便躺在座位上进行休息，等待医院检查。在把颈椎错位、骨折的伤患人员搬出车之前，应该先进行颈部固定，以防颈部活动，避免可能引起的脊髓、中枢神经的损伤。

(三)发生车祸后驾驶人员的应急步骤

1. 发生交通事故的车辆必须立即停车,关上点火开关,拉紧手刹。在车祸现场不要吸烟,以免引燃油箱。同时,当事人必须保护现场,在来车方向设置警告标志(高速路在150米以外,普通公路在50米以外)。

2. 对造成人员伤亡的交通事故,当事人需抢救伤者和财产,必须移动车辆时应当标明位置,并迅速报告公安机关或者执勤交警。

3. 在道路上发生交通事故,未造成人身伤亡,当事人对事实及成因无争议的,可以即行撤离现场,恢复交通,自行协商处理损害赔偿事宜。

二、常见交通事故的应急处理方法

(一)行走当中汽车迎面而来时的自我防护

行走时应时注意交通安全,遵守交通规则,不横穿马路,不闯红灯。如遇车辆失控冲来则迅速侧身躲到路边的大树后,或者就地滚到一边。

来不及闪躲到一边时,可在刹那间挺出一边的肩膀,在闪身间与来车擦身而过。即使不能完全闪开而被撞倒的时候,做这种姿式,使肩膀先落地,伤势会轻微些。

(二)迎面撞车的防护

发生撞车时,驾驶员应迅速横移滑下座位,如果是单独驾车,应该立即倒向旁边的乘客座位,同时以双手抱头,以免方向盘挤压胸部受伤。

经验证明,副驾驶位是最危险的座位,如果坐在该处的话,首先要抱住头部躺在座位上,或者双手握拳,用手腕护住前额,同时屈身抬膝护住腹部和胸部。

后座人最好的防护办法就是迅速向前伸出一只脚,顶在前面座椅的背面,并在胸前屈肘,双手张开,保护头面部,背部后挺,压在座椅上。这样可以缓冲身体前冲的速度,从而减轻受害的程度。

相撞时切忌喊叫,应该紧闭嘴唇,咬紧牙齿,以免相撞时咬坏舌头。

汽车相撞发生火灾的可能性极大,所以撞击一停止,尽快设法离开汽车。

(三)机动车车尾撞击的防护

汽车驾驶常有突发事故,坐车的人需养成习惯,把头部轻轻地靠在头垫上,这样,突然发生冲撞时,可以用背部顺应来自后面的撞击,减轻伤害。

如果从后视镜发现后面车辆冲撞上来时,应该马上卧倒在座位上,用双手护住头部和胸部。

(四)机动车紧急刹车的防护

行车过程中,坐车者不要堵住车门,更不能靠在车门上,以防止刹车时无意间碰到门锁,将车门打开,从行驶的车上掉下。

打瞌睡时,头不要靠在车窗玻璃上,防止发生事故时被玻璃划伤。

坐在车子后排座位时,可以将轻便衣服放在靠背上,这样可避免在急刹车时,头部与玻璃或车体直接相撞。

突然发生刹车，应迅速用手保护好头部和胸部，以避免伤害。

（五）刹车失灵时的逃生自救

如果行车途中刹车失灵，应立即换挡并启用手刹。必须同时做到几件事：脚从加油踏板上抬起，打开警示灯，快速摇动脚刹（它可能仍连着），换低挡，拉手刹车制动。不要猛拉手刹，应由轻缓逐渐用力，直至停车。

如果来不及做完以上整套动作，可以先从加油踏板上抬脚，再换低挡，抓手刹车制动。除非确信车辆不会失去控制，否则不要用全力。小心地驶离车道，将车停在你能走离公路的地方，最好是边坡，或者松软的土坡。

如果车速始终无法控制，比如遇到了陡下坡，为了减速，可以不断冲撞路边的护栏或护墙。还可利用前面的车辆帮你停车——在距离许可的条件下靠近它，使用警示灯、按喇叭、闪亮前灯等手段，使前面的司机接收到你的求助信号。

（六）机动车行驶中发生爆胎事故的应急处理

在驾车行驶过程中，一旦出现了轮胎爆胎，将使汽车的行驶极不稳定。特别是前轮出现爆胎时，方向盘被强力拉向发生爆胎的一侧，很可能导致重大的交通事故。

万一车辆在行驶过程中发生了爆胎，首先驾驶员应紧紧地握住方向盘，尽力使汽车直线向前行驶，这是应急处理的第一个原则。发生爆胎时千万不要因为慌张或害怕，双手放开方向盘，也不要因为丧失信心而不做任何努力。其次要放松油门踏板，恰当地踏动刹车踏板，逐渐降低汽车行驶速度，最后使汽车停下来。如果紧急地踏下刹车踏板，很可能会造成交通事故。最后是必须把汽车停在安全的位置上。在交通繁忙的道路上，把汽车停在路边十分危险。为此，应该把汽车驶离干线道路，进入车少的岔道，才能确保安全。同时应把红色三角停车板放在车辆后面的道路上，然后更换备胎。如果转向或悬挂系统有故障，最好请专业修理人员进行检查和调整。

（七）车辆倾覆时的逃生自救

正确系安全带是发生翻车事故后安全逃生的基础。系安全带时，背部与腰部尽量贴紧座椅，调整座椅前后位置，保证腿部有一定的弯曲，否则在正面碰撞事故时腿部很容易受伤。安全带下部应系在胯骨位置，如系在腹部则可能导致撞击时内脏受伤。上部应置于肩、颈部中间大约锁骨位置，如果过于靠肩膀外侧，在发生事故时安全带会很容易从肩外滑脱。

如果发生翻车事故，这时最重要的是要将车辆熄火，以保证不会发生燃烧、爆炸等危险。熄火后再进行如下步骤，以确保安全逃生：

1. 双手撑住车顶，抬起双脚用力蹬住仪表台，将身体牢牢撑在座椅上。

2. 单手将安全带解开，并向车门方向尽量收拢，以避免逃生时造成缠绕。

3. 双手撑好，双脚松开，身体向副驾驶座车顶倒下，形成蹲的姿态。如果副驾驶位置有乘客，则副驾驶位置上的人员要先出车外，因驾驶位置有方向盘，会影响逃生速度。

4. 如果车门无法开启，应打碎侧面车窗逃生。由于车窗韧性很好，应使用尖锐物品敲击,并注意击打玻璃上角。

5. 逃出车辆前一定要先观察道路状况,防止与其他车辆再次发生事故。

(八) 机动车落水时的脱险法

汽车落水时不会立即下沉,可把握下沉前的一分半钟从车门或车窗及时逃生。即使汽车沉下水底,也有办法逃生,因为车厢注水可能需半小时。确定的时间视车窗是否打开、车身是否密封及水深程度而定。汽车下沉越深,水压越大,注水也就越快。

1. 一旦落水,不能惊慌失措,双手抓紧扶手或椅背,让身体后仰,紧贴着靠背,随着车体翻滚。避免汽车在翻滚入水之前,车内人员被撞击昏迷,以致入水后,无法自救而死亡。

2. 坠落过程中,应紧闭嘴唇,咬紧牙齿,以防咬伤舌头。

3. 汽车是有一定闭水性能的,汽车入水后,不要急于打开车窗和车门,而应该关闭车门和所有车窗,阻止水涌进。争取时间关上车窗和通风管道,以保留车厢内的空气。

4. 如有时间,开亮前灯和车厢照明灯,既能看清四周,也便于救援人员搜索。

5. 逐渐下沉中,车身孔隙不断进水,到内外压力相等时,车厢内水位才不再上升。这段时间要保持镇定,耐心等待。内外压力不等时,欲强行打开车门反而会方寸大乱,减少逃生机会。

6. 当水位不再上升时,做一个深呼吸,然后打开车门或车窗跳出。外衣需要先脱下,假如车门打不开,可用修车工具或在手上缠上衣服后打碎车窗玻璃。

7. 假如车里不止一人,应手牵着手一起出来,要确定没有留下任何人。

(九) 汽车驶出路面时的保护措施

交通事故中常发生的是汽车冲出路面,这时千万不要惊慌乱动,应等驾驶员把车子停稳之后,再依次下车,以免造成翻车事故。千万注意,这个时候保持车辆的平衡稳定是最关键的。汽车冲下路基时,首先应使车子保持平衡,防止翻车;即时切断汽车电路,防止因漏油引发火灾。

汽车两轮或一轮驶出路面,当车身歪骑在路肩上时,坐在路缘外侧的人及其物品应慢慢地移向内侧,以增大路面上的轮胎压力,保持平衡。

作为主导,驾驶员应从靠路面一侧的车门缓慢地移下车,迅速判明险情,可用挖路面上轮胎周围的泥土或缓慢放气的办法将车向路面内侧稳住。

如果下车后,发现车轮悬空,可用绳索先将车身拴在公路上的重大物体上。

不要让坐车者在车身不稳时下车,这会造成危险。前轮悬空时,应先让前面人员逐个接下车;后轮悬空时,则应先让后面的人员逐个下车。车上的人一定要沉着冷静,保持车辆稳定。

汽车冲出路面发生翻滚时,乘员在意识丧失以前,应双手紧握并紧靠后背;驾驶员可紧握方向盘,与车子保持同轴滚动,使身体不在车内来回碰撞,以免严重撞伤。

> **小贴士：交通安全事件的应急处置措施**
>
> ◎山路行车遇暴雨怎么办？
>
> 在山区行车，如遇暴雨，就要预防山洪。因此，驾驶员应立即离开山脚或泄洪地段。同时，也不可将车停在山顶或过于暴露汽车的路面上，以防雷击或疾风袭击，也不可停在山脊凸出的公路上，以防塌方或滑坡。
>
> ◎如何在坡道上停车？
>
> 在坡道上应尽量避免停放车辆，如要停车，一定要做好三件事：挂上低速挡或倒挡；拉紧手制动；垫上三角木。
>
> ◎如何安全地连续转弯？
>
> 通过连续弯时，即使是明弯，没有什么情况，也应走小弯，取直线行驶。若到明暗接合弯，暗弯处一定要做到减速、鸣号、靠右行，随时准备停车，明弯处应行小弯。

（十）跳车逃生的正确方法

车在山路、陡坡上，或在泥泞路段、冰雪地上打滑、倒退，又不能刹车时，可紧急跳车求生。

车至悬崖、峭壁，即将坠落万丈深渊或深沟峡谷时，可紧急跳车求生。

车到河堤、海边，有可能驶进大江大河中时，可紧急跳车求生。

车向山壁或向大树、建筑物等障碍物猛撞之前，可紧急跳车求生。

车上油箱、发动引擎可能瞬间爆炸时，可紧急跳车求生。

车上载有易燃、易爆、剧毒物品，发生车祸时，可紧急跳车求生。

除非留在车上必死无疑，否则不要轻易从疾驶的车辆中跳下。跳车前要做好必要的准备：脱开安全带，打开车门，身体抱成团——头部紧贴胸前，脚膝并紧，肘部紧贴于胸侧，双手捂住耳部，腰部弯曲，从车上滚出。可以顺势滚动，不要与地面硬碰。

（十一）机动车发生火灾时的扑救与逃生方法

当汽车发动机发生火灾时，驾驶员应迅速停车，让乘车人员打开车门自己下车，然后切断电源，取下随车灭火器，对准着火部位的火焰正面猛喷，扑灭火焰。

汽车车厢货物发生火灾时，驾驶员应将汽车驶离重点要害部位（或人员集中场所）停下，并迅速向消防队报警。同时驾驶员应及时取下随车灭火器扑救火灾，当火一时扑灭不了时，应劝围观群众远离现场，以免发生爆炸事故，造成无辜群众伤亡。

当汽车在加油过程中发生火灾时，驾驶员不要惊慌，要立即停止加油，迅速将车开出加油站（库），用随车灭火器或加油站的灭火器以及衣服等将油箱上的火焰扑灭，如果地面有流落的燃料时，应用库区灭火器或沙土将地面的火焰扑灭。

当汽车在修理中发生火灾时,修理人员应迅速下车或钻出地沟,迅速切断电源,用灭火器或其他灭火器材扑灭火焰。

当汽车被撞后发生火灾时,由于被撞车辆零部件损坏,乘车人员伤亡比较严重,首要任务是设法救人。如果车门没有损坏,应打开车门让乘车人员逃出,同时驾驶员可利用扩张器、切割器、千斤顶、消防斧等工具配合消防队员救人灭火。

当停车场发生火灾时,一般应视着火车辆位置,采取扑救措施和疏散措施。如果着火汽车在停车场中间,应在扑救火灾的同时,组织人员疏散周围停放的车辆。如果着火汽车在停车场的一边时,应在扑救火灾的同时,组织疏散与火相连的车辆。

当公共汽车发生火灾时,由于车上人多,要特别冷静果断,首先应考虑到救人和报警,视着火的具体部位而确定逃生和扑救方法。如着火的部位在公共汽车的发动机,驾驶员应开启所有车门,令乘客从车门下车,再组织扑救火灾。如果着火部位在汽车中间,驾驶员开启车门后,乘客应从两头车门下车,驾驶员和乘车人员再扑救火灾、控制火势。如果车上线路被烧坏,车门开启不了,乘客可从就近的窗户下车。如果火焰封住了车门,车窗因人多不易下去,可用衣物蒙住头从车门处冲出去。

 成都公交车燃烧事件教训深刻

2009年6月5日上午8点02分,成都市公交公司一辆牌号为川A49567满载乘客的9路公交车在行驶至成都动物园附近发生爆炸并引起大火。事件发生后,公安机关经过大量艰苦细致的工作,已认定成都公交车燃烧事件为一起故意放火刑事案件,烧死在车内后部的张云良是故意放火案的犯罪嫌疑人。

一辆正常行驶的公交车,在事故发生后的短短几分钟内竟夺去了28个鲜活的生命,74人受伤,得到的教训极为深刻。事后发现,以下教训值得认真总结:

1. 车辆严重超载。出事车辆是2004年5月出厂,车厢上写着载客的人数是75人,但事故发生时,车上人数为120人左右,处于严重超员状态。

2. 乘客无法第一时间离开现场是造成人员重大伤亡的最主要原因。事故初始阶段,乘客闻到有异味,就要求司机立刻开门。当时车辆正在下坡,开门不太安全,待下了立交桥后停车,此时车门已经无法打开,失去了有利的逃生时机。

3. 安全锤没有被正确的使用。事故发生以后,在现场发现了三把安全锤,但是车辆发生燃烧时,车内被困人员并没有在第一时间正确使用安全锤敲碎车窗玻璃逃生。

4. 对于公共安全事故有麻痹大意心态。事故发生时,如果公交司乘人员有高度的防范意识与完备的应急措施,也能最大限度地减少事故造成的伤害。

第三节　火车、轮船等交通工具发生事故时的应急自救方法

一、火车事故的应急处理

（一）在火车着火后怎样自救

当所乘坐的火车发生火灾事故时，要沉着、冷静、准确判断，切忌慌乱，然后采取措施逃生。

1. 让火车迅速停下来

旅客首先要冷静，千万不能盲目跳车，那无疑等于自杀。使火车迅速停下是首要选择。失火时应立即通知列车员停车灭火避难，或冲到车厢两头的连接处，找到链式制动手柄，按顺时针方向用力旋转，使列车尽快停下来。或者是冲到车厢两头的车门后侧，用力向下扳动紧急制动阀手柄，也可以使列车尽快停下来。

2. 在乘务人员疏导下有序逃离

当起火车厢内的火势不大时，不要开启车厢门窗，以免大量的新鲜空气进入后，加速火势的扩大；利用列车上灭火器材进行扑救，并有秩序地引导被困人员从车厢的前后门疏散到相邻的车厢。当车厢内浓烟弥漫时，被困人员应采取低姿行走的方式逃离到车厢外或相邻的车厢。

3. 利用车厢前后门逃生

旅客列车每节车厢内都有一条长约20米、宽约80厘米的人行通道，车厢两头有通往相邻车厢的手动门或自动门，当某一节车厢内发生火灾时，这些通道是被困人员的主要逃生通道。被困人员应尽快利用车厢两头的通道，有秩序地逃离火灾现场。

4. 利用车厢的窗户逃生

旅客列车车厢内的窗户一般规格为70厘米×60厘米，装有双层玻璃。在发生火灾情况下，被困人员可用列车配备的专用铁锤或其他钝器硬物击打窗户四周，尤其是窗户上方的中间部位，将窗户的玻璃砸破，通过窗户逃离火灾现场。

（二）火车不同位置遇险时的自救

火车发生事故通常有两类：与其他火车相撞或者火车出轨。当火车事故发生时，乘客几乎不可能完全不受伤，但是仍可以做一些防护措施以尽量减少事故造成的伤害。出轨的征兆是紧急的刹车，剧烈的晃动，而且车厢向一边倾倒。

1. 火车一旦失事，乘客在火车的各个不同位置应采取不同的预防和自救措施。

（1）在座厢时

在人多的车厢里如何求生取决于个人的反应，快速反应是防范金属扭曲变形、箱包飞动、玻璃破损飞溅而受伤的最佳求生办法。

脸朝行车方向坐的人要马上抱头屈肘伏到前面的坐垫上，护住脸部，或者马上

抱住头部朝侧面躺下。

背朝行车方向坐的人,应该马上用双手护住后脑部,同时屈身抬膝护住胸、腹部。

如果座位不靠近门窗,应留在原位,抓住牢固的物体或者靠坐在座位上,低下头,下巴紧贴胸前,以防头部受伤。若座位接近门窗,就应尽快离开,迅速抓住车内的牢固物体。

(2) 在走道时

在通道上坐着或站着的人,应该面朝着行车方向,两手护住后脑部,屈身蹲下,以防冲撞和落物击伤头。如果车内不拥挤,应该双脚朝着行车方向,两手护住后脑部,屈身躺在地板上,用膝盖护住腹部,用脚蹬住椅子或车壁,同时提防被人踩踏。

案例 ▶ 胶济铁路列车相撞事故

2008年4月28日4时41分,北京开往青岛的T195次旅客列车运行至山东省境内胶济铁路周村至王村间脱线,与烟台至徐州的5034次客车相撞。事故造成71人死亡,416人受伤。

朱姓学生:为了把卡住自己胳膊的扶手取开,我折断了自己的胳膊。事后,这名同学回忆说:

我是去北京参加考研复试后回家,当时晚上4点多,我在车上睡着了。感觉到车忽然一偏,人顺着车滑下去,头部碰到扶手,然后就什么都不知道了。我昏迷了大约十几分钟后醒来发现弹簧座椅夹住了我的脖子。上铺,中铺整个床板断裂了,椅子也不在墙壁上了。下铺的人直接被砸死了。我是学医的,当时的第一意识就是求生。我尝试感觉脖子旁边的东西能活动,于是轻轻把它搬开。身上被座椅、扶梯,还有被子压着。为了把卡住自己胳膊的扶手取开,我折断了自己的胳膊。这时有个男的从我身边爬过,当时我看他很正常,我哀求他帮忙把我也拖了出来。

(3) 在卫生间时

1. 赶快背靠行车方向的车壁,坐到地板上,双手抱头,膝盖弯曲,屈肘抬膝护住腹部。

2. 事故发生后,如果无法打开车门,就应把窗户推上去或砸碎窗户玻璃,然后脚朝外爬出来。但是要时刻注意碎玻璃是非常危险的,同时还要小心铁轨可能会有电,避免触电。如果车厢看起来也不会再倾斜或者翻滚,待在车厢里等待救援是最安全的。

3. 确定火车停下需要跳车避险时,应注意对面来车并采取正确的跳车方法。跳下后,要迅速撤离,不可在火车周围徘徊,这样很容易发生其他危险。

4. 离开火车后,应设法通知救援人员。如附近有一组信号灯,灯下通常有电话,可用来通知信号控制室,或者就近寻找电话报警。

5. 如果有列车正接近被卡在铁轨里面的汽车或者发现一些捣乱的人在铁轨上放置破坏物的时候,你可以发信号让火车停下来。如果附近没有红灯,也没有红色的旗帜,可接受的停车信号是面向来车,站在安全的地方双手伸过头顶交叉摇晃。夜晚时可在列车接近的时候狂乱挥动任何颜色的灯具。身处铁轨上时,人们有可能会因为即将到来的车辆而惊慌,但又不知道列车会走哪一股铁轨,这时应选择卧倒在相邻两股轨道之间的空地。

二、乘坐地铁的自我安全防护

(一) 乘坐地铁的安全要点

1. 不要睡着,应一直保持清醒。
2. 不要选择空车厢,而应选择那些人多的车厢。
3. 不要与喝醉酒的人以及行为举止粗鲁的人乘坐一个车厢。
4. 如果觉得自己可能遇上麻烦,在停车时换一个车厢。
5. 不要在车厢里使用笔记本电脑或者暴露自己的钱包,把值钱的东西收好。
6. 不要在站台人流稀少的地方等车。
7. 不要倚靠在车门上,应尽量往车厢中部走。一旦发生撞车事故,车厢两头和车门附近是很危险的。
8. 发生事故后,一切行动听指挥,因为路轨通有电流,必须在乘务人员宣布已经切断电源后方可撤离。

(二) 地铁发生火灾如何逃生避险

1. 要保持冷静,听从工作人员指挥,选用距离地面最近的安全出口迅速、有序出站。
2. 当火灾发生在行进中的客车时:
(1)发现的乘客首先要按车厢内的紧急报警按钮,同时拨打报警电话。
(2)如果火势不大,可以取出车厢内的灭火器进行自救灭火。如果火势蔓延迅速,乘客无法灭火自救时,应尽快逃到其他车厢。
(3)千万不要砸碎玻璃从车窗下到轨道内部,以防轨道带电伤人。
3. 当列车紧急停于站台时,应选择正确的逃生路线,当车门不能正常打开时,应触动车门和屏蔽门应急按钮,按照疏散标志指引逃生。
4. 将衣服、手绢等物品弄湿,捂住口鼻,身体成匍匐状或弯腰前进,防止中毒、窒息。

(三) 地铁发生爆炸事件的逃生自救

1. 发现可疑物品,应立即报告工作人员,远离它,切勿自行处置。
2. 列车在行进中发生爆炸,切勿惊慌,应迅速报警并转移到安全的车厢。
3. 如列车停在隧道中,应在确保铁轨断电的情况下,听从工作人员指引,从隧道转移。或等列车到达站台后,乘客按照疏散指示标志或听从现场工作人员的指挥,安全撤离。

4. 利用毛巾、衣物捂住口鼻，屏息弯腰前进，防止烟雾中毒或窒息。

三、轮船事故的逃生自救方法

（一）轮船上发生火灾时的自救方法

客船发生火灾时，盲目地跟着已失去控制的人乱跑乱撞是不行的，一味等待他人救援也会贻误逃生时间，积极的办法是赶快自救或互救逃生。

当客船在航行时机舱着火，机舱人员可利用尾舱通向上甲板的出入孔逃生。船上工作人员应引导船上乘客向客船的前部、尾部和露天甲板疏散，必要时可利用救生绳、救生梯向水中或向前来救援的船只上逃生，也可穿上救生衣跳进水中逃生。如果火势蔓延封住走道时，来不及逃生者可关闭房门，不让烟气、火焰侵入。情况紧急时，也可跳入水中。

当客船前部某一楼层着火，还未蔓延到机舱时，应采取紧急靠岸或自行搁浅措施，让船体处于相对稳定状态。被火围困人员应迅速往主甲板、露天甲板疏散，然后借助救生器材向水中和来救援的船只上逃生。

当客船上某一客舱着火时，舱内人员在逃出后应随手将舱门关上，以防火势蔓延，并提醒相邻客舱内的旅客赶快疏散。若火势已封住内走道时，相邻房间的旅客应关闭靠内走廊房门，从通向左右船舷的舱门逃生。

当船上大火将直通露天的梯道封锁致使着火层以上楼层的人员无法向下疏散时，被困人员可以疏散到顶层，然后向下放绳缆，沿绳缆向下逃生。

小贴士：衣服的作用

不论什么季节，多穿衣服都是必要的，落水后可使身体表面与衣服之间有一层较暖的水，而衣服又能阻止这层暖水与周围较冷海水的对流与交换。

（二）乘船遇险时怎样安全跳水离船

船舶在水面上突然发生严重遇难事故，虽然全力抢救但仍无法使船舶免于沉没，那么在这种情况下只能弃船。弃船命令由船长发布，各客舱的旅客应听从船上人员的指挥。在撤离舱室前，首先应尽可能地多穿衣服，能穿防水的衣服则更好，戴上手套、围巾，穿好鞋袜。穿戴妥当之后再穿救生衣。如果时间允许，离开舱室前还应带些淡水、食物，带一件大衣或一条毛毯。

以上工作就绪后，应迅速到指定的救生艇甲板集合，此时必须绝对服从指挥，发扬互爱的精神，有秩序地登艇，避免争先恐后而发生混乱和意外的事故。

在弃船时，如无法直接登上救生艇或救生筏离开大船，就不得不跳水游泳离开。

1. 跳水前应尽量选择较低的位置。

2. 查看水面，要避开水面上的漂浮物。

3. 不能直接跳入艇内或筏顶及筏的入口处,以免身体受伤或损坏艇、筏。

4. 应从船的上风舷跳下,如船左右倾斜时应从船首或船尾跳下。

落水后要保持镇静、清醒,坚定获救信心。冬季落水后,不要把衣服脱掉,以免冻伤。如果穿救生衣或持有救生圈在水中,应采取团身屈腿的姿势以减少体热散失。除非离岸较近,或是为了靠近船舶及其他落水者,以及躲避漂浮物、旋涡,一般不要无目的地游动,以保存体力。要设法发出声响(例如吹救生衣上配备的哨笛)和显示视觉信号(例如摇动色彩鲜艳的衣物),以便岸上或其他船只发现。

(三)轮船遇险时的自救措施

运载旅客的轮船遇险后,乘客需要保持冷静,沉着应对;要听从工作人员的指挥,迅速穿上救生衣,不要惊慌,更不要乱跑,以免影响客船的稳定性和抗风浪能力。

必须弃船跳水时应注意的事项:如果水性不是很好,只能勉强保护自己而无力救助他人时,应尽量不要从他人面前游过,以免被没有水性的游客抓住不放,而耽误你的自救,导致双双遭遇不幸;如果在船上不慎落水,除了保持身体悬浮于水面之外,最重要的就是要引人注意,寻求救援或呼救,拍击水面发出声音是行之有效的办法。

救生筏容纳的人数有限,如果人员过多,反而增加了全体人员再次落水的危险性。

在寒冷的气候中应蜷缩身体,用物品如帆布等包裹身体或大家拥在一起等方法保持体温,并适度活动身体保持血液流通,防止肌肉或关节僵硬。

四、飞机失事时的求生法

飞机起飞后的6分钟和着陆的7分钟内,最容易发生意外事故,国际上称为"可怕的13分钟"。飞机失事十分突然,乘客应懂得飞机失事的各种预兆,如机身颠簸、飞机急剧下降、舱内出现烟雾、舱外出现黑烟、在高空飞行时发出巨响等。意外发生时,机上乘客应该保持冷静,听从空乘人员的指挥。应急求生方法如下:

1. 起飞前要认真听空乘人员的讲解和演示,仔细观看安全须知录像,并按要求关闭手机等电子设备,系好安全带。

2. 留意靠近自己座位的太平门及开启方法,万一失事,要能在浓烟中找到出口,会开门。

3. 取下眼镜、假牙,脱下高跟鞋,取下口袋里的尖锐物品(如钢笔),以防碰撞伤害身体。

4. 如机舱内有浓雾,用湿毛巾捂住口鼻,尽可能弯腰靠近太平门。

5. 若机舱"破裂减压",要立即戴上氧气面罩,并且必须戴严,否则呼吸道肺泡内的氧气会被"吸出"体外。在飞机坠毁不可避免时,要跑向飞机尾部。

6. 若飞机在海洋上空失事,要立即换上救生衣,抓住救生物品,抬高下颌,努力吸气,积极游泳。

7. 机舱门一开，充气救生梯会自动膨胀，乘客可跳到梯上用坐着的姿势滑倒地面。滑倒地面后，尽可能快速地远离飞机，不要返回机上取行李。

8. 如果自己和别人受伤，应通知空乘人员，他们受过急救训练。等待救援时，设法和其他乘客交谈或者对自己呼喊，保持求生意志。

第四节 世界主要发达国家交通安全的科学理念和基本规则

一、美国交通规则

（一）Always buckle up. 永远系好安全带。

Buckle up 指的是把安全带系好，还可以说 fasten the seatbelt。一般来讲，各个州都要求司机和司机副座上的乘客系安全带，不过现在很多州更为严格，要求普通轿车的所有乘客都要系安全带，否则被发现就要受处罚。在美国我们经常会看到一个公益广告，警察出来说："If you don't buckle up, you'd better listen up."意思就是："如果你不系安全带，那么你最好听清楚了。"

（二）Put your children in back! 把您的孩子放在后座上！

美国法律规定，12岁以及12岁以下的儿童一律要坐在后座上，而且4岁以下的婴幼儿要使用特殊的座位装置。这是因为，儿童的骨质比较柔软，遇到危险紧急刹车，容易受到更大的冲击。

（三）Never drunk drive! 决不酒后驾驶！

美国的醉酒问题很严重，酒后开车出的事故也比其他原因的事故多。据说，每五个美国人中，有三个在其一生中，都会遇到酒后开车的大大小小的事故。各州对于酒后驾驶的处罚也非常严厉，除了罚款、扣分，视情形还要坐牢。你可能还会听说 DUI Law，也就是 Driving under the influence of drugs or alcohol，这条法规禁止在使用毒品、造成神志不清醒的药物和酒精的情况下开车，抓到了处罚也非常严厉。很多美国人有去酒吧喝酒聊天的习惯，所以交通部门建议最好有一个人保持清醒以便驾驶。另外，如果真的喝多了，有些酒吧也会免费提供出租车送你回家。

（四）You always have to stop at a stop sign. 在停车标志前，你永远要停。

Stop sign，停车标志，通常在比较小的路口出现，它起到了红绿灯的作用。这些路口因为比较小，车辆来往少，所以没有必要设置红绿灯，但是为了安全起见，车子开到路口，停一下，看看十字路口有没有行人车辆，再继续行驶。如果有，那么一定是先让行人，车辆就本着先来后到的原则了。

（五）In a crosswalk, pedestrians have the right of way. 在过街人行道上，行人有先行权。

基本在各个十字路口，都有指示行人的红绿灯，行人也都按照这个红绿灯的指示行动。有时候，由于行人比较少，这种红绿灯不是次次都变绿。因此，当你要过马路的时候，会发现路边的柱子上有一个按钮，按一下，控制中心就知道有人要过马路，过一会儿绿灯就会亮。如果你开车过十字路口，有行人过马路，无论何种情况，行人都有先行权，这在美国是起码的常识，也是一个文明公民的标志。

二、欧洲国家的交通规则

（一）法国交通规则

在巴黎街头，人们随处可见高悬在灯柱上的车辆监视器，它们是路面违章信息的主要收集者。这些摄像头拍摄到司机违章或超速的图像后，会立即将有关信息传到交通管理中心。交管中心则根据车牌号注册的住址，视不同情况向违章者寄发不同金额的罚单，通常违章停车罚款35欧元，超速罚款90欧元。因为无法确定违章者是否是车主本人，因此交管中心只寄罚单而不对司机扣分。

罚单一旦寄出，就具有法律效力。违章司机在接到罚单30天之内不交纳罚金，则很快会收到一封"挂号信罚单"，该罚单除了对车主加倍罚款外，同时还发出警告：如果您不在规定时间内交纳罚金，法院将向您发出传票。当然，如果罚单因交管部门拖延而延误寄出，受罚者有权提出质疑或申请免交罚款，甚至起诉责任人。为防止交管部门通过多寄罚单而牟利，法国接收交通罚金的部门是地方税务局而不是交管局。因此，法国绝对不存在交警因多开罚单而拿奖金的现象。法国法律规定，交通罚单应明确注明违章事件发生的地点、时间以及收集到该违章信息的警察编号，以备受罚者查询。通过罚单上显示的电话号码，受罚者很方便就能了解到违章事件的具体情况。如果罚单与事实有出入，受罚者也可向税务局提出免罚申请。

法国交通管理的主要特点是"立法细而执法粗"，人性化管理也是巴黎民众对民警的要求。一般来说，只要违章不是很明显，只要没有严重影响交通，交管部门一般不会向轻微违章者寄罚单，但罚单一旦寄出则必须收到效果。

巴黎因为车辆过度密集，街道又狭小，因此非常容易形成堵塞。对此，警察逐渐形成了"两不罚共识"——轻微违章但不影响交通者不罚，交通高峰期尽量不罚。如果是出于合理行车的原因，没有人会因为压实线或红灯前停车越过停止线而受罚。

警察们认为，巴黎道路情况复杂，即使是熟悉道路情况的警察都可能犯错误，何况普通百姓。此外，巴黎街道狭窄，遇上违章停车、修路等特殊情况，压实线或走公交车道等违章行驶则是在所难免。因此，在可以不罚款的时候罚款，无异于制造交通堵塞。巴黎警察只对两种情况"罚你没商量"——一是严重超速，二是违章停车，前者通常是恶性交通事故的罪魁祸首，后者则是路面堵塞的重要因素。

（二）德国交通规则

1. 高度发达的交通文明

德国各大中城市的人口密度要比我国大中城市人口密度大得多，而且德国城区街道普遍比我国城区街道狭窄。德国的车多、人多、街道狭窄，交通故事却很少，这就是高度发达的交通文明的作用。

在德国，当行人走在人行横道上时，由于享受着绝对的安全，也绝对不必担心受到机动车或非机动车的骚扰，因而一个个显得极具绅士风度。

在有灯光控制的人行过道上，只要放行灯一亮，人们自由自在、大胆地往前走，无需左顾右盼。因为在德国的红绿灯路口，红灯亮时，一切交通工具必须停车等待，包括右拐弯的车辆。

1964年4月30日，德国制定了行人过人行横道时司机必须遵循行人优先的法律条文：只要行人在正式人行横道上行走，司机必须以合适的速度行驶，不得危及行人的安全，必要时停车，禁止与行人抢道。此后，所有司机均严格遵守这一规定，确保行人在人行横道上的安全，行人也因此真正获得在马路上的这一小部分的"优先使用权"。为了防止行人"过分使用"这一权力，保证机动车辆的正常通行，也要求行人过人行横道时及时迅速，不得在人行横道上逗留。即使这样，还是有不少行人成了那些漫不经心的司机的受害者。这些肇事司机往往是等不及，在没有看清路况的情况下超越前车，导致了悲剧的发生。为此，德国有关部门又加了一项新的条款：司机在人行横道处要超越前车或从其旁边驶过，必须以不危及行人为前提。人行横道处5米内禁止停车，包括临时停车，因为停住的车辆可能会挡住司机的视线，同时行人有可能在这一区域内横穿马路。

对于行人来说，法律也有相应的规定：行人不得随意穿越马路，必须走人行横道。在交通道口和十字路口均有人行横道，如有人不遵守规定，负责交通的警察有权对其进行处罚或罚款。

德国自引进这些以人为本的交通法规后，使得德国的司机开车更加小心。但这样做也造成交通流量降低。为此，德国有关机构采取了大量措施，如建造过街天桥、地下通道、在繁忙交通路口加设防护栏等，某些路段临时由交通警察指挥交通和行人。另外，为了让司机能及时看到人行横道，在每条人行横道处都有醒目标志和夜间灯光照明，及时提醒司机注意人行横道。

德国的出租车大多分布在城市各个角落的出租车停泊站点上，等待总调度台调度。就柏林而言，如果上万辆出租车不是停靠在遍布市区的300多个出租车停泊站，而是满街乱跑找生意，那柏林的交通状况也会变成另一种样子。慕尼黑作为巴伐利亚州的首府，是德国南部人口密度最大的城市之一，是德国第三大城市。这个有上百万车辆的城市，2005年全年交通死亡仅为33人。

尊重生命、尊重他人、尊重规则，在德国人心目中是最重要的。特别是在有人走在人行横道上的时候，体现得最为明显。其实，不管在哪个城市，我们都能见到这样的一幕——无论是什么车，不管有没有红绿灯，只要将通过人行横道，准会自觉地减速停下来，等行人过完之后才继续前行。此外，绝大多数德国人十分注意个人行为，在红绿灯路口，即使没有车或在夜间，他们也会安静地等待。

德国的道路能处处畅通无阻,除了有着一套科学的、人性化的、健全的服务制度和高科技的设施等客观因素外,德国人自觉的交通意识也是主要原因之一,十分值得我们学习。

总之,要管理好一个城市的交通,除了有相应的法规外,还需要每个市民去自觉遵守,只有这样,人们才会真正获得各自在这一地带上的"优先使用权"。德国人自觉遵守交通规则的这种意识,在我们一些国人看来都近乎有点"傻",但正是这种"傻",使德国的民众享受了极大的交通安全。

2. 严厉的交通处罚

改道与超速

在德国高速公路上,如果随意改道,就要罚款30欧元;无视其他已经明确打出信号的车辆随便改道或者是超车罚款40欧元。对于超速,德国法律也有比较细致的规定,超过限速10~30km的,罚款从10欧元到50欧元不等。一旦超过40km,就是100欧元起,最多可以到400欧元。

车距与闯红灯

开车时还要注意的是,德国法律对于车距也有规定。车距过紧的,罚款10欧元;由于过紧可能造成危险的,罚款50欧元。闯红灯,罚款50欧元;对于可能造成危险的闯红灯行为,罚款高达125欧元。

乱停车

在德国,随便乱停车也是要被罚款的,而且罚款种类也比国内的要明细很多。如果只是在不准停车的地方停车,那么是10欧元,还有过分占地的停放车辆罚款15欧元,在准许停车的地方,超过咪表上规定时间的,罚款25欧元,在狭窄的街道上停车导致其他车辆无法通行的25欧元。

酒后驾车

在德国,如果遇到检测驾驶员酒精浓度,则参考以下标准:0.5~1.09mg/l罚款250欧元,0.25~0.54mg/l并且被证明服用过药物的,罚款250欧元。必须要提的是,在德国如果酒后驾车并服用毒品,在检测时被检测出就会吊销驾驶执照。

三、日本交通规则

(一) 基本交通规则

步行者靠右侧通行,机动车和自行车靠左侧行驶。在机动车和步行者同时经过时,步行者优先。遵守交通信号和道路交通标志;按照警察的指示通行。

(二) 步行者基本交通规则

有人行横道的地方,一定走人行横道。无人行道的地方,靠马路右侧通行。横过马路时,有红绿灯的地方,请按照红绿灯的指示通行,无红绿灯的地方,走人行横道。横过马路时,要仔细观看马路左右两边,在确认是否有机动车通过或者机动车是否停稳后再行通过。夜间行走时,要穿反射性好、颜色鲜亮的衣服。

(三)自行车基本交通规则

自行车须在车道的左侧排成一列行驶。自行车须在有自行车通行标志的人行道上通行。不要双人乘坐,更不要单手打伞或单手拿东西骑车。在经过铁道道口或者暂时停车处时,一定要停下来,观看左右车辆确认安全后再通行。在有红绿灯的十字路口,按照红绿灯的指示通行。

(四)机动车基本交通规则

绝对禁止无证驾驶或者酒后驾车。遵守交通规则,按照交通信号、交通标志、道路标志通行。乘车时,驾驶员和同乘者都必须系安全带,骑摩托车时,必须戴头盔。不满6岁的儿童乘车时,必须使用儿童安全带。通过有限速标志时,不能超过其指定速度。傍晚时,尽快打开车灯。驾驶时禁止使用手机。

扩展阅读:国外交通介绍

一、科学管理方面

(一)各国充分利用科技手段加强交通管理

1. 英国采用车牌号码公示技术减少公路超速:英国有关部门正计划推广试用一套新装置,代替公路上的超速摄像头。这种新技术能即时将超速司机车牌号码在路边大屏幕上公示出来,这让大多数违规司机感到"不好意思"并减速,从而达到减少交通事故的目的。

据《泰晤士报》报道说,新系统将"提醒你超速,但不会拿走你的钱"。这套新系统已在M42号高速公路伯明翰一段试用。结果发现,尽管不开罚单,它在控制司机车速方面却比老式超速摄像头更有效。运输部数据显示,在伯明翰附近限速50英里(80.45公里)的公路上使用这套系统后,司机超速比例从使用老式设备时的50%下降到19%。而且司机保持不超速的时间也更长。这套新系统采用激光测量仪测量经过车辆的行驶速度,司机一旦超速便会触发车牌自动识别相机。半秒内,路旁大屏幕便显眼地"公示"出违章司机车牌号码,并配有文字提示司机已超速。高速公路管理部门表示支持使用新系统,因为与动辄罚款相比,新系统通过传递更温和的信息,"鼓励司机改正个人行为",从而取得了更好效果。

另外,鉴于英国克隆车牌泛滥的情况,英国警方已计划对全国车牌进行大排查,同时取缔销售克隆以及盗窃车牌的商店和网站。在大力打击买卖克隆、盗窃车牌行为的同时,警方也建议公众采取一些有效的预防措施。比如使用"撕毁无效型"车牌,以有效预防车牌被克隆或者盗用。因为这种车牌一旦与车身分离,就不能再被使用。警方还建议车主在车牌上安装电子芯片。只要将芯片同"自动车牌识辨系统"相连,汽车身份就可以随时在全国联网的车牌注册系统上得到确认,有利于警方辨识车牌真伪。

2. 德国采用智能速度指导系统提示司机避免超速:德国高速公路全长1.2万多公里,除了特殊路段设限速标志外,一般建议最高时速130公里。在很多情况下,130

公里的建议最高时速并不安全,经常导致事故发生。对此,德国高速公路部分路段采用智能速度指导系统。智能速度指导系统通过摄像头观察路况和车流量,然后分析计算出最合理的最高时速,并及时通过电子显示牌告知司机,使高速公路的车速管理更加灵活,在不同情况下灵活调整最高限速。系统投入使用后,事故发生率降低了30%,同时还达到了减少甚至避免堵车的效果。

3. 日本采用定位技术确保安全:日本推出一种智能交通服务,可以帮助司机避免撞上行人。只要行人随身使用3G手机或有GPS功能的手机,他的移动轨迹就可以被附近的服务器捕获并转化成信号发送出去,汽车上的GPS全球定位系统接收到信号后,司机就能判断出行人的位置以及移动方向,从而避免碰撞。

4. 新加坡利用电子警察保障交通网络顺畅:新加坡拥有约80万辆机动车,其中约50万辆为私家车。在这样一个岛国城市里,交通路口很难看到交警的身影,但交通十分顺畅。即使在最繁忙的时间和地段,汽车也能以50公里左右的时速行驶。新加坡很少发生交通堵塞主要得益于遍布大街小巷、十字路口和主要公路干线的"电子警察"。新加坡的"电子警察"是指交管部门在交通路口、公路交通干线及停车场等重要地方安装的电子监测设备。

新加坡交管部门安装电子监测系统的目的是保障交通网络的通畅。交通控制中心通过高速公路上布设的摄像机传来的信号在屏幕上监视公路交通情况,及时指挥交通应急分队前往清除故障和疏导交通。此外,这些信息还会出现在高速公路的显示设备上,向司机提供实时警告,帮助他们选择顺畅的行车路线。

5. 葡萄牙设置自动测速红绿灯提示司机:葡交管部门有针对性地在海滨大道的重点路段设置自动测速红绿灯,当车辆超速行驶到离红绿灯200米左右时,绿灯就会自动转变为红灯。如司机对红灯置之不理,仍以高速闯灯行驶,摄像头会自动拍下闯灯车辆并记录在案。同时还在里斯本主要干道上安装了自动测速装置,规定了最高时速。此外,葡萄牙高速公路上还有"路边警示"设施,即把高速公路边缘线设置成搓衣板式的条纹状,车轮一轧上便会发出尖锐的响声,提醒司机不要超速、疲劳驾驶。

(二)各国利用智能交通技术为公众提供交通服务

1. 美国通过智能交通系统为公众服务,主要涉及两个领域。一是出行交通管理,即可以向公路信息广播(HAR)、电子信息招牌(VMS)甚至直接向车辆提供交通状况的实时信息,也可以提供别的信息,比如事故信息、道路建设信息、公交时刻表、天气状态等。也能够辅助出行者及时调整出行的路线和时间计划,帮助那些已经出发的出行者选择另一条可行的路径或者转化为另一种可行模式。二是出行需求管理,即能向公路使用者提供各种与出行有关的信息,疏导人们的出行需求。在智能交通系统的管理下,驾驶者可以通过车载计算机和无线通讯设备获得各种交通信息,如路网条件、交通现状、各种服务设施的地点、各种导驾信息等,合理选择出行方式、出行时段和路线等。驾驶者还可以利用车载定位系统,自动有效地选择行驶路线,避开交通拥堵。

2. 澳大利亚利用实量旅行信息系统,根据车载定位器信息,估计每辆车的到达时间,并通过显示屏显示给正在等候的旅客。利用驾驶时间预测系统,根据交通拥挤与事故检测系统,估计车辆到达下一个出口的时间,从而判断出交通拥挤程度,并在道路入口处提示即将到来的驾驶员。目前,澳大利亚的公共运输部门正准备向公众提供更多的信息服务,包括所有公共汽车的路线、时刻表及其他的信息。

此外,澳大利亚的交通人员还研制了主动信号系统,该系统能够根据不同的条件而改变速度限制,并能检测车辆速度,当发现车速太快时,能够发送信号提醒驾驶员。

二、严格执法方面

(一) 严把驾驶员考试关

1. 法国注重提升驾照考试难度。很多法国人在叙述考驾照过程的时候,不约而同用的都是"痛苦"这个词来形容。因为笔试的难度很大,一次通过考试的人很少。而等到千辛万苦考过了笔试后,人们才知道,那只是"万里长征"的第一步,还有更艰难的路考。有很多人通常得花好几年的时间才能考取驾照。法国每年参加驾照测试的350万人中,只有不到三分之一的考生能顺利拿到驾照。

2. 德国注重严把路考关。德国保证交通安全的一项重要措施就是严格的考证制度。在德国学车,最初就在车水马龙的路上开,保证学员一开始就熟悉真实的行车情况,避免拿到驾照独自上路时不适应。为保证学员练车时的安全,教练车车身上贴有"驾校"字样,以提醒其他司机。在驾驶学习中,街道行驶、夜间行驶、乡间公路行驶、高速公路行驶等各种项目都有法定的最低学习时间,保证了学习质量。考试过程约45分钟,大部分驾车要点都会考到。期间,如果学员违反一项重要的规则,如:没有注意到让行标志等,考试则宣告失败。在德国,第一次路考失败率超过三分之一。

3. 葡萄牙注重强化驾校监管。葡萄牙交管部门对驾校的监管十分严格,要求驾校严格按交通法规招收学员,把交通安全作为主要教学内容之一。如果发现某驾校的学员违章事件多,有关部门会对该驾校进行警告和处罚,情节严重者将失去继续办学的资格。驾校因而普遍采取宽进严出的做法,对减少交通事故起到了积极作用。

4. 瑞士加强必修考试课程。在瑞士考驾照必须参加救护课和感觉课二门必修课。救护课为10小时,课程主要是车祸第一现场对受伤者的救护,要求驾驶员树立"救死扶伤"的人道主义精神,学习必要的救护常识,了解如何报警和保护事故现场等基本知识,并进行模拟操作演示。成绩合格者一周后会收到由瑞士红十字会和驾校共同签发的救护课结业合格证。感觉课为8小时,通过播放幻灯片、图片和录像,讲解在不同的气候条件、不同的路况和复杂交通流量的情况下可能会出现的问题和解决办法,师生之间互相问答,通过后才可以上实践课。实践课每50分钟为一节课。不管过去有没有碰过车,第一堂课就直接上路,教练车有两套驾驶系统,教练脚下有套副刹车装置。在瑞士,路考一次通过的并不多,2次或3次通过是正常现象。

5. 日本注重笔试要求严格。要在日本领驾照,必须到驾驶学校去学习。学费高低按学车的进程而定,学得慢的,花20万日元也不一定过关。路面考试合格了,才有资格参加笔试。笔试的内容主要是交通规则,难度很大,很多顺利通过路考的学员,都会栽在笔试上。

6. 新西兰注重学习周期。在新西兰,需要12个月(25岁以上者)或者24个月(25岁以下者)才能拿到正式驾照(如果参加被认可的驾校的驾驶培训课程,取得驾照的时间可以缩短为25岁以上者9个月,25岁以下者18个月)。新西兰的理论考试比较简单,都是选择题,内容也很实用。路考比较难,考试内容以测试驾驶员的视野和安全意识为主,而培养这些意识则需要较长时间,没有几个月的实际路上驾驶经验来有意识地锻炼这种意识,不可能在一个小时的路考中不犯错误,因而很难通过考试。

(二) 各国严厉打击酒后驾车的措施方法

1. 美国高限处罚。司机血液中酒精浓度超过60毫克/100毫升时,无条件吊销其驾照,并可能被判刑。如果醉酒驾车发生撞人事故,将被定性为二级谋杀罪判刑,并付出巨额赔偿。在洛杉矶,酒后驾车若被发现,除受处罚外,还要花费300美元在车内安装一种电子装置,这种装置对酒味非常敏感,只要车内有酒味,车就不能发动;在加利福尼亚,对酒后开车处罚是罚款、罚扫大街。

2. 加拿大实施监禁。凡酒后行车者罚款1470加元,监禁6个月,造成人身伤害者监禁10年,造成人员死亡的监禁14年。

3. 墨西哥实行连带责任制。未成年人酒后驾车肇事,其家长将受到处罚;如果出车祸者在酒吧或饭店饮过酒,最后一家酒吧或饭店要负责赔偿车祸的主要损失。

4. 法国处罚措施严厉。如果属于微醉,司机的驾驶证也会被当场注销;如果导致受害者受伤,司机将支付巨额赔偿;如果醉酒司机导致其他人死亡就会直接被判入狱。

5. 瑞典酒后酒精检验阈值。一旦发现驾驶员酒后驾车,经检验血液中酒精含量超过10毫克/100毫升,便罚其到戒酒医院进行为期3个月的强制治疗。司机哪怕只是在饮用了两罐啤酒后开车,若被发现,就得交出执照,并收到一张出庭应讯的传票。若法官判决司机醉酒驾驶的罪名成立,将会被送入复员中心改过自新至少一个月。

6. 俄罗斯、挪威、英国重罚重犯者。

在俄罗斯《反酗酒法》规定:驾驶员酒后行车或在行车过程中饮酒如系初犯,取消1至3年驾驶资格;如系重犯,则会受到3至5年不许开车的处罚。若是军队驾驶员,将吊销执照,在服役期间无权再驾驶车辆。对于因饮酒造成交通事故的驾驶员,分别给予5年以内判刑、罚款、吊销驾驶证、终身禁驾等处罚。

在挪威,驾驶员血液中酒精含量超过50毫克/100毫升,将被关3个星期禁闭。初犯者吊销驾驶证1年,5年内重犯者终身禁驾。

在英国,酗酒开车的初犯驾驶员,吊销驾照1年;在10年内重犯者吊销驾照3年,外加1000英镑罚款;在10年内若3次被判酒后驾车罪名成立,法院判将判吊销驾驶证109年;酒后发生事故者将终身不能开车,经济上还将受到重罚。

7. 澳大利亚对重犯进行媒体曝光。对醉酒驾驶员,如系初犯,罚款10美元;如系重犯,处10年有期徒刑,并要把驾驶员的姓名登在报纸上的《酒醉与入狱》大标题下示众。

8. 日本处罚措施严厉。日本政府针对酒后驾车颁布新的惩治条例,对酒后驾车者给予更加严厉的惩罚,违规者将被处以最高5年监禁或100万日元(约合8900美元)的罚款。新条例后一个月内,酒后驾车事故比上一年同期减少了41%。此前,日本驾驶员血液中酒精浓度超过50毫克/100毫升时,判两年以下劳役,罚款5万日元。

9. 澳门颁布新法将醉酒驾驶刑事化。2007年9月30日,澳门《道路交通法》正式实施,取代施行十多年的《道路法典》。新法中将醉酒驾驶刑事化。如果驾驶员在公共道路驾驶车辆时,体内酒精含量超过120毫克/100毫升,或受麻醉品、精神药物影响的,会被处以最高1年徒刑及禁止驾驶1年至3年。如酒精含量超过50毫克/100毫升但低于80毫克/100毫升,罚款4千至2万元,并禁止驾驶半年至1年;酒精含量等于或超出80毫克/100毫升但低于120毫克/100毫升,会被处以最高半年徒刑或罚款1.2万至6万元,并禁止驾驶1至3年。若被鉴定为惯常酗酒者,会被禁止驾驶1至3年。

10. 新加坡重罚酒后驾车。在饮酒后或药物状态下驾驶车辆,除了扣分外,还会处以1000至5000新元的罚款和6个月以下监禁。若重犯,将罚款3000至1万新元,监禁时间将延长至12个月。

(三)各国严厉打击超速行驶的措施

1. 美国处罚重。美国将超速驾驶与酒后驾车、吸毒后驾车及闯红灯一并规定为故意犯罪,不仅处罚重,而且肇事后赔偿额高。如在美国纽约州,因超速肇事的可判处1至7年有期徒刑、劳役、罚款、记分、停止或吊销驾照。

在美国,大多数的州对第一次超速违章的司机会采取教育为主的方法。但是如果以后违反了交通规则,就逃不过惩罚。得了罚单如果不交,就会有追加罚款,这种追加罚款的额度会在每一次给你寄来的罚款通知上写个清清楚楚。如果还不交,司机在每5年更换一次驾驶执照时就会遇到麻烦。

2. 法国依靠电子警察重罚超速行驶。法国的交通事故多源于超速行驶。近年来,法国将超速作为重点打击对象,在高速公路、国家公路和省级公路上增加了电子警察——雷达测速器,自动测速并拍下违章超速行驶的车辆,并按车牌号对车主实行罚款。增加流动岗哨,隐蔽在路边或桥上对车辆进行测速。对超速行驶的车辆也加大了惩罚力度,超速罚款135欧元(15天内缴纳罚款者减为90欧元),并按不同情况扣分;超速达40公里至49公里罚款750欧元;超速50公里以上罚款1500欧元,吊销驾驶证最长为3年,在3年中重犯者则罚款3750欧元,并判3个月监禁,甚至可能被没收车辆。如果对罚款熟视无睹,将会加倍处罚。如果你再不理会,法院将向你发出传票。

3. 亚洲各国设置高额罚款。日本对超速行驶的处罚最严——服苦役半年,如果幸运未判苦役,也需缴纳800美元罚款。在中国香港,严重超速则由法院决定惩处。在新加坡,对于严重的超速驾车,除了扣分,还处以1000至5000新元的罚款和6个月以下监禁;若重犯,罚款将增至3000至10 000新元,监禁将增至12个月;24分被扣完后,驾驶执照将被吊销,要想再次取得驾照,需观看交通事故教育片,上完一定课时的再培训班,重新参加交规及路考合格后,才能获得驾照。

(四)从严处罚违法停车行为

1. 美国警察与禁停标志无处不在。纽约作为美国最大的城市、世界著名金融、商业和娱乐中心,和其他大城市一样长期受乱停车问题困扰,对乱停车等违规行为处罚非常严厉。美国的交通警察无处不在,一旦违规,警察就会忽然出现在违规乱停的车辆前面。纽约交警装备有掌上电脑,在车前面的条形码上扫描一下,手中的小型打印机便会打印出罚款单,上面写明违反的条款和罚款的具体数目。每辆车子前面的条形码记录着车辆的各种信息。司机不在,警察会把罚单贴在车上显眼的地方。

在纽约,乱停车的罚款从几十美元到150美元不等。接到罚款单后,司机要在一个星期内将支票寄给纽约市交通部门。司机如果不服气可以向法院提起诉讼,胜诉者可减轻或者免掉处罚。纽约市近年来因为乱停车引发的官司非常多,也有不少司机获得减免。纽约市还有先进的交通监视系统。重要路口安装了为数不少的摄像头,这些摄像头一刻不停地把路面的情况传给中心交通监视系统,违规停车很难逃脱惩罚。

纽约市的每条街道都有规划统一的停车标志,标明停车规定,如允许停泊车辆的类型、时间段以及平日和周末可分别停泊什么类型的车辆。牌子上写着,有的地方只允许当地小区居民的车辆停泊,有些地方某些日子不让使用,不仔细看、停错了地方,很可能要被罚款。在一些交通繁忙的商务区,规定就更加细致。

2. 法国依靠严谨的交规和严格的执法规范停车。巴黎的机动车大约有500万到600万辆,但乱停车的现象并不普遍。这得益于两个方面:交规严谨和执法严格。巴黎把停车分为停车和泊车,区别是前者司机不离车,为乘客或货物上下车做短暂停留,后者司机熄火离车时间较长甚至过夜。为此,路牌分禁停禁泊、禁泊不禁停、上半月禁泊或下半月禁泊几种。半月禁泊标志,是要你上半月将车子停泊在单号建筑物马路一侧,下半月停泊在双号马路一侧。

停车时光看路牌还不够,司机需要同时注意地上的黄线、白线。路沿实线表示既不能停,也不能泊;虚线表示停可以,泊不行。车子停放要依照标线,或横或纵或斜,不能出格。公共汽车站前、路口、人行横道、弯道和坡道上更是严禁停车。为了预防司机在进入路口时没有注意到禁止停车的标牌,路边隔不远便有"强制牵引"的标志,抬头随处可见。

3. 英国、日本处罚金额高。在英国,如果违章停车没有给别人造成不便的话,罚款 34 美元。如果在有禁止标志的地方停车,要处以 1700 美元的罚款,外加拖走汽车的费用 170 美元和每天的保存费 20 美元。一般来说,驾车人因"电子眼"同交通管理部门交涉的冲突并不多,毕竟政策很透明,告知送单制度也很健全。但停车罚单则是投诉较多的领域。目前,英国平均每 3 辆车 1 张罚单,每年市政方面收到的停车费和罚款达 3.51 亿英镑,其中 44% 来自伦敦各区。不少人认为,停车收费是最欠考虑和研究的交通政策。

在日本东京,很难找到不花钱停车的地方。交通法规规定,汽车可停在路旁,但如果有不让停车的标志,则不准停车。路边画有黄线的地方只准临时停车(司机不能离车),不准长时停车,停车超过 10 分钟就算违反了交通规则。东京马路边没有黄线的地方很少,停车超时按规定都要罚款。警察发现乱停靠的车辆后,如果车里有人,会态度很好地请驾驶员换一个地方停车;如果是在等人的话,会要求转一圈再过来。如果车里没人,警察会等 10 分钟或半小时,把一块黄色的塑料布套在反光镜上,上面有警察署的电话号码。车主第二天找到警察署后,会得到一张 1.5 万日元(合 146 美元)的罚单,被扣掉 2 分。对乱停车最严厉的处罚就是把车拖走,车主不仅要交罚款,而且要交拖车和存车的所有费用。

(五)各国对机动车行人闯红灯的处罚方法

1. 美国将违法记录记入个人信用记录。各州对乱穿马路者罚款 2 到 50 美元不等,虽然数额相对不大,但处罚记录将会记入个人信用记录中,终身不能抹去。

2. 德国闯红灯影响信用。没有人贸然闯红灯,因为闯红灯者将会面临很严重的后果。这意味着以后,别人可以分期付款、延期支付,而闯红灯者却必须立即支付。别人可以向银行拿到比较长时间的贷款,而闯红灯者却不可以。银行给闯红灯者的贷款利率要远比其他人高。德国人认为,闯红灯的人不珍惜自己的生命,是危险的人,生命随时不保。

3. 新加坡重罚闯红灯。行人第一次闯红灯,罚款 200 新元;第二次、第三次再闯,最重可以判半年到一年的监禁。

本章小结:

中国是世界上交通事故最严重的国家之一,目前我国汽车保有量占世界的 2%,但交通事故占全世界的 15%,世界因交通事故死亡的人数中,每 5 人中就有 1 人是中国公民。研究表明,交通安全和法制意识淡漠,违法超载行驶、超速行驶、酒后驾车、疲劳驾驶、无证驾驶是导致交通事故,尤其是恶性事故的最主要原因。

《道路交通安全法》的立法目的是:维护道路交通秩序,预防和减少交通事故,保护人身安全,保护公民、法人和其他组织的财产安全及其他合法权益,提高通行效率。

常见交通事故中现场抢救应遵循的基本原则是：先呼救、报警，再抢救；先抢救人员，后抢救财物；先抢救重伤员，后抢救轻伤员。

当代大学生要认真学习世界主要发达国家交通安全的科学理念和基本规则，如永远系好安全带；把孩子放在后座上；决不酒后驾驶；在过街人行道上，行人有先行权，等等。

问题讨论：

1. 常见交通事故中求生自救的基本原则是什么？抢救的基本顺序又是什么？
2. 当代大学生应该向世界主要发达国家学习什么样的交通安全理念和基本规则？

第五章 网络信息安全与当代大学生的成长

学习目标：

认识和了解我国当前网络信息安全的基本状况，提高对网络信息安全重要性的认识，积极遵守和倡导网络文明，提高预防、识别和处理网络信息犯罪的能力。

导入案例：网络发布虚假信息案

郭某，陕西勉县人，2010年3月在县城"根据地网吧"发了一条"大家知道最近猪肉为什么这么便宜吗"的帖子，反映勉县部分乡镇生猪口蹄疫疫情严重。帖子立刻引起了各方面的高度关注和当地群众的恐慌。经公安机关查明，帖子系郭某为了使人们不敢吃猪肉，自己养的鸡好卖，有意编造了部分乡镇口蹄疫严重的帖子。公安机关当即拘捕了郭某，郭某也为自己的"聪明"付出了沉重的代价。

随着网络技术的迅速发展和普及，网络正在改变人类社会的生产、生活和交往方式，深刻地影响着人们的思想、观念和内心世界。但网络终究只是一个媒介，一个工具性的存在，它对人与社会的影响作用取决于人们如何使用它。使用得当，它则可以成为实现全球知识资源共享的必备途径，帮助我们健康成长，早日成才。使用不当，它则可能成为威胁自身安全、腐蚀人的灵魂、污染社会文明的魔鬼通道而贻害无穷。

第一节 互联网带来的安全问题及应对

一、网络对大学生健康成长的消极影响及干预

随着互联网在我国的迅速发展，网络也在当代大学生的学习和生活中发挥着越来越重要的作用，它不仅是大学生们获取知识和信息的重要渠道，也是他们表达思想和感情的重要场所。在这个虚拟的网络里，大学生可以尽情展示自我个性，发挥自我想象，追求自我超越，体验自我成功。但同时，网络带来的信息良莠不齐，网络的虚拟性、隐蔽性和无约束性之特征又极大地助长了人们的侥幸与放纵心理。

（一）网络有害信息对大学生的不良影响

网络既是一个信息的宝库，也是一个信息的垃圾场。由于网络传播的开放性，使得大量未经筛选的信息进入了"网络自由市场"，结果往往容易分散人的注意力，使人容易在网络中迷失方向。人一旦掉进垃圾信息的海洋，将会变得思想不集中、过于被动地接受信息，逐渐对事物失去分析和判断能力。

在网络信息里，有害信息是指计算机信息系统及其存储介质中存在的、出现

的,以计算机程序、图像、文字、声音等形式表示的,含有攻击社会主义制度,攻击党和政府,破坏民族团结等危害国家安全的内容信息,含有宣传封建迷信、淫秽色情、凶杀、教唆犯罪等危害社会治安的内容,或者是危害计算机信息系统运行和功能发挥,以及应用软件数据的完整性、可用性和保密性,用于违法活动的包括计算机病毒在内的计算机程序。

目前互联网上的有害不良信息主要有以下几类:

一是敌对势力进行思想渗透和破坏的政治类"黑色信息"。各种敌对势力历来都将青少年学生作为其进行思想渗透、颠覆破坏与和平演变的重点对象,他们采取各种手段,将各种有害的政治类"黑色信息"在网络上传播。

二是少数别有用心的人发布的"灰色信息"。少数别有用心的人将网络作为其发泄所谓牢骚和不满的场所,利用网络传播速度快、浏览者多、影响面广、不易控制的特点,大肆传播谣言。在网络上发表各种"灰色信息",混淆人们的视听和思想,在青少年学生中产生相当大的负面影响,危害青少年学生成长和扰乱社会稳定。

三是不法分子传播的"黄色信息"。网络是一个跨越国界的文化自由领域,上网者下载色情图像十分隐蔽、方便。因此网络色情传播在网络迅速发展和普及的今天有了更大的空间。

四是部分网站为了招徕网民读者,大量发表所谓名人的生活趣闻轶事或者写真照片。这些信息有的是无中生有,捕风捉影;有的内容低俗,有违社会公德,不利于青少年们积极向上的发展。

互联网信息的传播打破了原有国家、地域和社会制度的约束,使人们在网上交换信息过程中,不同国家之间的文化传统、思想观念、意识形态、生活方式等方面的交流与冲突都达到前所未有的程度。发达国家通过网络进行强势文化的入侵,对上网者产生潜移默化的影响,需要我们高度警惕。

(二) 网络中常见的不文明行为

通常所说的网络不文明行为主要有以下几类:

1. 网络脏口;2. 听信传播谣言、散布虚假信息,捕风捉影、故弄玄虚、恶意炒作小道消息;3. 网络色情聊天、刻意浏览色情内容,制作、传播色情信息;4. 制作、传播网络病毒、"流氓"软件;5. 传播垃圾邮件,窥探、传播他人隐私;6. 违反社会公德行为;7. 盗用他人网络账号,利用网络作弊,假冒他人名义;8. 网络调查恶意投票。

如果发现身边人有上述行为,要积极劝导,情况严重的应立即向学校有关部门反映。

案例 ▶ "番茄花园"案

2006年12月至2008年8月,被告单位成都共软网络科技有限公司为营利,未经微软公司的许可,复制微软Windows XP计算机软件后制作多款"番茄花园"版软件,供公众下载,获取非法所得计人民币 2 924 287.09 元。

法院审理认为被告单位成都共软公司、被告人孙显忠、洪磊等人的行为均已构成侵犯著作权罪,遂判处被告单位罚金人民币 8 772 861.27 元,违法所得计人民币 2 924 287.09 元予以没收。判处被告人孙显忠有期徒刑 3 年 6 个月,处罚金人民币 100 万元;判处被告人洪磊有期徒刑 3 年 6 个月,处罚金人民币 100 万元。

案情简介:洪磊修改了微软的 WindowsXP,取消了正版验证程序,对 WindowsXP 进行主题、桌面、按钮等外观美化,对一些不常用功能进行了关闭或卸载,做成了可以无人值守自动安装软件。并将这个"盗"来的软件,免费提供给网民。直到 2008 年 8 月 15 日,洪磊因涉嫌侵犯著作权罪被逮捕,当冰凉的手铐落在双手上,他这才意识到自己惹出的麻烦有多大。

"我以为最多是赔一点儿钱去解决,没想到会坐牢。"洪磊坦言,"我知道是错的,但错到什么程度就不知道了。"因为心里明白这么做不对,所以最初洪磊只是把"盗"来的软件作为好友间的分享,对其他注册用户也只每天开两个小时的"秒杀"机会,只让有限的人加入"番茄花园"。但到后来,面对巨大的利益诱惑,洪磊已不能收手,放任侵权下载。

事实上,洪磊不肯放手的重要原因还是钱。随着番茄花园网站的点击量的不断增加,很快就有广告客户找上门来。洪磊与成都共软网络科技公司总经理孙显忠签订了协议,洪磊将番茄花园 50% 的收益转给孙显忠,孙显忠将公司的部分股权转让给洪磊。孙显忠承诺两年之内给洪磊 400 万元。

洪磊隐约感觉会被追究责任,所以在番茄花园网站的下载页面上添上了一行"免责条款",并请用户下载后在 24 小时内删除。"以为写了以后就和自己没关系了。"该案的主审法官王永伟对此表示,"他在每个版本上都是要求其他使用者 24 小时之内删除,但是现在客观上的情况是,许多用户下载了番茄版本软件之后没有删除,全国范围内有那么多人都在使用番茄花园盗版的软件,侵犯了微软公司的合法利益。"可见,这样的声明并不能够免责。

(三) 构建和谐文明的网络世界

构建和谐文明的网络,不仅需要创造与开发网络产品的人积极努力,更需要利用网络信息产品的人来共同营造。这就要求我们每一个网络产品的开发者和使用者坚持以下几项准则:

1. 树立正确的网络观

(1) 遵守互联网有关法规;掌握互联网技术的基本操作技能;合法运用各种网络技术常用硬软件的使用方法;知晓计算机和网络以外的其他信息技术知识,能够主动地向其他网民传播健康文明上网的理念。

(2) 提高自身的辨别力和免疫力,主动筑起一道思想"防火墙",增强对网络文化的识别能力和抗诱惑能力。

(3) 树立正确的网络信息意识,提高网络安全意识和个人防范意识,正确利用网络信息资源。

(4) 合理安排上网时间。

(5) 正确对待网络游戏等娱乐资源,切勿过度沉溺,影响学业。

2. 养成良好的网络文明素养

> **小贴士**：网络文明规范
>
> 共青团中央、教育部等8个单位于2001年11月22日联合召开网上发布会,向社会正式发布了《全国青少年网络文明公约》,明确提出了大学生应遵守的网络文明规范：
>
> 要善于网上学习,不浏览不良信息；要诚实友好交流,不侮辱欺诈他人；
>
> 要尊重他人隐私,不散布虚假言论；要恪守网络道德,不扮演黑客角色；
>
> 要增强自护意识,不随意约会网友；要增强辨别能力,不轻信网上流言；
>
> 要维护网络安全,不破坏网络秩序；要有益身心健康,不沉溺虚拟时空。

(1) 认真学习并自觉遵守团中央等部门发布的《全国青少年网络文明公约》,养成文明上网的良好行为习惯。

(2) 不在网上发表不负责任的言论。

(3) 不在网上制造信息垃圾。

(4) 对反动、色情、迷信等不良信息,自觉地不看、不听、不信。

(5) 充分利用网络,积极宣传网络文明。

二、网络犯罪识别与防范

(一) 网络犯罪的识别

网络犯罪是指在网络空间内以计算机网络为犯罪工具或者攻击对象的危害社会的行为,它具有犯罪现场和空间的虚拟性、犯罪行为的隐蔽性和犯罪手段的智能性等特点。网络犯罪不是一个具体罪名,而是某一类犯罪的总称,其基本类型有两种：针对网络的犯罪行为和网络扶持的犯罪。

案例 ▶ "熊猫烧香"病毒

2007年9月24日,湖北省仙桃市人民法院一审以破坏计算机信息系统罪判处李俊有期徒刑4年、王磊有期徒刑2年6个月、张顺有期徒刑2年、雷磊有期徒刑1年,并判决李俊、王磊、张顺的违法所得予以追缴。

熊猫烧香是一种经过多次变种的蠕虫病毒变种,2007年1月初肆虐网络,它主要通过下载的档案传染,对计算机程序、系统破坏严重。该病毒始作俑者是李俊,武汉新洲区人,25岁。据李俊的家人以及朋友介绍,他在初中时英语和数学成绩都很不错,但还是没能考上高中,中专在娲石职业技术学校就读,学习的是水泥工艺专业,毕业后曾上过网络技术职业培训班。他朋友讲他是"自学成才,他的大部分电脑技术都是看书自学的"。2004年李俊到北京、广州的网络安全公司求职,但都因学历低的原因遭拒,于是他开始抱着报复社会以及赚钱的目的编写病毒。2003年他曾编写了病毒"武汉男生",2005年他还编写了病毒QQ尾巴,并把"武汉男生"版本更新成为"武汉男生2005"。

此次传播的"熊猫烧香"病毒,李俊先是将此病毒在网络中卖给了120余人,每套产品要价500～1000元人民币,每日可以收入8000元左右,最多时一天能赚1万余元人民币,直接非法获利10万余元。该病毒由这120余人改写处理传播出去后,先后使得100多万台计算机感染此病毒。然后利用盗取来的网友网络游戏以及QQ账号出售牟利,并利用被病毒感染沦陷的机器组成"僵尸网络"为一些网站带来流量。

1. 针对网络的犯罪行为的主要类型

(1) 非法入侵或者破坏国家事务、国防建设、尖端科学技术领域、企事业单位、公司、个人等计算机的信息系统、数据和应用程序。

(2) 违反国家规定,擅自中断计算机网络或者通信服务,造成计算机网络或者通信系统不能正常运行。

(3) 故意制作、设置、传播计算机病毒、逻辑炸弹、蠕虫、木马等其他破坏性程序。

(4) 攻击计算机系统及通信网络,致使计算机系统及通信网络遭受损害。

(5) 非法向计算机网络发送垃圾数据,影响计算机网络正常运行的。

(6) 非法对计算机进行扫描或安全测试。

(7) 利用网络对其他电子产品进行非法的侵入或破坏。

2. 网络犯罪的重要特点

(1) 利用网络实施诈骗、贪污、挪用公款、窃取国家秘密或企业商业机密等。

(2) 制作、查阅、复制和传播危害国家安全,泄露国家秘密,颠覆国家政权,破坏国家统一等信息。

(3) 利用网络散布谣言,扰乱社会秩序,破坏社会稳定。

(4) 在互联网上建立淫秽网站、网页,提供淫秽站点链接服务,或者传播淫秽书刊、影片、音像、图片。

(5) 利用互联网损坏他人商业信誉和商品声誉,侵犯他人知识产权,编造并传播影响证券、期货交易或者其他扰乱金融秩序的虚假信息。

(6) 利用网络侵犯个人、法人和其他组织的人身、财产等其他合法权益的行为,包括侮辱他人或者捏造事实诽谤他人、敲诈勒索等。

> **小贴士：针对网络犯罪的法律规定**
>
> 2000年12月28日，第九届全国人民代表大会常务委员会第十九次会议通过《全国人民代表大会常务委员会关于维护互联网安全的决定》与刑法中的若干条文。其《刑法》具体条文如下：
>
> 第二百八十五条 违反国家规定，侵入国家事务、国防建设、尖端科学技术领域的计算机信息系统的，处三年以下有期徒刑或者拘役。
>
> 第二百八十六条 违反国家规定，对计算机信息系统功能进行删除、修改、增加、干扰，造成计算机信息系统不能正常运行，后果严重的，处五年以下有期徒刑或者拘役；后果特别严重的，处五年以上有期徒刑。
>
> 违反国家规定，对计算机信息系统中存储、处理或者传输的数据和应用程序进行删除、修改、增加的操作，后果严重的，依照前款的规定处罚。
>
> 故意制作、传播计算机病毒等破坏性程序，影响计算机系统正常运行，后果严重的，依照第一款的规定处罚。
>
> 第二百八十七条 利用计算机实施金融诈骗、盗窃、贪污、挪用公款、窃取国家秘密或者其他犯罪的，依照本法有关规定定罪处罚。

(二)网络犯罪的预防

网络是虚拟的空间，但其犯罪行为同样会对个人和社会带来实质性危害，同样难逃法律的制裁。网络犯罪，不仅给个人和家庭带来了沉重的痛苦和不幸，而且也给国家、社会造成了巨大的负担与损失。我们每一位大学生都应自觉加强自我防范，自觉做到：

1. 认真学习和遵守《宪法》、《刑法》和《计算机信息系统安全保护条例》等有关法律法规，明确网络使用的行为规范，自觉抵制各种网络违法犯罪行为。

2. 讲究社会公德和网络职业道德，利用掌握的先进科学技术知识服务社会，不要滥用智商从事危害国家利益、集体利益和公民合法利益的活动，不要以任何目的危害信息网络系统安全。

3. 尊重他人的知识产权和个人隐私权，不要进行网上侵权活动或进行电子骚扰、网络性骚扰，不在网上猎奇、窥探他人秘密并散布他人隐私。

4. 不利用互联网查阅、复制、制作和传播宣扬封建迷信、淫秽色情、赌博、暴力、凶杀、恐怖、教唆犯罪的信息，不做"黑客"，也不做"黄客"。

5. 争做文明的互联网络用户，不制作、传播谣言、虚假信息或搞恶作剧愚弄别人，扰乱社会秩序，不在虚拟网络空间肆意妄为、胡言乱语。

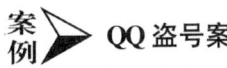

案例 QQ盗号案

2009年4月10日，深圳市南山公安分局高新技术园区派出所接待了一名特殊报案者,事主小陈连续丢失了46个QQ号,所以专程从江苏赶来深圳报警。小陈表示,自己丢失的46个QQ号涉案金额达60万元人民币,其中一个"98888"的QQ号就花了15万元才收购到。据小陈介绍,事情发生在4月2日,小陈突然发现自己的QQ号"98888"上大批的网友开始掉线,随后几分钟之内,"98888"也掉了线,再也登录不上去了。小陈后来统计了一下,发现自己收藏的QQ号中有46个被别人"黑"走了。

这是一宗罕见的"物品丢失"案,也是目前报案涉案金额最高的QQ盗号案,高新技术园区派出所当即将情况通报给辖区的腾讯公司。腾讯公司回应他们并没有回收这批号码,并积极配合警方的调查。据警方了解,不少人愿意投入巨额资金收藏QQ靓号。自称是"QQ号码收藏爱好者"的小陈就是这样,他在5年内花了100多万元收藏了一批"靓号",每个月也要为这些号码花3000多元的会员费。

随后,腾讯公司通过内部核查发现,2006年以来该公司有一批用户的QQ靓号被盗取。今年4月14日,腾讯公司政策发展部经理朱先生也赶到高新派出所报案。蹊跷的是,在小陈报失"98888"这一QQ号码被盗取后不到1个月的时间里,腾讯公司又接连接到5名事主的申诉,要求索回"98888"号码。警方立即联手腾讯公司进行追查。经侦察,3年来,网民"游龙生"通过互联网盗取了一批"顶级"的QQ靓号,再转手高价卖出获取暴利,警方初步圈定的涉案QQ号码就多达518个。

警方随后查明"游龙生"实为家住四川省成都市双流县朱某。4月23日,高新派出所民警赶赴成都抓捕了朱某。据朱某交代,2006年以来,朱某先后在网络上盗窃了大量QQ号码,然后通过"中间人"袁某将QQ号码通过网络高价卖出。随后,南山区检察院以"盗窃罪"对朱某和袁某进行了正式批捕。

三、网络痴迷与规避方法

(一) 网络痴迷的危害

过度痴迷于网络,轻者会影响自己的身心健康,导致学习与生活能力下降,重者会出现严重的精神和心理障碍,致使无法完成正常学业,甚至误入歧途,走上违法犯罪的道路。网络痴迷主要包括网络游戏痴迷、网络交友痴迷、网上信息收集痴迷及其他强迫行为。网络成瘾者多是以上几个类型的混合体。

小贴士:美国IAD评估网瘾的标准

每个月上网时间超过144小时,即一天4小时以上。

头脑中一直浮现和网络有关的事。

无法抑制上网的冲动。

上网是为了逃避现实、戒除焦虑。

不敢和亲人说明上网时间。

因上网造成课业及人际关系的问题。

> 上网时间往往比自己预期的时间久。
> 花许多钱更新网络设备或上网。
> 花更多时间在网上才能满足。
> 如果有5项以上的回答为"是",说明可能已经上网成瘾。

由于网络痴迷的危害性,美国的心理学者认为网络痴迷与沉溺赌博、酗酒、吸毒等无异,对个体的学习、家庭生活、工作等都将造成不可估量的影响。

现代医学证明,一个人如果不能控制自己痴迷于网络,很容易患上"网络成瘾综合征",也就是由于患者对互联网过度依赖而导致明显的心理异常症状以及伴随的生理性受损。目前,这已成为国际临床心理学界公认的一种新的心理障碍。

(二) 合理使用网络,避免沾染"网瘾"

1. 从生活中的小事情做起

正常作息生活,不要完全依赖于网络交易;重新安排自己的作息时间,不要总是熬夜或是睡懒觉;每当完成一件事时,给予自己适当的奖励,以增加自信心。

2. 从周围环境入手逐渐拓展自己的社交圈

良好的人际关系来自对自我的认识和接纳,来自对他人的沟通和体谅。只要你真诚待人,心怀友善,学会微笑,乐于不断充电、扩大自己的知识面,敢于开放自己、表达自己,一定会遇到不少真正欣赏你、懂得你的朋友和知己。

3. 积极参加体育锻炼

运动可以提高身体的功能、知觉力和控制力,增加血液循环,调节心率,改善机体的含氧量,强健体魄的同时还能放松心情,缓解压力,提升精力。当你慢慢习惯了运动带给你的那种愉悦的感受之后,生活方式自然也就不知不觉发生了变化。

4. 多到户外走走

到外面感受一下清新的空气和明媚的阳光;条件许可的话,制定几项旅行的计划,定期出门旅行,这样不仅可以拓展自己的视野,还会让我们更加热爱生活,更加懂得珍惜和感恩。

第二节 网络陷阱的识别与应对

一、常见的网络就业陷阱

(一) 出售个人信息牟利

有些非法网站以招聘为幌子,骗取求职者的个人信息资料,包括账户号、手机及宿舍电话号码、父母工作单位、家庭背景、联系方式等,将其出售给特定需要的人牟利。

(二) 过期信息贻误求职佳期

网站发布的信息具有一定有效期。有的信息未到期,但职位已招满,由于用人单位交了钱,不甘心删除或暂停信息,而是继续张贴。有些用人单位职位已经招满,仍在网上张贴招聘信息,多出于其希望借此收集更多简历以建立自己的人才库。有些网站私自转载其他网站上的过期信息,修改信息发布时间及有效期等重要信息,以增加点击率,提高知名度、扩大收益。这些虚假信息不仅浪费毕业生的时间和精力,还可能使毕业生贻误求职佳期。

(三) 假招聘搜罗目标

有的不法分子搜寻其他网站的求职简历或通过发布虚假招聘广告收集个人信息,而后以面试为名,搜罗目标,从事犯罪活动,常见的有:

1. 对大学毕业生实施抢劫或敲诈,以及对女大学生进行人身侵害。
2. 将大学生,尤其是女大学生的个人信息及照片等张贴在色情交友网站上,骗取网民的点击率和中介费。
3. 诱骗网上求职的大学生到传销点,限制人身自由,强迫其参加传销活动。

二、网络求职注意事项

网络就业陷阱让求职者防不胜防,网上违法活动隐蔽性很强,而且往往是跨区域作案,给侦查破案等带来很多困难。完善相关网络的立法是当务之急,管理部门应加强监督,净化网络环境。同时,大学生也要学会自我保护,提高防范意识,规范操作,力争把好以下几关,将受骗上当的风险降到最低。

(一) 把好求职渠道关

尽量选择正规网站,如专业的招聘网站、教育部门门户网站、高等学校的毕业生就业网、企业网站和大型综合网站的人才频道或行业网站。在上述网站进行浏览、注册,其信息可信度相对较高。

正规的人才网站会对个人简历中的重要信息,如联系方式、电子邮箱、家庭住址等做一定程度的保密处理,只有向网站提供合法资质证明的招聘单位才能看到,而非正规的网站很难保证。

(二) 把好简历填写关

如招聘机构有需要毕业生填写网上简历的情况,会选择在本公司网站上刊登信息和链接,或通过知名人才招聘网站,一般不会委托不知名的网站和第三者进行。如果遇到以知名企业的名义招聘,却要求求职者在非以上类型的网站填写个人信息的情况,大学生应到招聘企业网站或致电进行核实。

填写简历时,按照网上提供的简历模板将详细情况填写在相应的位置,不要为增加被检索几率等原因将重要的个人信息留在不该填写的位置。不要忽略个人简历的公开程度,尽量不要使自己的个人简历处于无条件公开的状态,以免被滥用。注意不要在网上填写银行账号或留下家庭详细地址、固定电话等重要信息。应确保放在招聘网站的个人简历可以随时在线修改和删除。填写建立后要认真设定密码,不要忽略注册和修改密码。不要随意将自己的生活照片发到网站,如有必要,可提交证件照。

(三) 把好信息鉴别关

有些公司不止采用一种招聘方式,在网站、报纸、人才市场同时进行招聘,一般这类公司招聘的规模大,比较可信。

虚假招聘信息一般有以下特点:招聘单位联系地址不详细或根本不留;联系电话为移动电话,没有固定电话;寻找托词拒绝出示相关资质证明。如网上求职时遇到以上情况,要慎之又慎。

如果招聘机构招聘要求宽松,工资待遇超常,要求高薪试用,或有其他附加条款必须提高警惕,要核实信息的真伪。要学会筛除垃圾信息,以免延误求职时机。

(四) 把好电话通知关

对待陌生的面试通知电话和其他陌生询问电话,尤其是自己没投递过简历的公司,不要透露过多个人信息。

对于通知面试的电话,一定要对公司的地址及面试地址进行核实,以辨别是否是"皮包公司",不要轻易相信电话里的承诺。

(五) 把好面试关

如果网上的单位面试地点选在宾馆等临时租借来的场地,尽量避免单独前去面试。如果要求到外地或很偏远的地方面试,在对招聘单位没有详细了解的情况下,不要贸然前往。

(六) 把好网上协议关

填写网上简历和网上信息时,不要忽略免责条款,并注意条款内容,是否有明显侵害个人利益之处。尤其注意不要仅根据网上协议就仓促决定,与用人单位的双向选择,应基于更具法律效力的书面合同和协议。不要仅根据网上招聘要求,便签订网上协议,同意提交创意、设计等智力作品,以免不法分子使用模糊条款免责,盗用智力作品。

三、网上及手机行骗手法的识别与应对

随着互联网的普及和互联网各种应用的增加,网络上的诈骗案件数量也呈上升的趋势。欺诈者利用各种方式欺骗用户。

(一) 中奖信息类

这类骗局诈骗分子通常会利用各种渠道进行,如通过手机短信,社区消息,聊天工具冒充官方给用户发消息,电子邮件等。这种中奖诈骗,基本上都是先要求你付奖品的个人所得税,或者电话联系某某,进行咨询。凡是遇到这类信息一定要利用可以利用的渠道去验证电话号码,就算电话联系以后,也要注意是不是需要你先付钱,才能把奖品给你。如果对方一定要你先付钱,后给奖品,那么基本可以判定很有可能属于欺诈信息。

(二)虚假客服电话类

首先陌生的号码不要轻信,要利用各种工具验证信息的可信度,去搜索引擎上看看有没有其他人遇到类似问题。另外,虚假客服电话都是跟中奖、领奖等问题联系在一起的。任何要求用户汇款后领取奖品的信息大多都是诈骗信息,需要格外小心。一定不要轻信陌生电话,更不要轻易向陌生账户汇款,以免受骗上当。

(三)冒充银行等金融机构官方网站

为有效防范账户信息泄漏,查阅地址栏是检验网站真伪的有效手段。在网上消费支付时,应该随时查看浏览器中显示的支付页面地址。如果地址栏中显示的地址不正常,或支付页面没有地址显示,那就一定是虚假网站。在虚假网站上务必提高警惕,不要在相关页面上输入账户信息。如果不小心输入了相关账户信息,应尽快通过各银行客户服务电话、营业网点或网上银行办理修改密码或紧急挂失,以确保账户资金安全。

第三节 网络信息安全的维护与防范

网上交易是买卖双方利用互联网进行的商品或服务交易,它的交易效率较高,受地域限制较少,而且快捷方便。近年来,网上购物、网上银行等网上交易现象在大学生中广泛流行。但是网络在为我们的日常工作和生活带来极大便利的同时,又为非法用户利用计算机系统实施犯罪行为提供了可趁之机。

一、如何保护网上个人资料的安全?

针对一些不法分子利用网络诈骗,妥善保护好个人的信息资料安全显得尤为重要。

1. 采用匿名方式浏览,因为许多网站利用 cookies 跟踪网友的互联网活动,从而确定网友喜好。用户在使用浏览器时应关闭电脑接收 cookie 的选项,避免受到 cookies 的追踪。

2. 进行任何网上交易或发送电邮前,切记阅读网站的隐私保护政策,因为有些网站会将你的个人资料卖给第三方。

3. 安装个人防火墙,防止个人资料和财务数据被窃取。及时升级是非常重要的一环,否则防火墙的作用就没有被完全发挥,被攻击的可能性依然很大。同时,还可利用保安软件将重要资料保密,减少不慎把这些资料发送到不安全网站的可能性。

4. 使用保安软件或防火墙以防止黑客攻击和 spyware(一个连接外部服务器并将个人资料传送至网络的软件)。这些软件能够保护个人电脑和资料免受黑客窃取,并防止 spyware 自动连接网站并发送用户的资料。

5. 在网上购物时,确保已采用安全的连接方式。可以采用查看浏览器上方的闭锁图标(closed lock icon)方法,确定连接是否安全。

6. 黑客有时会假装成互联网服务供应商的代表,并询问客户的密码及个人资料,谨记上网时不要向任何人透露这些资料。

7. 经常更改密码,使用包含字母和数字的多位数的密码,从而干扰黑客利用软件程序来搜寻最常用的密码。

8. 在不需要文件和打印共享时,关闭这些功能。文件和打印共享功能虽然非常有用,但也会暴露用户的电脑给寻找安全漏洞的黑客。黑客一旦进入个人电脑,便能窃取私隐资料。

9. 不要打开来自陌生人的电子邮件附件。这些附件可能包含一个特洛伊木马程序,该程序让黑客长驱直入电脑文档,甚至控制外设,有些黑客甚至能潜入互联网照相机(Web camera)进行监视。

10. 利用一些网络安全公司实时检查。以确定电脑是否备有防护电脑病毒和恶意代码的能力。此功能还可以扫描电脑,寻找安全漏洞和病毒,并将扫描结果与其他已经扫描的系统作比较。

总之,在网络安全越来越重要的今天,每个同学都不要抱着"被黑的不会是我"的侥幸心理,只有做好良好的防卫工作才能确保网络信息的安全。

二、网络财产的安全与防范

(一) 网上银行安全提示

1. 核对网址。开通网上银行功能,通常要事先与开户银行签订协议。客户在登录网上银行时,应该核对所登录的网址与协议中的法定网址是否相符,谨防一些不法分子恶意模仿银行网站,骗取账户信息。

2. 妥善选择和保管密码。密码应避免与个人资料有关系,建议选用字母、数字混合的方式,密码应妥善保管,避免将密码写在纸上。尽量避免在不同的系统使用同一密码。

3. 做好交易记录。对网上银行交易的业务要做好记录,定期查看交易明细、打印网上银行业务对账单,如发现异常交易与差错,应立即与银行联系,避免损失。

4. 管好数字证书。避免在公用计算机上使用网上银行,以防数字证书等机密资料落入他人之手,从而使网上身份识别系统被攻破,网上账户遭盗用而造成损失。

5. 对异常动态提高警惕。银行网站大多由专业部门管理,运行稳定,一般情况下不会出现"系统维护"的提示。若遇重大事件,系统必须暂停服务,则会提前公告客户。客户如不当心在陌生的网址上输入了银行卡号和密码,并遇到类似"系统维护"之类的提示,应立即拨打银行客服热线进行确认。万一发现资料被盗,应立即修改相关交易密码或进行银行卡挂失。确认支付后并未没有出现确认提示,而银行却已扣账时,应立刻与开户银行联系,并记录好交易资料。

6. 安装防毒软件。为电脑安装防火墙程序,防止个人账户信息遭到黑客窃取。网上客户安装防病毒软件后,要注意经常升级,堵住软件漏洞。为防止他人利用软件漏洞进入计算机窃取资料,客户应及时更新相关软件,下载补丁程序。

(二) 网络购物安全提示

购物前要尽可能对售货网站的合法性进行核实,如了解网站有无通信管理局核发的 ICP 证或经工商部门认可的标志、公司地址、固定电话等基本情况,只留联系手机号码的网站不可轻信。

若网上购买物品的售价与市场价格差距大,要注意防止价格陷阱。付款方式最好选择货到付款的方式,并自觉做到不信,不买违禁物品。

案例 ▶ 网络购物陷阱

张先生在网上买书时,卖家要求他进入一个"×××购物网站",下载"1分钱"的订单。张先生按照订单的要求就把银行卡号和密码都输进去,但过了很长一段时间没看到书,然后到银行查账发现卡上的一万多块钱都没了。经过侦查,警方将以李波为首的3名犯罪嫌疑人全部抓获。李波供认,他们以1分钱的网上订单为诱饵,诱骗网民将银行卡号和密码输入虚假的支付页面,盗取卡号和密码后,迅速提走现金。

本章小结:

随着互联网在我国的迅速发展,网络也在大学生的学习和生活中发挥着越来越重要的作用,它不仅是同学们获取知识和信息的重要渠道,也是他们表达思想和感情的重要场所。

沉迷于网络游戏容易产生反社会倾向;人格异化;产生自闭倾向;导致"游戏脑"等严重危害大学生身心健康心理问题。

近年来,网上购物、网上银行等网上交易现象在大学生中广泛流行。但是网络在为我们的日常工作和生活带来极大便利的同时,又为非法用户利用计算机系统实施犯罪行为提供了多种渠道。大学生要学会保护网上个人资料的安全和处于网络状态的个人财产的安全。

问题讨论:

1. 当代大学生应该如何把握网络交友安全?
2. 大学生求职过程中常见的网络就业陷阱有哪些?如何有效防范?
3. 大学生在利用互联网进行的商品或服务交易时,应该如何保护网上个人资料的安全和个人财产的安全?

第六章 重大自然灾害与传染疾病的防范处理

学习目标：

学习和认识各种重大自然灾害与疾病发生的特点和规律，培养和掌握预防重大疾病和有效应对重大自然灾害的能力。

导入案例：2004年印尼海啸

2004年12月26日印度尼西亚苏门答腊岛发生地震引发大规模海啸，截至2006年末的统计数据显示，印度洋大地震和海啸以及所造成的瘟疫灾害已经造成近30万人死亡，这可能是世界近200多年来死伤最惨重的海啸灾难，也是世界灾难史上极为惨烈的一次。

20世纪70年代以来，全球各类重大自然灾害频繁发生。我国地形复杂地跨不同气候带，位于世界上主要的"气候脆弱区"，是自然灾害最为严重的少数国家之一。随着气候变化等因素的影响，各类自然灾害此起彼伏，20世纪90年代以来，因自然灾害造成的经济损失每年达上千亿元，严重影响了国家经济的快速发展和人民的生命财产安全，乃至社会的稳定。2009年年初，民政部会同国土资源部、水利部、农业部、统计局、地震局、气象局和海洋局等部门对2008年全国自然灾害损失情况进行了全面会商和核定。结果表明，2008年我国连续遭受的低温雨雪冰冻灾害和四川汶川特大地震，波及范围之广、死亡人口之多、经济损失之重、社会影响之深、救灾难度之大均为历史罕见。2008年全国各类自然灾害共造成约4.7亿人（次）受灾，死亡和失踪88928人，紧急转移安置2682.2万人（次）；农作物受灾面积3999万公顷，绝收面积403.2万公顷；倒塌房屋1097.7万间；直接经济损失13547.5亿元。

在2003年的"非典"疫情中，我国内地累计病例达5327例，死亡349人，中国香港地区累计病例1755例，死亡300人。在人类历史中，传染病一直是人类健康的主要杀手，是人类生存的大敌。据世界卫生组织统计，在过去的20年里至少出现了30多种新的传染病，传染病正成为一个日益严重的全球性的问题。学校是传染疾病的易发场所，在学校进行有关传染病常识的教育，培养良好的个人卫生习惯，教育学生及时进行预防接种，增强抵抗疾病的能力，也就显得更加重要。

第一节 地震中的人身安全保护和自救方法

一、地震及地震的危害性

地震是地球内部介质局部发生急剧的破裂产生震波，从而在一定范围内引起地面振动的现象。简单地说,地震就是地球表层的快速振动,是地球上经常发生的一种自然灾害。地震发生时,地面的连续振动是其最直观的表现,震区的人在感到大的晃动之前,有时首先感到上下跳动。这是因为地震波从地内向地面传来,纵波首先到达地表。地震中横波产生的大振幅水平方向晃动,是造成地震灾害的主要原因。在海底或滨海地区发生的强烈地震,能引发海啸。地震是极其频繁的地质现象,全球每年发生各类大小地震约550万次。

我国自有文字记载以来共发生了11次大地震,均造成了重大的人员伤亡和经济损失,其中离我们时间较近,较为熟悉的2次为:

1976年7月28日3时42分54点2秒,中国河北省唐山市发生7.8级的大地震。死亡24.2万人,重伤16万人,一座重工业城市毁于一旦,直接经济损失100亿元以上,为20世纪全世界人员伤亡最大的地震。

2008年5月12日14时28分,我国四川省汶川县发生8.0级地震,直接受灾地区达10万平方公里。截至2009年4月25日10时,遇难69 225人,受伤374 640人,失踪17 939人。其中四川省68 712名同胞遇难,17 921名同胞失踪,共有5335名学生遇难或失踪,直接经济损失达8451亿元。

案例 ▶ 玉树地震香港义工双手力救四人自己被埋

玉树强震发生在2010年4月14日清晨7时49分,孤儿院的22名学生中,已经有19个出发去附近的中学和小学上学了,只有三名年龄最小的藏族孤儿还没有出发。陪伴他们的有一名老师、孤儿院院长、一名做饭的阿姨,还有就是来自香港特别行政区的志愿者黄福荣。

三名孤儿与老师在二楼的一间课室内,黄福荣在他们的附近。突然发生地震,黄福荣与做饭的阿姨迅速冲出了孤儿院的大门。连续的地动山摇一波接一波,三名孤儿和老师却没能跟出来。黄福荣立刻回头又冲进孤儿院的四层大楼,他拼命冲上二楼的走廊,将受困的老师和三名孤儿,奋力推到走廊的窗户处。这惊人的一推让四人的上半身都露出了窗外,尽管后来被预制板压住了,但就是这个生命的窗口,使得四人全部生还。在那奋力一推的同时,黄福荣再也没有能力跑下正在垮塌的大楼,他被深深地埋在了废墟之中。

二、地震发生时的避震方法

(一)应配备的地震逃生自救装备

在获得准确的地震警报后,准备必要的逃生自救装备可确保地震发生后维持生存,具体如下:

水:尽可能多地储备饮用水。

急救箱:各类急救药品、食物、毛毯、睡袋、帐篷、剪刀等生活必需品。

个人用品：房子、车子备用钥匙，干净的衣物及女性生理用品。

通信工具：便携式收音机、无线电或移动电话及充满电量的电池。

照明设备：手电筒、备用干电池、蜡烛、打火机、火柴等。

灭火器材：干粉灭火器。

(二) 地震时的自我保护

震时是跑还是躲，我国多数专家认为：震时就近躲避，震后迅速撤离到安全地方，是应急避震较好的办法。避震应选择室内结实、能掩护身体的物体下(旁)、易于形成三角空间的地方，或者开间小、有支撑的地方，以及室外开阔、安全的地方。不要躲在桌子和床下，因为建筑物天花板因强震倒塌时，会将桌床等家具压毁，人如果躲在其中，后果不堪设想，如果人以低姿势躲在坚固的家具旁，家具可以先承受倒塌物的压力，形成三角让人取得生存空间。具体做法如下：

1. 避开窗户、悬挂物、镜子等易倒易碎的高大家具，在重心较低、坚固的家具下找到躲避空间后，伏而待定，蹲下或坐下，尽量蜷曲身体，降低身体重心。

2. 不要躲在桌子、床铺下，而是要以比桌、床高度为低的姿势，躲在桌子床铺的旁边。抓住牢固的物体，必要时和掩蔽物一起移动。

3. 用手臂或坐垫等物保护住头、颈和眼睛，掩住口鼻。

4. 在火源旁边时若发生摇晃立即关火，首震结束后若有失火应立即灭火，地震时，不能依赖消防车来灭火。因此，每个人关火、灭火的这种努力，是能否将地震灾害控制在最小程度的重要因素。

5. 由于地震的晃动会造成门框的错位，导致打不开门，所以要及时将门打开，确保出口通畅。平时要事先想好万一被关在屋子里，如何逃脱的方法。

6. 震后撤离到安全地带的时候注意要避开人流，不要乱挤乱拥，不要随便点明火，因为空气中可能有易燃易爆气体。

7. 如果已经离开房间，千万不要地震刚停就立即回屋取东西。因为第一次地震后，接着会发生余震，余震造成的破坏和威胁会更大。

 汶川地震震中安县桑枣中学师生无一伤亡

四川安县桑枣中学紧邻北川，在汶川大地震中也遭遇重创，但由于平时的多次演习，地震发生后，全校2200多名学生、上百名老师，从不同的教学楼和不同的教室中，全部冲到操场，以班级为组织站好，用时1分36秒，无一伤亡，创造了一大奇迹。

总结桑枣中学的避险经验主要有以下四点：

1. 多年坚持加固危楼。1997年桑枣中学校长叶志平知道学校厕所楼的建筑质量很差，污水锈蚀了钢筋。怕建筑质量不高的厕所楼牵连同样质量可疑的新教学楼，要求施工队重新在一楼的安全处搭建了厕所。1998年，他发现新楼的楼板缝中填的不是水泥，而是水泥纸袋。他找正规建筑公司重新在板缝中老老实实地灌注了混凝土。1999年,他又花钱将砖栏杆拆掉,换上轻巧美观结实的钢管栏杆。接着,他又将整栋楼的22根承重柱子,按正规的要求,从37厘米直径的三七柱,重新灌水泥,加粗为50厘米以上的五零柱。这栋实验教学楼,建筑时才花了17万元,光加固就花了40多万元。

2. 多年坚持疏散演练。桑枣中学从2005年开始,每学期要在全校组织一次紧急疏散的演习。演习会事先告知学生,本周有演习,但孩子们具体不知道是哪一天。等到特定的一天,课间操或者学生休息时,学校会突然用高音喇叭喊:全校紧急疏散!

教室里面一般是9列8行,前4行从前门撤离,后4行从后门撤离,每列走哪条通道,学生们早已熟知。孩子们事先还被告知,在2楼、3楼教室里的学生要跑得快些,以免堵塞逃生通道;在4楼、5楼的学生要跑得慢些,否则会在楼道中造成人流积压。长此以往,学生老师都习惯了,每次疏散都井然有序。每个班的疏散路线都是固定的,学校早已规划好。两个班疏散时合用一个楼梯,每班必须排成单行。每个班级疏散到操场上的位置也是固定的。

3. 全校师生各司其责。桑枣中学对老师的站位都有要求。老师不是上完课甩手就走,而是在适当的时候要站在适当的位置,适当的时候是:下课后、课间操、午饭晚饭,放晚自习和紧急疏散时——都是教学楼中人流量最大的时候;适当的位置是:各层的楼梯拐弯处。

老师之所以被要求站在那里的原因是,拐弯处最容易摔,孩子如果在这里摔了,老师毕竟是成年人,力气大些,可以一把把孩子从人流中抓住提起来,不至于被别人踩踏。

地震发生时,学生们正是按着平时学校要求、他们也练熟了的方式疏散的。地震波一来,老师喊:所有人趴在桌子下!学生们立即趴下去。老师们把教室的前后门都打开了,怕地震扭曲了房门。震波一过,学生们立即冲出了教室。

(三) 不同位置的逃生技巧

1. **高楼内**:应立即寻找可供掩蔽的坚固家具,若没有,应以手护住头、颈靠着内墙移动,坚固家具附近、内墙墙根、储藏室、厕所等空间较小的地方在地震发生后易形成三角形避震空间,是相对安全的地点。地震时切记不可乘坐电梯,不要跳楼、不要站在窗边或阳台上。

2. **室外**:伤亡多发生在建筑物出入口附近,地震时应立即逃至空旷处,尽量避开高大建筑物、路灯、电线杆、霓虹灯架、高大树木、广告招牌等其他可能倒下的物体。

3. **行车中**:应尽快停靠在路边,不要妨碍避难疏散的人和紧急车辆的通行,注意避开人行天桥、立交桥、电线杆、路灯和其他高大的建筑物。离车避难时,应把车窗关好,注意车钥匙插在车上,不要锁车门。

4. **人员密集的公共场合**:应立即远离挂灯、高大易倾倒的物体,保护好头部,不要在地震刚刚发生的时候就冲向出口。

5. 搭乘电梯时：万一在搭乘电梯时遇到地震，应立即将操作盘上各楼层的按钮全部按下，一旦停下，应迅速离开电梯，到相对安全的地方避难。高层大厦以及近来的建筑物的电梯，都装有管制运行的装置，地震发生时会自动停在最近的楼层。如被关在电梯里，应通过电梯中的专用电话与外界联系、求助。

6. 在野外时：注意山崩、断崖落石或海啸。在山边、陡峭的倾斜地段，有发生山崩、断崖落石的危险；在海岸边，有遭遇海啸的危险；应迅速到安全的场所避难。

7. 避难时要徒步，携带物品应在最少限度（收音机、通讯设备、电池）。绝对不能利用汽车、自行车避难。不要听信谣言，不要轻举妄动。发生大地震时，人们心理上易产生动摇。为防止混乱，每个人应依据正确的信息，冷静地采取行动。从携带的收音机、移动电话等通讯设备中把握正确的信息。地震发生后，应相信从政府、警察、消防等防灾机构直接得到的信息，决不轻信不负责任的流言蜚语，不要轻举妄动。

（四）被困后如何自救和互救

万一被困，如果找不到脱离险境的通道，应尽量保存体力，地震后，往往还有多次余震发生，处境可能继续恶化，为了免遭新的伤害，要尽量改善自己所处环境。

1. 保持呼吸畅通，挪开压在头部、胸部的杂物，闻到异味时，用湿衣服等捂住口、鼻；避开身体上方不结实的倒塌物和其他容易引起掉落的物体；用砖石、木棍等支撑残垣断壁，加固周边的空间。

2. 用石块敲击能发出声响的物体，向外发出呼救信号。不要哭喊、急躁和盲目行动，乱喊乱叫会加速新陈代谢，增加氧的消耗，使体力下降，耐受力降低；同时，大喊大叫，必定会吸入大量烟尘，易造成窒息增加不必要的伤亡。尽可能控制自己的情绪或闭目休息，不要惊慌，树立生存的信心，等待救援人员到来。

3. 如果受伤，要想法包扎，避免流血过多。如果被埋在废墟下的时间比较长，救援人员未到，要想办法维持自己的生命，水和食品一定要节约，尽量寻找食品和饮用水，必要时自己的尿液也能起到解渴作用。可以将耳朵靠墙，听听是否有救援人员和其他幸存者的声音。

地震是瞬间发生的，任何人都应先保存自己，再展开救助，先救易，后救难，先救近，后救远。

案例 ▶ 海地女孩被埋 15 天奇迹生还——被埋浴室，里面有一点可乐

据美国媒体报道，2010 年 1 月 27 日，一名年仅 17 岁的海地女孩在震后第 15 天奇迹般生还，创造了迄今为止海地地震被埋时间最长的幸存者纪录。

据悉，这个名叫艾蒂安的女孩是由法国救援人员从海地首都太子港的建筑废墟下解救出来的，她当时严重脱水，左腿骨折而且已经奄奄一息。艾蒂安随即被送往法国救援队所属的一处临时医院，并在那里接受了抢救。当她通过氧气面罩呻吟并睁开已经失去神采的双眼时，在场的医务人员激动地喊道："她还活着！"艾蒂安可能并

非完全断水,因为有人说她被埋在了一座房屋的浴室里,而且救援人员称她曾说废墟中有一点可乐。

艾蒂安的家人惊喜万分,她的哥哥通过电话告诉记者说:"我们以为她已经死了。"

第二节 台风、洪水、暴风雪等异常自然灾害的安全防范

一、异常自然灾害的种类及危害性

异常自然灾害是人类依赖的自然界中所发生的异常现象,自然灾害对人类社会所造成的危害往往是触目惊心的。它们之中既有地震、火山爆发、泥石流、海啸、台风、洪水等突发性灾害;也有地面沉降、土地沙漠化、干旱、海岸线变化等在较长时间中才能逐渐显现的渐变性灾害;还有臭氧层空洞、水体污染、水土流失、酸雨等人类活动导致的环境灾害。地球上的自然变异,包括人类活动诱发的自然变异,无时无地不在发生。我国自然灾害种类繁多。地震、台风、暴雨、洪水、内涝、高温、雷电、大雾、大风、灰霾、泥石流、山体滑坡、海啸、道路结冰、龙卷风、冰雹、暴风雪、崩塌、地面塌陷、沙尘暴等,每年都要在全国和局部地区发生,造成大范围的损害或局部地区的毁灭性打击。

二、台风的预防和应对办法

台风(Typhoon)是产生于热带洋面上的一种强烈热带气旋;只是随着发生地点不同,叫法不同。在北太平洋西部、国际日期变更线以西,包括南中国海范围内发生的热带气旋称为台风;而在大西洋或北太平洋东部的热带气旋则称飓风。台风经过时常伴随着大风和暴雨天气,是一种破坏力很强的灾害性天气系统。

(一) 台风主要的三个危害

1. 大风。台风中心附近最大风力一般为 8 级以上。

2. 暴雨。台风是最强的暴雨天气系统之一,在台风经过的地区,一般能产生 150~300mm 降雨,少数台风能产生 1000mm 以上的特大暴雨。

3. 风暴潮。台风能使沿岸海水产生增水,出现水位大幅上升。

2006 年的 4 号强热带风暴"碧利斯"(Bilis),在菲律宾、中国大陆东南部和台湾岛,总共造成 672 人死亡和 44 亿美元的损失。同年的 22 号超强台风"榴莲"(Durian),在菲律宾、越南、泰国总共造成 819 人死亡,经济损失无法估计。

但是台风除了给登陆地区带来暴风雨等严重灾害外,也有一定的好处。据统计,包括我国在内的东南亚各国和美国,台风降雨量约占这些地区总降雨量的四分之一以上。因此如果没有台风,这些国家的农业困境不堪想象。

(二) 台风预警图标

1. 台风白色预警信号:48 小时内可能受热带气旋影响。

2. 台风蓝色预警信号：24小时内可能受热带气旋影响，平均风力可达6级以上，或阵风7级以上；或已经受热带气旋影响，平均风力为6~7级，或阵风7~8级并可能持续。

3. 台风黄色预警信号：24小时内可能受热带气旋影响，平均风力可达8级以上，或阵风9级以上；或已经受热带气旋影响，平均风力为8~9级，或阵风9~10级并可能持续。

4. 台风橙色预警信号：12小时内可能受热带气旋影响，平均风力可达10级以上，或阵风11级以上；或已经受热带气旋影响，平均风力为10~11级，或阵风11~12级并可能持续。

5. 台风红色预警信号：本市12小时内可能或者已经受台风影响，平均风力可达12级以上，或者已达12级以上并可能持续。

（三）如何预防台风的破坏

1. 台风来临前，应准备好手电筒、收音机、食物、饮用水及常用药品等，以备急需。关好门窗，检查门窗是否坚固；取下悬挂的东西；检查电路、炉火、煤气等设施是否安全。将养在室外的动植物及其他物品移至室内，特别是要将楼顶的杂物搬进室内；室外易被吹动的东西要加固。

2. 台风来临时，应留在安全的室内。如果是在室外，应尽快回到安全牢靠的房子里，并在路上注意高空坠落的物体，如树木、花盆、广告招牌等，远离有幕墙的高楼。

3. 台风引发的风暴潮容易冲毁海塘、涵闸、码头、护岸等设施，甚至可能直接冲走附近的人。不要去台风经过的地区旅游，更不要在台风影响期间到海滩游泳或驾船出海。

4. 住在低洼地区和危房中的人员要及时转移到安全住所。

5. 及时清理排水管道，保持排水畅通。

6. 不要在危旧住房、厂房、工棚、临时建筑、在建工程、市政公用设施（如路灯等）、吊机、施工电梯、脚手架、电线杆、树木、广告牌、铁塔等地方停留，更不能在以上地点或附近躲风避雨。

7. 不要在河、湖、海的路堤或桥上行走，不要在强风影响区域开车。

8. 台风带来的暴雨还容易引发洪水、山体滑坡、泥石流等灾害，发现危险征兆应及早转移。

三、洪水暴发的自救逃生办法

洪水是指江、河、湖、海泛滥上涨,超过常规水位的水流现象。洪水常威胁沿河、滨湖、近海地区的安全,甚至造成淹没灾害。自古以来洪水给人类带来很多灾难,如黄河和恒河下游常泛滥成灾,造成重大经济财产损失。

我国1998年的洪水灾害影响范围广、持续时间长,洪涝灾害严重。全国共有29个省(自治区、直辖市)遭受了不同程度的洪涝灾害。据各省统计,农田受灾面积2229万公顷,成灾面积1378万公顷,死亡4150人,倒塌房屋685万间,直接经济损失2551亿元。

(一)洪水到来之前的准备

1. 根据当地电视、广播等媒体提供的洪水信息,结合自己所处的位置和条件,冷静地选择最佳路线撤离,避免出现"人未走水先到"的被动局面。

2. 认清路标,明确撤离的路线和目的地,避免因为惊慌而走错路。

3. 自保措施:备足速食食品或蒸煮够食用几天的食品,准备足够的饮用水和日用品。扎制木排、竹排、搜集木盆、木材、大件泡沫塑料等适合漂浮的材料,加工成救生装置以备急需。将不便携带的贵重物品做防水捆扎后埋入地下或放到高处,票款、首饰等小件贵重物品可缝在衣服内随身携带,保存好能使用的通讯设备。

(二)洪水到来时的自救

1. 洪水到来时,来不及转移的人员,要就近迅速向山坡、高地、结实的楼房顶、避洪台等地转移,或者立即爬上屋顶、楼房高层、大树、高墙等高的地方暂避。

2. 如洪水继续上涨,暂避的地方已难自保,则要充分利用准备好的救生器材逃生,或者迅速找一些门板、桌椅、木床、大块的泡沫塑料等能漂浮的材料扎成筏逃生。

3. 如果已被洪水包围,要设法尽快与当地政府防汛部门取得联系,报告自己的方位和险情,积极寻求外界救援。注意:千万不要游泳逃生,不可攀爬带电的电线杆、铁塔,也不要爬到泥坯房的屋顶。

4. 如已被卷入洪水中,一定要尽可能抓住固定的或能漂浮的东西,寻找机会设法爬回岸边或者等待救援。

5. 发现高压线铁塔倾斜或者电线断头下垂时,一定要迅速远避,防止直接触电或因地面"跨步电压"触电。

6. 洪水过后,做好各项卫生消毒工作,预防疫病的流行。

四、暴风雪的预防和应对办法

暴风雪是冬春季节经常发生的一种自然灾害,在强冷空气爆发南下时,常常形成强降温和大风伴随降雪或大风卷起地面积雪的天气。暴风雪往往带来强降雪,引发雪灾,给农业、林业、畜牧业、交通等带来较大的影响,造成严重的经济损失。

2008年1月,暴风雪引发的雪灾在我国南方地区爆发。雪灾带来的低温雨雪冰冻灾害造成湖南、贵州、湖北、江西等21个省不同程度受灾,因灾死亡107人,失踪8人,紧急转移安置151.2万人,累计救助铁路公路滞留人员192.7万人;农作物受灾面积1.77亿亩,绝收2530亩;森林受损面积近2.6亿亩;倒塌房屋35.4万间;造成1111亿元人民币直接经济损失。

发生暴风雪的主要应对方法:

1. 尽量待在室内,不要外出,做好御寒保暖准备,防止冻伤。

2. 如果在室外,要远离广告牌、临时搭建物和大树,避免砸伤。路过桥下、屋檐等处时,要小心观察或绕道通过,以免因冰凌融化脱落伤人。

3. 非机动车应给轮胎少量放气,以增加轮胎与路面的摩擦力。

4. 在外驾驶要听从交通警察指挥,服从交通疏导安排。

5. 注意收听天气预报和交通信息,避免因机场、高速公路、轮渡码头等停航或封闭而耽误出行。

6. 驾驶汽车时要慢速行驶并与前车保持距离。车辆拐弯前要提前减速,避免踩急刹车。刹车时尽量使车身与路面保持垂直,经过结冰严重的地段时尽量不要刹车,有条件要佩戴色镜,防止雪面反射的强光造成"雪盲"("雪盲"又称"日光眼炎",是大面积积雪反射强光后,眼睛外层角膜受到紫外线辐射灼伤所致),并给车轮安装防滑链。

7. 出现交通事故后,应在现场后方设置明显标志,以防连环撞车事故发生。

8. 如果发生断电,及时报告电力部门迅速处理。

五、雷击的预防和应对办法

雷击是指一部分带电的云层与另一部分带异种电荷的云层,或者是带电的云层对大地之间迅猛的放电。这种迅猛的放电过程产生强烈的闪电并伴随巨大的声音,这就是我们所看到的闪电和雷鸣。雷击对建筑物、电子电气设备和人、畜危害特别大。自然界每年都有几百万次闪电,雷电灾害是世界上最严重的十种自然灾害之一。最新统计资料表明,雷电造成的损失已经上升到自然灾害的第三位。全球每年因雷击造成人员伤亡、财产损失不计其数。据不完全统计,我国每年因雷击以及雷击负效应造成的人员伤亡达3000~4000人,财产损失在50~100亿元人民币。

2007年5月23日下午4时许,重庆市开县义和镇兴业村遭遇雷电袭击,造成兴业村小学四、六年级共46名学生被雷电击中。经医生现场查验发现,此次雷击事故造成7名学生死亡,39名学生不同程度受伤。

(一)个人预防雷击注意事项

1. 雷雨天气尽量留在室内,并关好门窗;在室外工作的人应躲入建筑物内。

2. 不宜使用无防雷措施或防雷措施不足的电视、音响等电器,不宜使用水龙头。

3. 切勿接触天线、水管、铁丝网、金属门窗、建筑物外墙,远离电线等带电设备或其他类似金属装置,看见高压电线遭雷击断裂,千万不要跑动,应双脚并拢,逃离现场。

4. 减少使用固定电话和移动电话。

5. 切勿游泳或从事其他水上运动,不宜进行室外球类运动,不要在高楼平台停留,要离开水面以及其他空旷场地,寻找地方躲避。

6. 切勿站立于山顶、楼顶上或接近其他导电性高的物体。

7. 切勿靠近开口容器盛载的易燃物品。

8. 在旷野无法躲入有防雷设施的建筑物内时,应远离树木,不要进入孤立的棚屋、岗亭。

9. 在空旷场地不宜打伞,最好使用塑料雨具和雨衣,不宜把羽毛球拍、高尔夫球棍等金属器材扛在肩上。

10. 不宜在雷雨天气开摩托车、骑自行车和狂奔,因为身体的跨步越大,电压也就越大,越容易伤人。

(二) 遭雷击后的急救办法

人在遭受雷击后,往往出现"假死"。此时应立即采取紧急措施进行急救。

1. 被雷击后必须就地及时实施人工呼吸和体外心脏按摩法进行抢救,并及时通知医院前来救治。

2. 错误的观念认为被闪电击中的人体内还有电,而不敢去触摸他,导致抢救时间被拖延。有在40分钟内用心肺复苏法进行抢救而复活的案例,"假死"到抢救的间隔时间越短,复活的概率越高。

3. 如果遭雷击者着火,可往身上泼水,或者用厚外衣、毯子将身体裹住以灭火。着火者切勿惊慌奔跑,可立即躺下在地上翻滚扑灭火焰。

第三节 各种重大传染病及常见突发疾病的预防和应急处理

一、常见传染病的种类及危害性

传染病是由病原体(如细菌、病毒、寄生虫等)引起的,并能够在人与人之间或人与动物之间传染的疾病,具有传染性和流行性等特点。主要的传染病有结核病、乙肝、流行性感冒等,性病大多也是传染病。对于传染病,切断其流行三个环节(传染源、传播途径、易感人群)中的任何一个,都可终止传染病的流行。

2003年"非典"疫情全球爆发,中国内地累计病例5327例,死亡349人,中国香港地区累计病例1755例,死亡300人。2004年禽流感全球爆发,2009年甲型流感又在全球蔓延开来。在过去的20年里至少出现了30多种新的传染病。传染病一直是人类健康的主要杀手,是引发人类死亡的首要原因。

二、非典的传播途径和预防办法

非典型肺炎又叫"严重急性呼吸道综合征",一般是由病毒、支原体、衣原体、立克次体或其他微生物引起的肺部病变的急性传染性疾病。潜伏期2~14天,非典型肺炎大多数人在感染4天后发病,以发烧为首位症状,体温持续39℃以上。部分人可伴有头痛、畏寒、乏力、关节痛、全身酸痛、腹泻。呼吸道症状明显,干咳、少痰,偶有血丝痰,5天后出现呼吸加速、憋气等呼吸困难症状,极个别病人出现呼吸衰竭,如诊治延误可引起死亡。常见的非典型肺炎病人发病前2周曾密切接触过同类病人,或者有明确的被他人传染的证据,或者生活在流行区,或发病前2周到过非典型肺炎正在流行的地区。

(一)非典型肺炎的主要传播途径

非典病毒主要有近距离飞沫传播,分泌物通过手传播,密切接触传播,通过空气污染物气溶胶颗粒传播四种方式。目前临床还没有防治非典型肺炎的疫苗。

(二)非典型肺炎的预防

1. 在疫情发生时应避免前往人群稠密的地方,适当服用一些抗病毒和预防流行感冒的药。

2. 保持室内空气流通,经常开窗通风,经常清洗空调的隔尘网。

3. 注意个人卫生,保持双手清洁,并用正确方法洗手。双手被呼吸系统分泌物弄污后(如打喷嚏后)应立即洗手,应避免触摸眼睛、鼻及口,如需触摸,应先洗手。

4. 注意均衡饮食、定时运动、有足够休息、减轻压力和避免吸烟,增强身体的抵抗力。

5. 在公共场所人群拥挤的地方可以戴16层纱布口罩,避免探视发热病人。

小贴士:防范非典型肺炎要做到四勤三好:

勤洗手。这是预防病毒传染的第一道防线。要时常保持双手洁净,洗手时手心、手背、手腕、指尖、指甲缝都要清洗,肥皂或洗涤液要在手上来回搓10~15秒,整个搓揉时间不应少于30秒,最后用流动水冲洗干净。有条件的,应照此办法重复两到三遍。触摸过传染物品的手,至少应搓冲五六遍。

勤洗脸。脸部容易寄居病毒。非典型肺炎的病原体主要是通过鼻、咽和眼侵入人体的。洗脸可把病毒清洗掉,使鼻、口腔和眼等病菌容易侵入的部位保持洁净,大大减少感染的机会。

勤饮水。春季气候多风干燥,空气中粉尘含量高,鼻黏膜容易受损,勤饮水可以使黏膜保持湿润,增强抵抗力。同时,勤饮水还便于及时排泄体内的废物,有利于提高机体的抗病能力。

勤通风。室内经常通风换气,可稀释减少致病的因子。非典型肺炎是呼吸道传染病,主要通过近距离空气飞沫传播。空气流通后,病原菌的浓度稀释了,感染的可能性就很小。使用空调的房间更要注意定时开窗通风。

> 戴好口罩。戴口罩犹如给呼吸道设置了一道"过滤屏障",使病毒和细菌不能进入人体。但口罩没必要出门就戴,在进入医院看病、探视病人或空气不流通的地方,建议戴上16层以上的棉纱口罩。口罩最好"四小时一更换、一用一消毒",家庭可用微波炉消毒或用蒸汽熨斗熨烫。
>
> 调整好心态。对非典型肺炎我们不必恐慌,但也不能掉以轻心,因为它的传染性极强,对生命健康会带来一定威胁。健康良好的心态有利于提高我们的免疫力。
>
> 身体锻炼好。大家应积极参加体育锻炼,多到户外、郊外呼吸新鲜空气,但要注意根据气候变化增减衣服,合理安排运动量。

三、各种流感的传播途径和预防办法

流行性感冒(简称流感)是由流行性感冒病毒(简称流感病毒)引起的急性呼吸道传染病,流感病毒分为甲、乙、丙三型,甲型病毒常引起感冒大流行,乙型病毒常引起局部性流行,丙型病毒一般只引起散发,较少引起流行。流感临床表现为发热、头痛、肌痛、乏力、鼻炎、咽痛和咳嗽,可有肠胃不适。流感能加重潜在的疾病(如心肺疾患),或引起继发细菌性肺炎或原发流感病毒性肺炎,老年人以及患有各种慢性病或者体质虚弱者患流感后容易出现严重并发症,病死率较高。

(一) 流感传播途径

1. 普通流感:以人际传播、空气飞沫传播为主,流感患者及隐性感染者为主要传染源。发病后1~7天有传染性,病初2~3天传染性最强。最容易感染的四类人分别是老年人,患有肝脏、肾脏、心脏等慢性病的人群,经常接触流感人群的医护人员,以及儿童。

2. 禽流感:禽流感病毒迄今只能通过禽传染给人,一般不能通过人传染给人(目前仅有一例人与人之间的传播,尚无证据证明可以在人与人之间传播)。发病时间主要集中在冬春季,农村多于城市。在已发现的感染病例中,13岁以下儿童所占比例较高,病情较重,属于易感人群。病毒一般通过空气、食物、接触传播。

3. 甲型 H1N1 流感:该病毒非常活跃,可由人传染给猪,或猪传染给人,也可在人群间传播。人际传播主要是以感染者的咳嗽和喷嚏为媒介传播为主要传播方式。感染者青壮年居多,患者年龄绝大多数在25岁至45岁之间。

(二) 预防流感要注意以下几点

1. 首先要注意隔离传染源,与病人接触要戴口罩。发现流感病人要早报告、早隔离、早治疗,并及时向当地防疫站报告,以便采取措施,防止扩大蔓延。

2. 病人用过的餐具、用具、衣物等,健康人都不要随便使用,要用开水煮沸消毒(水开后煮15分钟)。不能用开水煮的物品,可放到室外晒晒,利用阳光杀死病毒,以免把病毒传播给别人。

3. 在流感流行期间,少到人多的地方去,不访亲探友,不去公共场所,更不要到病人家去串门。尽量减少集会,外出戴口罩。

4. 搞好室内外卫生,常开窗户通风换气,保持室内空气新鲜,坚持湿式扫除,防止尘土飞扬,被褥经常曝晒。

5. 加强体育锻炼,增强体质,注意劳逸结合。随着气温变化增减衣服,多做室外活动,预防着凉,注意个人卫生,不随地吐痰。

6. 用感冒冲剂、板蓝根冲剂、速效感冒胶囊等可减轻症状。病情较重的患者应及早到医院就诊。

7. 接种疫苗,普通流感可接种预防流感的疫苗,不需要刻意去避免接触鸡鸭、猪等。人禽流感已有疫苗,我国是继美国之后第二个具备人用禽流感疫苗制备技术和生产能力的国家。

四、鼠疫的传播途径和预防办法

鼠疫是一种人畜共患病传染性疾病,其开始的症状与体征是无特征性的发热、畏寒、不适、头及四肢疼痛、恶心、喉痛。常见的是最早被蚤叮咬的地方其相关的淋巴结出现淋巴腺炎,这就是腺鼠疫,其90%发生在腹股沟淋巴结,少数发生在腋下或颈部,受害的淋巴结肿胀、红肿、变软、化脓、发热是最常见的。

鼠疫的发病有明显的季节性,在我国,南方的鼠疫(主要是腺鼠疫)多发生在春夏季节,西南高原等地区的鼠疫(主要是肺鼠疫)多发生于夏秋季节。

(一)鼠疫的传播途径主要有三种:

1. 经鼠蚤传播。鼠蚤叮咬是主要的传播途径,啮齿动物→蚤→人的传播是腺鼠疫的主要传播方式。主要的媒介是印鼠客蚤等10余种蚤类。

2. 经皮肤传播。剥食患病啮齿动物的皮、肉或直接接触病人的脓血或痰,经皮肤伤口而感染。

3. 经呼吸道飞沫传播。肺鼠疫病人是通过呼吸、谈话、咳嗽等,借飞沫形成人际传播,并可造成人间鼠疫的大流行。

日常的预防措施主要是减少被感染的蚤叮咬、减少直接接触被感染的组织或肺鼠疫病人的可能性。通过使用杀虫剂和驱避剂避免蚤的叮咬,在农村避免处理老鼠。实行"三报三不"制度,鼠疫"三报"是指:报告病死鼠、报告疑似鼠疫病人、报告不明原因的高热病人和急死病人。鼠疫"三不"是指:不私自捕猎疫源动物、不剥食疫源动物、不私自携带疫源动物及其产品出疫区。

(二)鼠疫的临床表现

鼠疫的潜伏期很短,多数为2～3天,个别病例可达到9天。

1. 全身中毒症状:起病急,高热寒战,体温迅速达到39～40℃,剧烈头痛,恶心呕吐伴有烦躁不安,意识模糊,心律不齐,血压下降,呼吸急促,皮肤黏膜先有出血斑,继而大片出血及伴有黑便,血尿。

2. 各型鼠疫的特殊症状:

(1)腺鼠疫：最为常见，除上述全身症状外，以急性淋巴结炎为特征，为带有鼠疫菌的跳蚤叮咬四肢皮肤造成，多发生在腹股沟淋巴结，其次为腋下、颈部。淋巴结肿大、坚硬，与周围组织粘连不活动，剧痛，病人多呈被迫体位，如治疗不及时，淋巴结迅速化脓，破溃。

(2)肺鼠疫：原发性和继发性肺鼠疫均是最重的病型，不仅死亡率极高，而且可造成人与人之间的空气飞沫传播，是引起人群爆发流行的最危险因素。它除具有全身中毒症状外，以呼吸道感染症状为主，咳痰、咳血，呼吸困难，四肢及全身发绀，继而迅速呼吸衰竭死亡，有时检查肺部体征与临床表现不符。

(3)败血症型鼠疫：主要是由于在剥食染疫动物时，鼠疫菌从皮肤破损处进入血循环或由染疫蚤的直接叮咬所造成。由于鼠疫菌未经过机体的免疫系统而直接进入血循环，使病人很快呈现为重度全身中毒症状，并伴有恐惧感，如治疗不及时会迅速死亡。

(4)其他类型的鼠疫在全身中毒症状的同时伴有相应系统的症状如肠型、皮肤型、脑膜炎型、扁桃体型、眼型等。

(三)鼠疫的治疗原则

1. 就地隔离病人，严格控制病人与外界接触。
2. 首选链霉素治疗，以早期足量投药为益。
3. 加用磺胺类药物作为辅助治疗或人群的预防投药。
4. 用特效抗生素的同时，加用强心和利尿剂，以缓解鼠疫菌释放的毒素对心、肾功能的影响。

(四)鼠疫的控制措施

1. 管理传染源

管理传染源就是要从源头上控制好病原体，防止疾病的扩散与传播。

2. 切断传播途径

当疾病出现以后，应迅速切断疾病的传播途径，防止疾病的进一步扩散传播。

3. 保护易感者

保护易感人群是疾病防控，减少危害的一个重要手段。

4. 健康教育

通过宣传培训基层卫生人员，以电视等各种形式，使广大群众了解鼠疫对人类的危害，懂得预防鼠疫的知识。

5. 免疫接种

目前我国选用菌苗是EV76鼠疫冻干活菌苗，由卫生部兰州生物制品所生产，免疫有效期为6个月，在鼠疫流行期前1~2个月以皮上划痕法进行预防接种。

预防接种的范围：在发现人间或动物间鼠疫的地区，人群进行普遍接种；进入鼠疫动物病疫区工作或捕猎的人员，在工作之前两个月内完成预防接种；从事鼠疫强毒实验室工作人员。

> **小贴士**：以下 6 种情况不适宜接种鼠疫疫苗：
> 　　(1) 体温 37℃以上，周身不适者；(2) 患急性传染病者；(3) 严重心、肝、肾及结核病患者；(4) 妊娠前 6 个月及哺乳期、月经期；(5) 体质极度衰弱者；(6) 怀疑感染鼠疫或潜伏期内者。

6. 疫情报告

按照传染病防治法第 21 条的规定：任何人发现传染病人或疑似传染病人时，都应及时向附近的医疗保健机构或者卫生防疫机构报告。

卫生部于 2005 年在中国疾病预防控制信息系统基础上建立了鼠疫防治管理信息系统，并于当年 9 月 1 日正式启动，《鼠疫防治管理信息系统——疫情及监测工作规范》也同时印发。

《规范》指出，各级各类卫生机构为人间鼠疫疫情责任报告单位，上述单位所有执行职务的医护人员、医学检验人员、疾病预防控制人员、社区卫生服务人员、乡村医生、个体开业医生均为疫情责任报告人；各级鼠疫防治机构为动物鼠疫疫情责任报告单位，鼠疫防治专业人员为疫情责任报告人；各级鼠疫防治机构为鼠疫监测信息责任报告单位，鼠疫防治专业人员为疫情责任报告人。实行网络直报的责任报告单位在人间鼠疫或疑似人间鼠疫疫情诊断后，要按规定时限在两小时内进行网络直报。暂无条件实行网络直报的责任报告单位，确定人间疫情后，按规定的时限两小时内以最快方式向同级或上级鼠疫防治机构发出传染病报告卡。鼠疫防治机构接到报告后，立即进行网络直报。判定动物鼠疫疫情后，责任报告人在城镇须 6 小时内，在乡村须 12 小时内将动物疫情进行网络直报。在开展监测工作期间，县级鼠疫防治机构及时报告阶段性鼠疫监测数据，并视监测情况随时进行网络直报，报告间隔最长不得超过 30 天。发现异常数据及时进行网络直报。

案例　欧洲瘟疫：夺走 2500 万欧洲人性命

黑死病是人类历史上最严重的瘟疫之一。这场瘟疫在全世界造成了大约 7500 万人死亡，其中 2500 万为欧洲人。根据估计，中世纪欧洲约有三分之一的人死于黑死病。这场大瘟疫起源于中亚，1347 年由十字军带回欧洲，首先从意大利蔓延到西欧，而后北欧、波罗的海地区再到俄罗斯……在英、德、法等语言中，当时均用由拉丁文"pestis"演变而来的"pest"一词来称呼这种鼠疫大瘟疫。由于黑死病是一种极为凶险的传染病，传播非常迅猛，于是在讲罗曼语和日耳曼语的国家和地区，很多地方在房屋的墙上触目惊心地写上了一个大大的"P"字——警告、提醒路人，此屋住有黑死病人，要小心迅速躲开。就像黑死病会传染那样，在墙上写"P"字的做法仿佛也会传染似的：一座又一座的房屋墙上，一个街区又一个街区的屋墙上，均出现了一个个黑黢黢、瘆人的大大的"P"。

在这次大瘟疫中,意大利和法国受害最为严重;而少数国家如波兰、比利时,整体上讲侥幸地成了漏网之鱼。在城市中,受害最为惨重的城市是薄伽丘的故乡佛罗伦萨:80%的人得黑死病死掉。在亲历者薄伽丘所写的《十日谈》中,佛罗伦萨突然一下子就成了人间地狱:行人在街上走着走着突然倒地而亡;待在家里的人孤独地死去,在尸臭被人闻到前,无人知晓;每天、每小时大批尸体被运到城外;奶牛在城里的大街上乱逛,却见不到人的踪影……

黑死病对欧洲人口造成了严重影响,改变了欧洲的社会结构,动摇了当时支配欧洲的罗马天主教教会的地位,给欧洲人留下了难以磨灭的印痕和记忆。人们记住了在墙上写个大大的"P"的那个恐怖的时代。

7. 疫区处理

(1) 人间疫区处理。有鼠疫流行病学指征和较典型的鼠疫临床症状,不能排除鼠疫者,可确定为疑似鼠疫病人,其所在地为鼠疫区,在当地党政领导、卫生防疫、公安等部门负责人组成的疫情指挥部的领导下,划定大小隔离圈,封锁隔离,并对在9日内与鼠疫患者的密切接触者实行健康隔离和预防性投药治疗,如有离开本地者,应通报追踪,就地隔离留验。在大小隔离圈内对鼠疫患者所用的各种物品均应进行彻底消毒和最后的处理(化学、高温、高压),尸体经消毒,焚烧后深埋,并对周围环境进行彻底的卫生清扫和灭鼠灭蚤,以切断再传播的途径。当最后一例病人经疫区处理后九天,再无新发病人,可解除隔离。

(2) 动物间疫区处理。在动物鼠疫流行区(包括血清学阳性)的现疫流行区进行投药,彻底的灭鼠灭蚤,尤其是流行区内的居民点和交通要道周围,根据可能污染的范围,对直接接触者限制外出,隔离九天。在当年有鼠疫动物病流行的地区,禁止私自捕猎和剥食,做好人群的宣传教育工作,加强人群的自我保护意识,防止人间鼠疫的发生。

五、其他常见传染疾病的传播途径和预防办法

(一) 艾滋病

艾滋病是人体感染了"人类免疫缺陷病毒"(又称艾滋病病毒)导致人体免疫系统被破坏的传染病。艾滋病本身不是一种传统意义上的病,而是一种无法抵抗其他疾病的状态或综合症状。当人体免疫系统被艾滋病病毒破坏后,病人因抵抗能力极度下降会出现多种感染,如带状疱疹、口腔霉菌感染、肺结核,特殊病原微生物引起的肠炎、肺炎、脑炎等,后期常常发生恶性肿瘤,直至因长期消耗,全身衰竭而死亡。

1. 艾滋病的传播途径

艾滋病传染主要是通过:性交传播、血液传播、母婴传播。艾滋病的易感人群主要是男性同性恋者、静脉吸毒成瘾者、血友病患者、接受输血及其他血制品者以及与以上高危人群发生性关系者等。

2. 艾滋病预防措施

(1) 洁身自爱,避免与艾滋病感染者和病毒携带者以及高危人群发生性接触。

(2) 确保性行为的安全,每次发生性行为的时候都要正确使用安全套。

(3) 输血、注射、使用血液制品时,必须进行 HIV 检测,确保穿破皮肤的用具经过严格消毒,禁止共用注射器和针头。

(4) 珍爱生命,远离毒品。

(5) 避免母婴传播。

(6) 献血、献器官等应做 HIV 检测。

(二) 肝炎

肝炎是指人体肝脏受到损害,出现肝功能异常的肝脏炎症性疾病的统称。其中以病毒性肝炎最常见。病毒性肝炎是由肝炎病毒所引起的,目前主要有甲型肝炎、乙型肝炎、丙型肝炎、丁型肝炎、戊型肝炎和庚型肝炎(过去被定为己型肝炎病毒的病毒现在被确定为乙型肝炎病毒的一个属型),具有传染性强、传播途径复杂、流行面广、发病率高等特点。

1. 肝炎的传播途径主要有:

(1) 经血和血制品传播,输血和注射是主要传播途径。

(2) 甲型肝炎、戊型肝炎主要通过粪便污染食物、水及其他生活用具,然后通过胃肠道途径传播。

(3) 母婴传播。

(4) 以性传播为主的密切接触传播,性传播是乙肝、丙肝、丁肝的重要传播途径之一。

2. 肝炎预防措施

(1) 把好病从口入这一关,平时注意饮食卫生,不喝生水,不共用餐具、茶杯、毛巾、牙刷、脸盆等个人用品。

(2) 谨慎使用血液和血液制品,不共用注射器具。

(3) 主动接种疫苗。

(4) 出现以下情况应及时就医:持续的流感症状,朋友或家庭成员感染了肝炎,症状出现在肝炎流行地区。

(三) 狂犬病

狂犬病又称恐水症,是由狂犬病病毒引起的一种人畜共患的中枢神经系统急性传染病。狂犬病病毒通过动物唾液传播,多见于狗、狼、猫等食肉动物。人患狂犬病多是由于被携带狂犬病毒的动物咬伤所致。人患狂犬病时,症状是精神失常,恶心,流涎,看见水就恐怖,肌肉痉挛,呼吸困难,最后全身瘫痪而死亡。狂犬病毒潜伏期大部分只有 1 至 3 个月,只有少数长达几年。狂犬病是世界上病死率最高的疾病,一旦发病,死亡率为 100%。

1. 被狗咬伤或抓伤后的处理方法

(1) 应立即冲洗伤口,清理伤口本身甚至比接种疫苗还重要,清理时间要保持在半小时左右,要用流动的洁净的肥皂水清洗,用70%的酒精涂搽伤口。

(2) 即使是再小的伤口,也有感染狂犬病的可能,同时可感染破伤风,伤口易化脓。患者应向医生要求注射狂犬病疫苗和破伤风抗毒素预防针。

2. 狂犬病预防措施

(1) 避开所有野生动物和行为异常的动物,在狂犬病流行区尤其不要接近动物。

(2) 接种狂犬疫苗是防止发病的根本措施。

(3) 身上有伤口的人,不要接触狂犬病人或病犬。

(4) 病犬死后要深埋处理。

(5) 家犬应定期注射兽用狂犬疫苗并登记挂牌。

扩展阅读：

劳动保障部和卫生部于2007年5月底联合发出《关于维护乙肝表面抗原携带者就业权利的意见》,要求维护乙肝表面抗原携带者合法就业权利。

意见指出,乙肝表面抗原携带者虽被乙肝病毒感染,也具有传染性,但肝功能在正常范围,肝组织无明显损伤,不表现临床症状,在日常工作、社会活动中不会对周围人群构成威胁。乙肝病毒主要有血液、母婴垂直(分娩和围产期)和性接触三种传播途径,不会通过呼吸道和消化道传染,一般接触也不会造成乙肝病毒的传播。

意见规定,除国家法律、行政法规和卫生部规定禁止从事的易使乙肝扩散的工作外,用人单位不得以劳动者携带乙肝表面抗原为理由拒绝招用或者辞退乙肝表面抗原携带者。用人单位在招、用工过程中,可以根据实际需要将肝功能检查项目作为体检标准,但除国家法律、行政法规和卫生部规定禁止从事的工作外,不得强行将乙肝病毒血清学指标作为体检标准。各级各类医疗机构在对劳动者开展体检过程中要注意保护乙肝表面抗原携带者的隐私权。

意见要求,各地劳动保障部门要加强企业劳动用工管理和劳动争议处理工作,维护劳动者的合法就业权利。各级劳动保障部门和卫生部门要加强协调配合,共同维护劳动者的合法权益,指导用人单位树立公平就业的观念,消除就业歧视现象,营造公平就业的良好氛围。(摘自新华网2007年5月30日)

本章小结：

我国地跨不同气候带,位于世界上主要的"气候脆弱区",是世界上自然灾害最为严重的少数国家之一,各类自然灾害此起彼伏,给生产和人民群众生活造成了严重损失与影响。

学习重大自然灾害与疾病发生的特点和规律,培养和掌握预防重大疾病和有效应对重大自然灾害的能力。学习和认识在地震、台风、洪水、暴风雪等重大自然灾害中求生自救的基本技能和方法。

学习非典型肺炎、禽流感、鼠疫等重大流行性疾病的预防与应急处理方法。

问题讨论：

1. 地震发生时应配备什么样的地震逃生自救装备？地震时应采取什么样的自我保护措施？不同位置的逃生技巧有何区别？地震后受困如何自救和互救？

2. 非典型肺炎、禽流感、鼠疫等重大流行性疾病的基本症状、传播途径是什么？应该采取什么样的预防措施？

第七章 野外条件下的生存与自救能力

学习目标：

学习了解野外生存与自救的基本知识，掌握野外生存与自救的基本技能，学会野外活动中意外事故防范与应对方法。

导入案例："金色眼镜蛇 2010"大规模联合军事演习

喝眼镜蛇血，吃蝎子肉，对普通人而言这或许是一场不可能完成的任务。不过，在泰国罗勇府举行的"金色眼镜蛇 2010"军事演习中，参演士兵所接受的任务却远远不止这些。代号为"金色眼镜蛇 2010"的东南亚地区最大规模联合军事演习于 2010 年 2 月 1 日在泰国罗勇府展开，于 2 月 11 日正式结束。2010 年 2 月 9 日，受训陆战队士兵品尝了烤蝎子、烤蜥蜴、蛇血等丛林特有的动物及植物。该训练是美泰"金色眼镜蛇 2010"联合军事演习的一部分内容。来自泰国、美国、印度尼西亚、日本、韩国和新加坡 6 国的共计 1.4 万名陆军、海军陆战队队员、海军和空军参加了此次演习。中国方面也派出了观察员观摩此次军演。

第一节 野外生存与自救的指导思想及基本装备保障

一、世界发达国家关于野外生存与自救的基本指导思想

著名野外生存专家、英国皇家特种部队权威教程《生存守则》的作者约翰·怀斯曼曾告诫我们，人类在地球上每个角落几乎皆能立足。甚至在那些不毛之地，人类也能设法开采那里的资源——狩猎或者淘金。同时，人类也在不断经受挫折中积累着征服自然的能力。

野外生存专家认为，大自然几乎处处皆能为人类提供生存必需品，只是某些地区很慷慨，某些地区不慷慨。要使自己能够受惠于可获得性资源，需要个人的知识、辨别能力和足智多谋，更为重要的是要有渴求生存的意识。男人和女人都曾证明他们能在极其恶劣的环境下生存。他们之所以能活下来是因为他们有活下去的勇气。没有这种勇气，我们所知道的所有技巧和知识都将毫无意义。

野外生存专家不断强调告诫我们，生存是维持生命的艺术。紧急关头，你所拥有的所有装备都应被视为上天的恩赐。如果获得营救的时间遥遥无期，在既无地图又无罗盘的漫漫旅程中，你必须熟知如何尽可能地从大自然中获取你所需要的东西，以

及如何充分利用它们；如何引起营救者的注意以便及早获救；如何在穿越未知地域时选择正确的路线以便能够回到文明世界，凡此等等。你必须熟知如何保持健康的体能状态，如果生病或受伤时，应知道如何设法康复痊愈。同时你还必须有能力使自己以及共患难的同伴都能拥有乐观的精神。同样，缺乏装备并不意味着你只能束手无策。需要牢记的是，通过学习，我们能够获得生存的技巧和经验，只要我们不断学习，随时扩充自己的知识就能在关键时刻派上用场。

通常，我们总是习惯于生存在家乡的土地上，然而真正的生存者必须学会在远离熟悉的生存环境下，或者当这些环境在自然或人为的破坏下急剧改变时，如何生存下来。无论老人还是青年人，不管他处在生命的哪个阶段，他都会发现只要掌握了基本的生存技能和知识，就能帮助自己找到维持生存的方法。

曾在英国 SAS 特种部队服役 3 年，英国著名的求生探险家贝尔·格里尔斯在《荒野求生秘技》一书中也郑重提醒人们，为了生存，必须采用那些日常生活中看来不可思议的极端手段。比如在缺水的情况下，靠饮用自己的小便来避免脱水，在没有食物的情况下，必须学会吃蚯蚓或蛆虫。虽然这听起来似乎很恶心，但有些时候唯此才能获得一线生机。事实证明，很多人正是靠这些极端手段才坚持到了脱险的一刻。贝尔把脱险的要素归结为三点——意志力、决心和希望。那些对生活和家庭无比热爱、求生意志坚定、身体强健、始终保持清醒和警觉的头脑、善于利用机会的人，无疑是最有可能走出困境的幸运儿。

> **小贴士：单词与字母的含义**
>
> 生存，在英文里是 SURVIVAL。这几个字母代表了野外生存需要的能力：
> S：SIZE UP THE SITUATION：审时度势，包括周围环境、自己的身体状况和装备。
> U：USE ALL YOUR SENSES：判断能力，不要草率行事。
> R：REMEMBER WHERE YOU ARE：记住自己所处的地点。
> V：VANQUISH FEAR AND PANIC：战胜恐惧和慌乱。
> I：IMPROVISE：利用一切可以利用的资源。
> V：VALUE LIVING：重视生命，那就是要有活下去的决心和勇气。
> A：ACT LIKE NATIVES：像土著那样生活，行动。（摘自《美军野外生存手册》）

二、计划的制定与基本装备保障

（一）合理携带随身物品

必须尽可能想象各种可能会面临的困难境地，以便准备相应的技能和装备。一切准备都是为了生存，这应成为最基本的意识。携带适宜的装备并尽可能仔细地做好计划是研究考量的核心。

如何装备自己通常就已决定了你会成功还是失败。打背包时许多人最初总是装得太多,但当你艰难地背负巨大笨重且充斥着过剩物品的背包时,却发现漏带了手电筒或开瓶刀是多么的愚蠢。但是,真正做到合理携带随身备用物品,看似容易,其实是一件并不那么容易的事情。

可行的办法是在开始任何旅行或探险前,根据任务和情况开个装备清单,同时回答下列几个问题:

1. 我将离开多久?这段时间我需要多少食物?要带水吗?
2. 我带的衣服适合相应气候吗?一双靴子够用吗?考虑到路途状况和行走路程,我该带双备用靴吗?
3. 我需为相应地形携带什么特殊类型装备呢?
4. 带何种医药品最合适?

个人体能状态越好,完成计划越容易,更能保持身心愉快。比如将去爬山,那么在去之前应多做一些有规律的训练。平时还要多锻炼步行能力,训练时背上装满沙子的背包,让肌肉进入状态!身体健康状况是装备之外的另一类决定性因素。

同时,还应准备一份应急的行动计划以防不测:当你的目标受阻时你该怎么办?如果车辆抛锚了你该怎么办?如果天气或路面状况比预期的更严峻又该怎么办?如何使一场即将不欢而散的晚会重新活跃起来?有人突然病了又该怎么办?

(二)对目的地进行研究

对于将要去的目的地,事前掌握和了解的信息越多越好。尽量做到多与熟知此地的朋友联系,事先详细查看研究地图及相关资料,了解沿途及目的地的地理地貌、物产气候特征。注意随身携带一份可靠的地图,注意了解熟悉当地人的生活习惯和特点,了解他们对外来者的态度,注意尊重当地的习俗和各种禁忌。

(三)研究制定出行计划

对于团队野外出行,全体成员应该常聚会,讨论活动要达到何种目标,并要有专人负责以下事宜:医务、翻译、炊事、特殊装备和车辆、驾驶,以及向导等。每个成员都应熟悉各自的装备和任务。必须带足各类备用品,尤其是电池、燃料和灯泡等。

整个行动过程可分为三个阶段:行动前准备期、行动执行期和恢复期。明确每一个阶段的任务和目标,同时列出进程表。另外,还需要应付意外时间的准备,比如车辆抛锚、疾病流行和疏散伤亡人员等。

(四)保健及体检

所有的野外探险与出行活动都应在学校的批准同意后,在老师的指导组织下进行。未经学校批准同意,不得擅自组织出行。出发前参与人员应进行一次身体健康检查,确认拥有所有必须携带的必备药品,以保证能按计划,安全顺利地完成任务。

三、基本装备保障

根据去野外的目的和地域的不同,要因地、因人而异决定所带物品。如果是结伴同行,就要分工合作,分头准备,各负其责。在确保完成所分配的工作外,还应做好自身必备物品的准备。

(一) 背包

如果在野外露宿就应该准备可装睡袋的背包,还有帐篷、食品、饮用水、药品等物品,所以最好选购双肩背带,这样有利于将两手空出来,遇到危险时可手脑并用,行动方便。

(二) 衣着的准备

1. 鞋袜的选择

到野外是常常要走较多的山路,对鞋的选择应注意既防滑又能使脚免受伤害。最好不要穿新鞋,要穿合适的鞋,使鞋与脚成为一体为最佳。

袜子要合脚,否则会磨出脚泡和出血。夏天应选棉质袜子,冬天穿毛袜,要选透气性好,吸水性能强的袜子。

2. 衣服的准备

去野外活动尽量选择鲜艳颜色的衣服。因为活动多,出汗会增多,为了更换浸湿的衣服,所以要多带几件衣服,其性能是触感好、能吸汗、干得快的衣服。若去光照不足阴湿的森林,要穿长袖衣服;登山时要多穿几件衣服,可增减调节,因为登山高度每增高100米,温度将会下降0.6℃,登高1000米,温度将会下降6℃。如果在寒冷的情况下,衣服不足,可将塑料布(袋)贴在身体的背部,也可挡风御寒。要懂得穿一件厚衣服,不如多穿几件薄毛衣既保暖又好调节。

小贴士:专家提醒游客,野外旅行必备10种应急物品:

1. 气体打火机1个,防风火机更好;2. 多用途小刀1把;3.5米至10米长的细尼龙绳1条,便于捆绑物品、晾晒衣物、扎营等;4. 小型指南针1个;5. 手电筒1把,供照明和救援用;6. 哨子1个,遇险发信号联络用;7. 高锰酸钾1瓶,既可消毒用,又是引火燃料;8. 药棉若干,供擦洗和包扎伤口用,也可当引火物;9. 丝巾1块,防风保暖,也可用于包扎伤口;10. 有盖铁皮罐1个,既可装上述应急物品,也可作为餐具,还可用其盖反射日光、灯光发信号。

(三) 其他用品

1. 雨具

雨具的选择最好是能挡雨又通风。因为在野外活动出汗较多,所以雨具要有通风散热功能。近距离郊游可以带雨伞,既可以防雨又可以防晒,起到旱涝保收的作用。

2. 火柴或打火机

在野外生活,人们需要用火来取暖、做饭、烘烤衣物、减少虫咬、兽侵、融雪煮水等,在陷入困境的时候火还可以发出求救信号,可见火在野外生存的重要性。因此,必须带火柴或打火机以备用。如果忘记带生火工具时,就只好采用制火种的方法了。

3. 地图及罗盘

在野外活动,为了防止迷路,地图和罗盘(指南针)是不可缺少的东西。在使用地图之前,应牢记地图上的几种图例。

4. 煮食炊具

最好带个小锅,能煮水也能做饭。根据需要选择其大小。不用时可将盘子、刀、勺等用具放在里面,以节省空间位置。带的刀具最好是多功能的万能刀,在某些急需的情况下又可当成工具应急使用。

5. 手电筒和哨子

手电筒要选防水的。手电筒除能照明外,在与野兽相遇时能起到驱吓野兽的作用。此外还可在需要急救时能发出闪光信号。哨子、小镜子等是在发生意外时,为自救发出 SOS 求救信号时使用。

6. 急救箱

药箱应能防潮湿,箱内备有药品及必备用品,以应付突发的损伤。在野外难免会出现某些创伤,所以急救箱中应有外伤时使用的消毒敷料、镊子、清洁伤口的药物、绷带、创口贴等。在野外,因环境的改变,饮食条件所限,易发生消化系统疾病,应带些助消化的和肠道消炎药。有的人因环境改变出现便秘,带些缓泻剂也是不可缺少的。野外被风吹雨淋的机会较多,会发生风寒感冒,退烧药也是必备的。此外,安眠药、晕车药根据情况也要带些。

第二节　野外生存与自救的基本技能

野外用餐问题与野外生存息息有关,短期野游或野外作业都要准备好食物与饮水,有关这方面的问题不在本章叙述。在此我们重点讨论在野外遇险,如何在险境中求生,如山地、沙漠探险有困难时,饮食问题就成了影响生命的头等大事。怎样从自然界中直接获取安全食物,这是在困境中生存的最基本技能。

一、在山野中寻找食物

在山野的自然界中可吃的东西相对好找些,即使没有粮食,也能生存,所以遇到没有食物,心里也不要紧张。

春季,植物的嫩芽有许多可食用,如竹笋、山蒜、野芹菜、鸭石菜、土当归等山菜。切忌,要预防毒蘑中毒。对有毒性野生植物也要学会鉴别:

1. 最简单的方法是在植物上割一个口子,涂上点盐,如果切口变色,多是有毒植物,不可食用。

2. 将植物煮熟后,尝味,若有明显苦涩或怪味不能用,涩味表示有单宁,有苦味可能会有生物碱等。

3. 植物煮汤后，晃动有大量泡沫出现。在汤中加浓茶，若产生大量沉淀物，说明会有金属盐类或生物碱，不可食用。

4. 有条件时也可以观察小动物，它们能吃的，人就可以吃。

5. 可食少量尝尝，食用后 8～10 小时，无中毒症状时，可食用。

夏天时，通草、树的新芽、桑叶、橘子梗等均可食用。春夏季除了可食用性植物外，还有些昆虫也可作食物来源，约有 500 余种，如蝗虫、蚂蚁、螳螂、蜻蜓、蝉青虫、毛虫等，可以生食也可以烤吃。秋天时，可食用的有山菜的根茎、蘑菇、木耳，还有山葡萄、梅果、胡桃、红果等。

冬天时可食用性食物虽少，仍可以维持生命，如可挖出植物的根，磨碎来充饥。也可以抓些小动物，在冬天小动物容易上圈套，有雪的地方容易发现动物的脚印进行捕获，如麻雀、山鸡、野鸡、鹌鹑等鸟类。还有些蛇、鼠类、狸等均可捕食。

二、获得饮水

水是人生命最重要的组成部分，是保存生命的基本需要之一。只要有适量的水，即使没有食物，人也可以存活 10 天左右。

（一）收集水的方法

1. 收集露水。清晨在灌木下面铺上塑料布，然后轻轻摇晃灌木，将落下的露珠收集起来。

2. 收集雨水。雨水是自然水，当下雨时，可将塑料布或雨衣铺开，中间凹状，尽量收集较多的雨水。大的植物叶也可以接水，大的石头槽有些积水均可以收集起来。

3. 从树木中取水。在桦树、枫树、槭树等树干上钻一个 3～4 厘米深的小洞，可以用树皮或树叶作吸管引出水汁来。树汁甘甜可口，可立即饮用。树汁不可暴露在空气中，因为会氧化变质。取汁后最好用泥土将小孔封死，以减少对树的伤害。

4. 丛林中其他植物也可以取水。如扁担藤，将其砍段后从断端可流出清水；山沟中的大竹子也有水可取，先摇动竹身，听到水声时，可掏一小洞取水；也可用塑料袋将鲜嫩的灌木连树叶包起来，树木蒸发的水分在塑料袋内可凝集成水。

5. 在大地取水。在沙漠或干枯地方，没有植物，水的获得更加困难，最有效的办法是用凝结的方法取水。具体方法如下：

（1）挖一个直径 1.5 米，深 1.0 米的圆坑，开始时坑壁垂直，然后向中央倾斜。

（2）在坑的中央位置放置一个盛水的容器。没有容器可用塑料布代替，作成凹状埋在地面。

（3）将塑料布覆盖在坑口，边缘用沙或土压实，固定住，然后在塑料布中央，即盛水容器的上方放置一块小重物，如小石头块等，使塑料布能倾斜 25°～40° 左右。这样，夜间沙地温度较高，而空气温度低，沙中的水分蒸发凝结于塑料膜上，流向塑料布的凹陷处，水便流入盛水的容器。

6. 冰雪水的利用。冰雪本身就是水分，但一般情况下不要直接饮用，为了救命直接把冰雪含在口里,这样会消耗大量的热能,而且吃 1～2 天冰、雪,就会使人感到腹胀、不适、口腔黏膜红肿。所以,最好溶解后饮用。融雪时将其积压后加热,并要加盖,以免水分散失。如果没有火,只好用体温来溶解,这只是在维持生命不得已时才用,因为这样太消耗体力了。

(二) 水的净化

在没有清洁饮水情况下,对不干净的水要净化,常用过滤法和煮沸法。

煮沸法较好,在干渴要命时,浊水经过煮沸后也可以饮用。用上述两种方法有困难时,最简单的方法是用药物净化水。

一般用食用碘和明矾,水中加碘一滴,放入一些明矾,约 30 分钟杂质就会沉淀。如果有漂白粉更好,在水中加入漂白粉,搅拌后放置一夜,杂物就会沉淀了。此外,还可以用炼乳,在混浊水中滴入少量炼乳,杂质也会沉淀。海水淡化方法也是净化方法之一。如果无药品时,可以用植物代替,如灌丛的根、茎;榆树皮、叶、根;柳树的枝、树皮;仙人掌等洗净捣烂,一桶水大约放 4 克左右,搅拌 3 分钟,放置 10 分钟。这些植物组织中成分与水中的金属盐合成絮状物,沉于水底。

> **小贴士:面对极限的饮水方法**
>
> 在水源紧缺的情况下,要合理安排饮用水。在野外工作或探险中,喝水要讲究科学性。如果一次喝个够,身体会将吸收后多余的水分排泄掉,这样就会白白地浪费很多的水。如果在喝水时,一次只喝一两口,然后含在口中慢慢咽下,过一会儿感觉到口渴时再喝一口,慢慢地咽下,这样重复饮水,既可使身体将喝下的水充分吸收,又可解决口舌咽喉的干燥。一壶 9～11 升的水量,运用正确的饮水方法,可使一个人在运动中坚持 6～8 小时,甚至更长些。

三、取盐方法

万一较长时间被困在野外,没盐吃,人就无法生活下去。在短时间内对盐摄取不足不必太在意,因为吃植物也可以补充一些盐分。在食物中,动物性食物较植物性食物能补充更多的盐分,特别是动物内脏或血液、乳汁,效果更好。汗液中也有排出的盐分。结晶后残留在皮肤上,舔皮肤也可以获得些盐分。

如果在海边,取盐就容易了,直接煮海水能得到盐,为了避免浪费燃料,最好利用太阳加热的方法取盐。用塑料布或帐篷等物品,在沙滩上挖一个十几厘米深的小坑,再倒些海水,等海水蒸发变少,再倒入海水,水分不断蒸发到一定程度就会浓缩积成盐。没有塑料布也可以利用海边凹陷的岩石,当容器制盐,虽然这样耗时多,但总可以有盐吃。

四、野外取火

在野外活动中火对人的生存极为重要,特别是陷入困境时。人们不仅用火做饭、取暖、烘烤衣物、融冰雪,关键时刻,还可用火发出求救信号,驱赶猛兽,可以说有了火,人们就有了生存的希望。所以,去野外时,打火机、火柴等就成了必备之物。

在野外根据自身处境不同,决定采用什么样的方法取火。如有的是下雨,有的是湿地,有的是在强风中,有的是在冰雪里,不管身处什么环境,都要根据自己的需要挡风遮雨,将干柴架高,防湿防潮。下面重点介绍几种取火方法:

1. 用火柴等取火。如果有火柴、打火机等取火就容易了,只要有干柴就可以生火用火了。

2. 用镜片取火。可以用放大镜或手电筒的反射镜,聚集太阳光,在阳光下将干草、树叶、纸、棉花等放在放大镜的焦点上,将其引燃。用老花镜或拆下望远镜的镜片均可作为放大镜取火。在必要时也可以取出照相机胶卷,将胶卷保管好,用照相机镜头聚焦引火。具体做法:先取下照相机盖,按下快门,这时透过镜头可以看到景物,将相机镜头朝向太阳,用纸或细干草在镜头后面,调整到最亮的光点,投射到软纸或干草上,直至火苗出现。

3. 原始生火的方法。最多是用石头和木头来取火。要选择树木,最好是桧木,桑树、胡桃树、竹子等也可以。树木的厚度要达到7厘米以上,然后选钻杆,其直径最好约为6～12厘米,用回转式来回摩擦,通过钻木的方式取火。有的在摩擦部位放些木屑,当捻转至冒烟时,轻轻一吹,再加些干燥的草、树叶等就会燃烧起来。

4. 击石取火。用石头敲击火花也能点燃某些易燃物,如干草、树叶等,选择较坚硬的石头,要连续敲击,直至点燃易燃物为止。

需要注意的是在野外取火时,必须提高用火安全意识,严禁在禁火区使用烟火。在参加野外活动时,由于吸烟、使用炉具不当,烘烤衣物或用蜡烛照明等原因,容易引燃周围的草地、树木或其他设备,引发火灾。在野外点篝火或用炉具野炊时,必须要随时有专人看管和负责,用炉具或建炉灶时,应选择避风和近水源的地点。一旦使用完毕,要马上用水将火源彻底浇灭或用沙土盖灭,并挖土掩埋,防止死灰复燃而酿成火灾。

五、天气变坏的征兆

对于野外行动者来说,遇到糟糕的天气是非常危险的。如果你能了解各种特征性的迹象和位置,通过周围环境的变化了解天气的发展趋势,会有助于你事先做好准备,寻找安全地点避开恶劣的天气。

1. 声音和气味:当空气湿度增加时,声音会传得更远,气味也更易于辨别。饱和湿空气就如放大器,是良好的传导体。例如,在某些地方平日听不到火车行驶的声音,可在下雨前能清楚地听到火车声。

2. 身体变化:当天气变糟时,卷发者会感觉到头发变紧,更不易梳理。这和动物毛发一样,如果变得易于缠绕或者不再如通常那样挺直易于梳理,很可能将是一场暴风雨的来临。任何有风湿性关节炎、鸡眼或相关症状者,在空气湿度增加时都会感到疼痛和不舒服。

3. 观察篝火:如果烟火稳稳上升,表明天气不会有太大变化,依然会很好,如果烟火闪烁不定,或者升起又降下,可能会有暴风雨。

4. 天气好的时候,白天与晚上的温差变化大,遇到冷空气的水蒸气就会变成小水滴或结成霜,所以晚上越冷,第二天天气越好。若晚上有露水,第二天天气通常也会很好。早晨若看见蜘蛛网上有水滴,则天将放晴,早晨若见到霜冻情况,预示着这一天将是一个好天气。

5. 云是最能反映天气变化的,观察云层变化是预测天气变化的重要方法之一,也是最可靠的经验之一。一般来说云层越高,天气越好。如果在黑压压的云层下面飘浮着小块的乌云,通常会有阵雨。悬在高地上的云层意味着会有降雨,除非它在午时之前移开。

如果出现以下现象,也说明天气可能变坏,需要引起注意:
(1) 白天山谷的风从山顶吹向山谷,夜间从山谷吹向山顶。
(2) 早晨出现绢云,而后黑云增多,并徐徐下沉。
(3) 云团行走很快,并有增多之趋势,这可是暴风雨的前兆。
(4) 风向突然变化,并越吹越大,同时还伴有乌云吹来。
(5) 干热或雾气弥漫过后,突然能见度转好。
(6) 清晨雾满山谷,至晚仍不消散。
(7) 白天太阳周围出现大晕圈,夜间月亮周围出现小晕,这是大风的征兆。
(8) 在黎明前星光闪烁不定。
(9) 傍晚气温增高,夜间很暖,并有闷热感。
(10) 半山谷的云雾上升,可能是暴风雨来临的兆头。

此外,天气变化时,自然界和野生生物也会有所变化,如果你注意观察,也能预测出未来的天气状况。

第三节 野外活动中意外事故的防范与应对

一、野外活动中意外事故的信号求救

如求救援,可采取以下多种方式:

1. 点燃火堆:连续点燃三堆,中间距离最好相等,白天可燃烟,在火上放些青草等产生浓烟的物品,每分钟加6次,夜晚可燃旺火。

2. 声音求救:在不很远的距离内发出求救信号。可大声呼喊,也可借助其他物品发出声响,如用斧子、木棍敲打树木。

3. 利用反光镜:利用回光反射信号,是有效的办法。可利用能反光的物品如金

属信号镜、罐头片、玻璃片、眼镜、回光仪等。

4. 在地面上作标记：在比较开阔的地面，如草地、海滩、雪地上可以制作地面标志。如把青草割成一定标志，或在雪地上踩出一定标志；也可用树枝、海草等拼成一定标志，与空中取得联络。还可以使用国际民航统一规定的地空联络符号标示。记住这几个单词：SOS(求救)、SEND(送出)、DOCTOR(医生)、HELP(帮助)、INJURY(受伤)、TRAPPED(发射)、LOST(迷失)、WATER(水)。

5. 留下信息。当离开危险地时，要留下一些信号物，以备让救援人员发现。地面信号物使营救者能了解你的位置或者过去的位置，方向指示标有助于他们寻找你的行动路径。一路上要不断留下指示标，这样做不仅可以让救援人员追寻而至，在自己希望返回时，也不致迷路——如果迷失了方向，找不着想走的路线，它就可以成为一个向导。

方向指示器包括：

(1) 将岩石或碎石片摆成箭形；
(2) 将棍棒支撑在树杈间，顶部指着行动的方向；
(3) 在卷草中的中上部系上结，使其顶端弯曲指示行动方向；
(4) 在地上放置一根分叉的树枝，用分叉点指向行动方向；
(5) 用小石块垒成一个大石堆，在边上再放一小石块指向行动方向；
(6) 用一个深刻于树干的箭头形凹槽表示行动方向；
(7) 两根交叉的木棒或石头意味着此路不通；
(8) 用三块岩石、木棒或灌木丛传达的信号含义明显，表示危险或紧急。

二、沼泽遇险

沼泽是一种特殊的自然体系，也属于一种湿地，有其独特性，外出经过沼泽地时，需要小心防范。

(一) 识别沼泽

泥潭一般在沼泽或潮湿松软泥泞的荒野地带。发现寸草不生的黑色平地，就需要十分小心。还要特别留意青色的泥炭藓沼泽。在某些时候，水苔藓满布泥沼泽表面像地毯一样，这是最危险的陷阱。如果必须经过满布泥潭的地方，应沿着有树木生长的高地走，或踩在石南的草丛上，因为树木和石南的草木都长在硬地上。如不能确定走哪条路，可向前投下几块大石头，待石头落定后可确定是否可以落脚。

(二) 陷入沼泽地后怎样维持生命

在广阔的沼泽地带，最大的威胁是潮湿寒冷的天气。若弄湿了衣服，又暴露在寒风之中，就会很快被冻坏。应尽快寻找动物躲避风雨的地方，如树林、矮树丛、洞穴、岩石、堤岩等。沼泽地上的羊圈、牛棚也是避风的好地点。收集雨水或冰雪融化来做饮用水，但在大雨、大雪或浓雾的情况下，若非必要就别冒险走出去。待天气好转，再走到附近安全的地方。

身陷沼泽切记不要挣扎,应采取平卧姿势,尽量扩大身体与泥潭的接触面积,慢慢游动到安全地带而脱险。

三、昆虫叮咬

在野外,时常会遇到各种蚊虫叮咬,处理不得当可能会引发严重的后果,甚至危及生命。

外出前最好把花露水抹在皮肤表面,以此预防蚊虫叮咬,或者用尼龙薄纱制成防蚊头罩保护头部,对全身的防护则用蚊帐。不要在河边、湖边或溪边扎营。在夏天,近水的帐篷最容易招引蚊子。全身抹上或喷上防蚊油,并喷一些在衣服、被褥上。身上的药剂容易被汗水冲掉,但是布料上的则可维持较久。随身要携带扑尔敏等过敏药物,一旦发生毒虫叮咬,不要惊慌,让受害人保持平卧姿势,不能活动,同时立即用绳子或手绢绑紧四肢血管,减缓毒素扩散,然后把毒素挤出来。用口腔对伤口吸毒时必须保证口腔无伤口,将吸出的液体及时吐出,防止中毒,最后用清水清洗伤口。也可用氨水、肥皂水、盐水、小苏打水冲洗。在采取简单急救措施后要立即送病人到医院治疗。

四、蛇咬伤

大部分人面对蛇的时候都会产生恐惧,但对于蛇来说,除非是它认为受到威胁,它才会发起攻击,大多数情况下都会逃走。所以,远足者首先应穿着长裤和有高帮的鞋。行走的时候要沿有现成的小径行走,切勿自行闯路,走草丛和杂树林。遇到蛇时,保持镇定不动,让受惊的蛇尽快逃走。蛇的视力很好,受到快速动作刺激时,多数会立刻反击。一旦被蛇咬伤后,应特别注意以下事项:

1. 如非专业人士,不要擅自割开伤口的皮肤吸吮或洗涤。应让伤者躺下,停止伤处活动,尽量降低伤口的高度,禁止喝酒,减少一切不必要的活动,防止毒液扩散。如果带有蛇药,应尽快内服外用。

2. 在可能的情况下,用绷带包扎伤口近心端以上的部位。如伤口在手脚,可用宽阔的绷带包裹近心端伤口以上的部位,阻止受伤部位的循环。

3. 应尽量安慰伤者,使其心理放松。

4. 以最快的速度送到医院救治。如有可能的话,辨别毒蛇的种类、颜色和斑纹。如咬人的蛇已被捕捉,应一并送往医院,以便医护人员辨认,使用适合的血清。

五、中 暑

在高温环境下,人体一时无法出汗调节体温时,便会中暑。中暑后,患者会感到热、晕眩、不安宁,甚至不省人事。体温可能在40℃以上,中暑者通常皮肤干燥而泛红,呼吸和脉搏加速,严重者会休克,应尽快降低患者的体温及寻求医疗救助。

过热亦可能引致热衰竭。中暑通常是在炎热潮湿的气候中运动,尤其未能补充所流失的水分和盐分时发生。中暑后,患者会出现体力衰竭、头痛、晕眩、恶心,以及肌肉抽筋,面色苍白,皮肤湿冷,呼吸和脉搏快而浅弱等症状。

一旦发生人员中暑,应让患者阴凉处躺下,脱掉衣物,双足翘起。若患者清醒,可给其吸食水等流质饮品,保持空气流通。有条件的情况下可用毛巾浸水冷敷及吹风等能迅速降低体温的方法降温,直至症状消失为止。如果患者大量流汗、抽筋,可在水中加盐,按每半公升水加半茶匙盐的比例补充盐水,并及时送至医院救治。

六、暴 寒

暴寒多是因为身处寒冷的地方又没有足够的衣服引起,最终导致体温急剧下降甚至危及生命。即使在夏天,因突然而来的寒雨或暴雨,致气温急降,也容易引致暴寒。暴寒会让人疲倦、无精打采、皮肤冰冷、步履不稳、发抖、肌肉痉挛、口齿不清、产生幻觉等。

有效预防暴寒的方法是:远足前一晚必须充分休息。如身体不适,就不应勉强参加活动。出发前可吃一顿丰富有营养的饱餐,途中可吃高热量食物,如巧克力。带上备用保暖用的发热袋、睡袋或御寒衣服。带上一套备用干衣服,以备更换。除非拉练之类的活动,否则勿带过重的物品,以免消耗体力。行程中应有适当的休息,不应过度劳累,以免消耗体力。如果遇上气温骤降或下雨也不要着急,应找地方躲避风雨,然后迅速更换湿衣服,用衣服或发热袋、睡袋把头、脸、颈和身体包裹以保暖,及时饮用热饮、食用高热量食物,保持体温。

七、山洪暴发

宿营地不能选择在河滩上或者河谷中央扎营,也不能选择在河流转弯处的内侧扎营。避免一旦上游突然来水(如水坝放水)或山洪暴发,危害营地安全。

夏天雨季或暴雨后,一定不要在河道休息逗留。下雨时应迅速离开河道,不要尝试越过已被河水盖过的桥梁,以免发生危险。如果不幸掉进湍急的河水里,应抱住或抓紧岸边的石块、树干或藤蔓,设法爬回岸边或等候同伴救援。

案例 ▶ 深圳驴友登山遇山洪暴发,被困山中

周末本是休闲的时间,但是对于李云贵等登山爱好者来说却意味着一场灾难:几支通过网络集结的登山爱好者队伍在攀登深圳市龙岗区南澳镇的七娘山时,于2002年5月19日凌晨遇上山洪暴发,被困山中。其中一登山队,6名队友眼睁睁看着伙伴李云贵和周正两人被一米多高的山洪冲走。

19日凌晨,市公安局110报警台接到在龙岗南澳七娘山登山人员的求救电话报告:有两支由市民自行组织的21人和8人的登山队,分别因突遇雷雨被困山中。其中8人组的登山队有6人迷路,2人失踪;另一支21人的队伍也有6人因雨雾迷路。

接到登山人员迷路失踪的情况报告后,广东省委副书记和深圳市市长立即指示公安部门、龙岗区及南澳镇政府全力以赴开展营救工作。

市公安局、武警边防部队、龙岗区和南澳镇政府等先后派出了 4 批 500 多人的营救队伍上山搜寻。经过近 20 个小时的紧张救援工作,除失踪的 2 人外,其余被困人员被逐一救回。

本章小结:

大自然几乎处处皆能为人类提供生存必需品,只是某些地区很慷慨,某些地区不慷慨。要使自己能够受惠于可获得性资源,需要个人的知识、辨别能力和足智多谋,更为重要的是要有渴求生存的意识。

野外用餐问题与野外生存息息相关,短期野游或野外作业都要准备好食物与饮用水。在野外遇险,如山地、沙漠探险有困难时,饮食问题就成了影响生命的头等大事。要学会在山野中寻找食物、获得饮用水、获取盐分和野外取火的基本技能和方法。

野外活动中发生意外事故要学会发出正确的求救信号,学会沼泽遇险、昆虫叮咬、毒蛇咬伤、中暑、暴寒、山洪暴发等意外事故发生时的应对方法。

问题讨论:

1. 为什么所有的野外探险与出游活动必须经学校批准后,方可在老师的指导组织下进行,未经批准,一律不得自行组织?

2. 在野外遇险,如山地、沙漠探险有困难时,应该怎样从自然界中直接获取安全的食物,以及水、盐、火等生存的基本资料?

3. 野外活动中应该如何防范与应对意外事故的发生?

第八章 校园暴力行为的防范与处理

学习目标：

认识和了解当前复杂社会环境条件下校园暴力对大学生成长成才的危害性，不断认清校园暴力的基本表现和形成原因，有效控制和预防大学校园暴力事件的发生，做校园安全文明的表率。

导入案例：校园暴力犯罪案例

近年来，在世界范围内校园暴力事件发生率呈现逐年上升趋势，严重威胁师生的人身安全，干扰学校教学科研秩序，影响学校的和谐与发展，已逐步引起社会各界的高度关注。2004年6月美国肯塔基大学中国留学生张栋涉嫌杀害女友，被警方逮捕，并被控一级谋杀罪。仅仅一个多月前，路易斯安那大学拉菲耶分校中国留学生罗海明也因杀害一名中国女生，被控二级谋杀罪。

2004年2月13日云南大学学生马加爵先后杀害4名同学，引起国人震惊。2007年12月19日晚，云南大学旅游文化学院大二女生张超及其男友谢宏和陈光吕三人，将当地从事建筑工程的老板木鸿章杀死并碎尸265块。丽江中院一审后，判处张超、谢宏死刑，陈光吕死刑，缓期两年执行。2008年10月22日晚，新乡市五一大道发生一起惨案，来自四川的河南科技学院服装表演系20岁的大一女生周春梅在校门口被其前男友林明连刺数刀，当场死亡，现场还散落着一束鲜红的玫瑰。一系列频繁发生的校园暴力事件引发了全社会对大学校园暴力问题的极大关注。

第一节 校园暴力行为的类型与危害

一、校园暴力行为的种类

根据世界卫生组织（WHO）对暴力行为的分类，校园暴力行为归属于特定社区（学校）中的个人之间的暴力行为。对于校园暴力行为的定义，不同的学者有不同的理解。一般认为，校园暴力行为是由校园欺凌演变而来，指行为人在校园内针对在校师生实施的身体上的和心理上的暴力伤害行为，对学校财物或师生财物实施的暴力行为，以及师生对社会人士实施的暴力行为。通常，校园暴力行为可分为三种类型：一是学生之间相互实施的暴力，二是校外不法人员对在校学生实施的暴力，三是师生之间实施的暴力。

二、校园暴力行为的表现形式

(一) 语言伤害
语言伤害主要指包括起侮辱性外号,造谣污蔑等一系列对学生精神达到某种严损害的侵害行为。

(二) 心理伤害
心理伤害主要指包括孤立,侮辱人格等一系列对学生的精神造成某种损害的侵害行为。心理伤害由于具有相对隐蔽性,不易发现,常被忽略。

(三) 行为伤害
行为伤害主要指发生在校园内的肢体伤害等一系列对学生甚至对老师的身体及精神达到某种损害的侵害行为。行为伤害在校园暴力现象中最为普遍。行为伤害除了对受害学生的身体造成很大的伤害外,还会给受害者造成严重的精神伤害。

三、校园暴力行为的危害

校园暴力行为是现代社会的一种不良现象,给学生、学校、社会带来了极大的危害。由于校园暴力行为具有一定的隐蔽性,受害人往往受到对方的威胁而不敢向老师、家长和有关部门报告,助长了施暴者的气焰,受害学生也就因此会反复遭到勒索、敲诈和殴打,学校、家长往往是在造成了一定的后果后才会得知,才开始介入处理。这种危害学生的身心健康,使学生心理恐慌、耽误学习的校园暴力行为,严重干扰了学校正常的教学、科研和生活秩序,危及师生的人身安全和公私财产的安全,极易导致社会、学生、家长对学校的不满,失去对学校的安全感和信任感。

(一) 对个人的危害
1. 对于施暴者。校园暴力行为的不良影响,会在施暴者的心灵成长和社会发展中增添大量的阻力因素。

那些常在中小学打架,特别是加入到暴力帮派的学生,极易形成反社会人格,甚至走上犯罪道路;很难获得家庭、学校和社会的认可,导致他们社会归属感缺失。

> **小贴士**:校园暴力事件后的隐性受害者值得关注
>
> 一类受害者是那些尚未受到侵害的普通学生。他们遵规守纪,享受宁静而充实的校园生活,在校园集体生活中学习知识,体验沟通与合作的喜悦,品尝矛盾与冲突的烦恼,为将来走入社会做好一切准备。但日益频繁的校园暴力事件与行为会在普通同学中造成极大危害,它会严重影响他们的心灵成长,甚至会给一些同学造成一种不良的暗示:似乎邪恶比正义更有力量,武力比智力更有价值。

> 另一类受害者就是那些校园暴力行为的实施者,他们不应该简单地被钉在校规甚至法规的"耻辱柱"上,而应该得到更多的关怀和帮助。因为通常情况下,他们多来自离异家庭,隔代抚养家庭或家庭内部暴力不断的家庭。因为成长过程中缺乏正确的引导和管教,在社会不良文化的影响下,他们便常处在违法犯罪的边缘。还有一些施暴者是单一片面教育制度的"牺牲品",他们承受了太多的压力,有些压力甚至不亚于成年人生存和竞争的压力。据世界儿童发展组织对75个国家进行的调查,学校生活带给青少年的不良压力多达20项,如学习压力、升学压力、家长压力等。得不到正确指导的孩子将压力转嫁他人,或希望通过暴力行为获取社会的肯定和关注。

2. 对于受害者。经常受到校园暴力行为侵害而未能得到及时帮助的学生,心理方面容易缺乏信心和勇气,变得自卑,逃避人群,伤害很难得以磨灭平复。受校园暴力影响的学生,学习成绩一般都下降严重。甚至有些学生由于受到严重伤害不得不住院治疗或者休学。对于老师实施的暴力侵害行为,不仅严重损害教师形象,而且还会导致受到伤害的学生畏惧学校,不愿意再去上学。

(二) 对家庭的危害

越来越多的校园暴力事件,给相关的家庭带来了无尽的痛苦。无论对于施暴者还是受害者来说,他们的家庭都无一例外地因为他们年轻生命过早地偏离轨道,甚至陨落而陷入在痛心疾首的极度悲伤之中,这种切肤之痛也只有饱受校园暴力之害的家庭才能够真正地体会到。

对于受害者一方,校园暴力给其家庭带来的伤害是显而易见的。集父母、家人万千宠爱于一身的孩子遭受校园暴力行为的无辜伤害,整个家庭都会因为伤害事件长期处于一种悲伤的氛围之下,这无疑会给原本幸福完整的家庭蒙上巨大的阴影,尤其是一些严重的伤害事件给受害者家庭带来的伤害程度之深,更是外人所无法想象的。

对于施暴者来说,不仅以身试法,其家庭更因为他们的一时冲动,而背负上了巨大的包袱,承担了令人难以想象的精神压力,他们的父母乃至整个家族可能终其一生都生活在社会舆论与自我良心的拷问之下。如云南马加爵的父母遵循"子不教,父之过"的古训,先后赶到受害者家里用自己最原始的方式谢罪。马加爵案的受害者之一龚博的父亲用"他们和我一样可怜"来形容马氏夫妇。不难看出,校园暴力给施暴者一方的家庭带来的伤害,并不比受害者一方要少。

(三) 对学校的危害

大学生参与校园暴力活动,严重破坏校园风气,扰乱校园秩序,影响校园稳定。尤其是群体性的校园暴力事件影响更为恶劣,极易被少数人挑拨利用,形成不安定因素,危及学校乃至社会的稳定。

> **小贴士：校园暴力行为小调查**
>
> 一项关于校园暴力行为的调查结果显示，在收回的900份学生答卷中，关于"你身边有校园暴力行为吗"的问题，有67%的学生认为自己身边存在着暴力行为；18%左右的学生认为自己的学校并不是很安全；78%以上的学生认为酒吧、网吧和一些偏僻的路段往往是学生打架斗殴的地方。有80%以上的学生表现出对校园暴力行为的恐惧，26%的同学承认自己曾遭遇校园暴力行为。

第二节 校园暴力行为分析

一、学生自身心理问题的影响

（一）轻浮且缺乏挫折承受力

在校大学生大都是独生子女，是父母的"掌上明珠"，从小父母就对他们寄予了很高的希望，为他们设计了美好的人生蓝图。他们背负家庭父母的希望，目光远大，正处于易于波动的青春期。进校后，一些同学初次离开家庭独立生活，遇到挫折或失败时不能正确认识，往往归咎于他人、社会，极易产生偏狭心理和过激行为。

（二）消极的人生观价值观影响

随着大学生就业问题日益严峻，一些同学感到前途渺茫，现实与预期落差较大，滋生消极情绪。当这种消极颓废的情绪达到顶点时，极易诱发过激行为。

（三）心胸狭隘，孤僻抑郁，敏感自卑等心理性格缺陷

遇事不与人沟通交流，情感障碍长期积压得不到疏导，也易产生悲观消极心理。当这种悲观消极，甚至极端情绪积累到一定程度后，极易导致极端行为。

案例 ▶ 中国政法大学学生弑师案

付成励，1986年7月2日出生，中国政法大学国际政治专业本科生。2008年10月28日凶案前的下午，付成励的大部分时间都在宿舍里度过。他睡了一个很漫长的午觉，从午饭后一直到15点多。黄昏，付成励将事先准备好的两把刀放进口袋，一把菜刀、一把水果刀。6点30分，付成励从中国政法大学昌平校区端升楼201室教室后门进入，此时，程春明副教授正在讲台前为上课做准备。付成励径直走到程春明跟前，拿出菜刀，对准程春明的脖子挥下。接着付成励就掏出手机报了警，然后静静地呆在教室里，等待着警察的到来。这一刀砍中了程春明颈部大动脉，当晚7点，程春明经抢救无效死亡。

2009年10月20日，中国政法大学学生弑师案在北京市一中院一审宣判。23岁的付成励被判处死刑，缓期两年执行。法院认定，付成励构成故意杀人罪，鉴于其具备自首情节，且既往表现良好，对其判处死刑，但不立即执行。

二、社会不良文化的影响

大学校园置身于现实社会中，自然也会受到社会上各种思想意识的影响，社会上的一些不良因素也会对在校大学生和校园文化产生不良影响，破坏良好的育人环境。当前，这些不良影响主要有：1. 社会凶杀暴力等阴暗面的影响。媒体有关绑架、抢劫、凶杀、殴斗等暴力案件过频过度报道，容易使一些学生对社会现状的认识产生偏差，认为在这个世界上只有暴力才能使人屈服，才能找到自尊，才能拥有一切。2. 影视网络的诱惑。影视网络是一把"双刃剑"，它既给人们带来方便快捷的网络生活，同时也给那些沉溺网络、意志不够坚强的年轻学生起到了诱惑的作用。暴力游戏的快意杀戮，港台影视的黑社会英雄，在他们心底播种的就是一种根深蒂固的认同和膜拜。这种建立在非理性上的认同和膜拜，内化后就成了他们处世的准则，使他们在待人接物等方面都体现出一种对主流社会的反叛和仇视。3. 效仿社会上"江湖老大"的做法，义气行事。有些学生在处理与同学之间发生的矛盾纠纷时，不是向管理老师和学校报告，寻求解决问题的办法，而是纠集自己所谓要好的同学、朋友，甚至社会上的"哥们儿"施暴解决，引发群殴事件。

扩展阅读：美国校园暴力成因分析

校园枪击事件在美国是一个愈演愈烈的社会问题，原因极其复杂。其中，混乱的枪支管理、暴力文化、家庭环境以及学生的心理因素，是不可忽视的几个重要原因。

1. 社会枪支泛滥。美国是私人拥有枪支数量世界第一，枪支泛滥，枪祸不断的国家。全美50个州，只有17个州制定了防御儿童接近枪支的法律，所以许多儿童很容易将家里的枪支带到学校。2000年2月29日密歇根州校园枪击事件的作案者，是一个6岁的男孩，他家里的枪支就放在床下，男孩伸手可及。

2. 暴力内容充斥传媒，是造成枪杀案层出不穷的重要原因。暴力文化把惩罚别人作为愉快的体验，影视和游戏作品经常充斥着枪林弹雨、血肉横飞的镜头，各种持枪犯罪活动的过程、手段、方法等被表现得淋漓尽致。这种社会文化环境使得青少年从小就崇尚暴力，当他们的道德意识还不完善，是非观念还比较模糊的时候，很容易对刺激强度较大的极端行为进行模仿。1998年5月，美国一名15岁的男孩模仿影视片中的枪杀画面，持3支枪对着自助餐厅中的数百名师生疯狂扫射，射出51发子弹，致使两名学生死亡，22人受伤。

3. 青少年冲动易怒，缺乏正向引导。青少年遇事易产生情绪波动，当心理脆弱又缺乏引导时，他们极有可能通过极端行为宣泄情绪，也导致校园枪击案的多发。1999年佐治亚州校园枪击事件中，一名15岁的中学生，就是因为失恋，情绪低落而向同学密集的地方猛烈开枪，渴望通过爆发式的行为舒张心中的积郁。

4. 家庭原因，导致青少年心理问题。单亲家庭、弱势家庭、贫困家庭的青少年更易成为校园枪击事件的潜在主角。

三、学校教育管理的缺失

随着我国教育体制的改革和招生考试制度的改革,在校学生人数剧增,使得部分学校师资力量严重不足,配套教学设备短缺,生活保障紧张,学校运转趋于疲惫应付状态,使学校应有的管理不能及时到位。其主要表现如下:

一是教育管理力度不够,不能形成良好的学风校风。对学生旷课逃学、早恋、吸烟酗酒、打架斗殴行为缺乏及时有效的教育管理;对学生平时发生的矛盾和摩擦不能及时疏导化解;对学生提出的正确意见和要求学校不能认真倾听采纳;对社会闲杂人员出入校园不管不问。二是在教育内容与课程专业设置上,重专业教育,轻人文综合素养培育。市场上什么专业吃香,学校就开设什么专业,而对学生的社会责任感、心理承受能力、法制教育、综合素质、人生观价值观等方面的教育明显滞后。

四、不良家庭教育的影响

家庭教育方面的缺陷就在于现在的家庭过于依赖学校教育,不少父母认为把孩子送进学校就万事大吉了。事实上,学校并不是一方"净土",学校的教育也不是万能的。现在教育界有一种"5+2约等于零"的说法,即是指孩子接受五天的学校教育后,两天的家庭教育不仅与学校教育脱节,甚至有时相互矛盾,几乎抵消了学生在学校的教育。这种说法虽然不尽全面客观,有所偏颇,但也揭示了家庭教育与学校教育相互补充互为因果的关系。现行的家庭教育确实存在多重视智力教育,容易忽略子女的精神需求、思想变化的倾向。

实践证明,良好的家庭教育对于培养学生健康的心理人格至关重要,其作用往往是学校教育难以企及的。同样,不良的家庭教育也极易影响学生健康心理,人格的形成,容易对学生的精神心理产生重要的反面影响,甚至影响学生的人生发展走向。

五、社会不稳定因素对学校的侵扰

随着改革开放进程的不断深化,我国经济、社会与人民的生活水平都得到长足发展。但在社会快速发展的同时,随之也出现了许多的社会问题,这些深层次的社会矛盾逐渐成为社会稳定的一大隐患。个别人为了发泄自己心中的不满和怨愤,利用校园环境的相对单纯和校园事件的社会影响,把罪恶之手伸向了校园,把校园作为他们报复社会的一种手段,个别甚至把学生作为他们作奸犯科、谋财害命的工具。

仅 2010 年上半年,全国就发生多起以学生为实施犯罪对象的校园血案。这些案件大都具有突发性强,事前没有明显征兆;侵害对象具有不确定性,报复社会意图明显,行凶手段残忍;案犯思想极端,行为偏执,承受挫折能力差;人际关系不顺,不良情绪长期积累,遇到很小的矛盾和问题就以极端暴力方式发泄等特点。

案例 ▶ **广州黑势力入侵校园，"老大"被判死刑**

2008年9月10日上午,广州市中级人民法院对以冯志希、冯志钊为首要分子的"黑龙会"黑社会性质组织罪案进行一审宣判。冯志希、冯志钊被分别判处死刑和死刑缓期二年执行,另有12名"黑龙会"骨干被判无期徒刑至有期徒刑三年不等。"黑龙会"骨干多为80后学生,曾多次在"老大"指挥下到酒店、餐馆、发廊等场所寻衅滋事,强收保护费。

自2005年7月份起,冯志希和冯志钊称霸一方、谋取非法利益,有目的地纠合冯镜威、林棣明等社会闲散人员,以"拜关二哥"的形式聚集一起,成立名为"黑龙会"的组织。该年底,冯志希、冯志钊为进一步扩张势力,网罗组织成员,指使各组骨干成员采取威胁、恐吓、引诱等各种手段积极发展在校60多名中学生加入该组织,将组织势力渗透到广州市白云区竹料地区的中学,并对加入该组织的在校学生实行严格筛选,统一登记成花名册,要求加入组织的学生签订"保证书",继而统一安排至帮会骨干成员名下,分组管理,定期召开会议,灌输服从组织领导,严格实施管理,树立组织首要分子的权威及组织的层级观念,并利用、引诱加入该组织的在校学生从事违法活动。短短一年,"黑龙会"已发展了百余名成员,除了冯志希外,其余骨干均生于1980年以后,众多学生成员更是1990年以后出生的。法庭上,有三名被告在犯罪时均未满18周岁。法庭认为他们经常与社会上不三不四的人在一起,放松对自己约束,受犯罪分子不良引导,是这三名被告走上违法犯罪道路的原因;法庭组织各方对该三人进行教育,并告诫如下:三名未成年被告以后还有很长的人生路要走,做事要三思而后行;社会及家人都没有放弃他们,希望他们正确地对待法律裁判,汲取教训,珍惜机会,认真反省,改过自新,做一个对社会有用的人。

第三节　大学校园暴力行为的控制与防范

一、关注"问题学生"

所谓"问题学生"是指在成长学习过程中,由于心理因素,或家庭经济因素、学习因素等原因,使得一些学生在学习与成长中存在这样或那样的问题,制约影响他们的学习与生活。不少问题学生来自单亲家庭,经济状况欠佳,缺少家庭的温暖感;或学习目的不明确,迟到旷课,学习成绩差,挨批评多,受表扬少,感受不到老师的关爱,所以极易滋生自卑心理,产生消极的人生观,如不及时关心疏导,帮扶教育,极易受到不良因素的侵扰。对这些学生,各级领导和班主任(辅导员)首先要有爱心,克服排斥心理,用师长情、父母心去关心爱护这些"问题学生",注意发现他们的闪光点,多伸拇指表扬鼓励,少伸食指批评训斥。经常和他们谈心交心,尽最大努力让他们把心底话说出来,有的放矢地做好思想转换工作。在关心爱护的同时还必须对他们加强管理,不能迁就姑息,放任自流。平时对他们要做到三个知道:知道他们在想什么,知道他们在什么地方,知道他们在做什么。其次,发动班干部、同学、朋友多和他们交流沟通,使他们时时处处都能感受到大家庭的温暖,看到前途和希望,树立起前进的勇气和生活的信心。帮助他们融入温暖的班级体,回到正常的学习轨道,养成良好积极的人生心态。

二、加强法制教育

学校要有针对性地对学生进行经常性法制教育,让学生了解法律常识,懂法守法,不仅要懂得法律法规的条文规定,还要懂得作为一个公民守法的职责和违法的责任。首先,任课老师和班主任(辅导员)应在教学和日常管理中,运用自己的法律知识给学生讲解一些法制案例,以案说法、以例释法,达到教育、告诫学生的目的。另外,学校也要有计划地组织法制讲座,邀请当地法院在校审判案件,组织参观监狱或少管所,增强学生的法制观念,树立正确的校园安全和法制观念,养成遵纪守法的行为习惯。让学生明白法律面前人人平等,任何人触犯法律都要受到惩罚。

小贴士:校园暴力事件可能涉及的法律法规

《治安管理处罚法》

第二十六条 有下列行为之一的,处五日以上十日以下拘留,可以并处五百元以下罚款;情节较重的,处十日以上十五日以下拘留,可以并处一千元以下罚款:

(一)结伙斗殴的;

(二)追逐、拦截他人的;

(三)强拿硬要或者任意损毁、占用公私财物的;

(四)其他寻衅滋事行为。

第四十三条 殴打他人的,或者故意伤害他人身体的,处五日以上十日以下拘留,并处二百元以上五百元以下罚款;情节较轻的,处五日以下拘留或者五百元以下罚款。

有下列情形之一的,处十日以上十五日以下拘留,并处五百元以上一千元以下罚款:

(一)结伙殴打、伤害他人的;

(二)殴打、伤害残疾人、孕妇、不满十四周岁的人或者六十周岁以上的人的;

(三)多次殴打、伤害他人或者一次殴打、伤害多人的。

刑法中的故意伤害罪是指故意非法损害他人身体健康的行为。

第二百三十四条 故意伤害他人身体的,处三年以下有期徒刑、拘役或者管制。

犯前款罪,致人重伤的,处三年以上十年以下有期徒刑;致人死亡或者以特别残忍手段致人重伤造成严重残疾的,处十年以上有期徒刑、无期徒刑或者死刑。本法另有规定的,依照规定。

> 第二百三十八条 非法拘禁他人或者以其他方法非法剥夺他人人身自由的，处三年以下有期徒刑、拘役、管制或者剥夺政治权利。
>
> 具有殴打、侮辱情节的，从重处罚。
>
> 犯前款罪，致人重伤的，处三年以上十年以下有期徒刑；致人死亡的，处十年以上有期徒刑。使用暴力致人伤残、死亡的，依照本法第二百三十四条、第二百三十二条的规定定罪处罚。
>
> 为索取债务非法扣押、拘禁他人的，依照前两款的规定处罚。
>
> 国家机关工作人员利用职权犯前三款罪的，依照前三款的规定从重处罚。
>
> 第二百八十九条 聚众"打砸抢"，致人伤残、死亡的，依照本法第二百三十四条、第二百三十二条的规定定罪处罚。毁坏或者抢走公私财物的，除判令退赔外，对首要分子，依照本法第二百六十三条的规定定罪处罚。
>
> 第二百九十二条 聚众斗殴，致人重伤、死亡的，依照本法第二百三十四条、第二百三十二条的规定定罪处罚。

三、重视心理健康教育

加强大学生心理健康教育已成为新形势下建设和谐校园的一项重要而紧迫的任务。各高校一要建立健全心理健康教育机构，做到校设心理咨询中心，系设心理咨询室，班有心理辅导员。二要制定心理健康教育计划，充实和发展心理健康教育课堂的内容及方法，定期举办心理健康、心理保健等专题讲座，有计划地对学生进行心理健康测试，随时接待前来心理咨询的学生，及时解决学生在学习、生活中遇到的各种困惑，排除心理障碍，克服心理疾病，增强他们承受挫折的能力，少走弯路，顺利成才。

四、构建学校、社会、家庭三位一体的育人体系

预防校园暴力行为，学校、社会、家庭都有不可推卸的责任，要从各个方面进行综合治理。学校负责日常教育管理和校园秩序，社会公安部门及社区负责校园周边的治安秩序，家庭配合学校提供潜移默化的教育。三者在教育功能上既有交叉也有重合，各有不可替代的作用，共同构建良好的育人环境。有条件的学校还可尝试，由教师代表、家长代表和社会上德高望重的知名人士组成一个委员会，通过这个委员会来加强学生和家长之间的联系，同时对学校管理、学校周边环境、教师行为进行监督，及时向地方有关部门和学校提出建议和要求，以便改进各方工作。

总之，产生校园暴力行为的原因是多方面的，预防和杜绝校园暴力行为是一项长期而复杂的任务，只有从教育、文化、心理、法治等多方面入手，坚持不懈地真抓实干，才能达到标本兼治、彻底根除的目的。相信经过师生的共同努力，家庭和学校的积极配合，社会各界的广泛支持，校园暴力行为就一定会得到有效控制和预防，彻底杜绝院校园暴力事件的发生。

案例 ▶ 吉林某大学学生杀害同学获死缓

吉林某大学学生郭某因将同学打呼噜视频传到网上而招来辱骂,遂将这名同学杀害,被长春市中级人民法院以故意杀人罪,一审判处死刑,缓期两年执行,剥夺政治权利终身,并赔偿被害人家属27万多元。郭某与赵某就读于吉林某大学信息技术学院,系2006级计算机科学与技术专业同班同学,并同住一寝室。郭某曾将赵某晚上打呼噜的视频传到校内网上,两人因此关系闹僵。郭某认为赵某多次对其进行辱骂,伤害了自己的自尊心,遂于2009年11月14日凌晨3时许,用事先准备好的尖刀,朝熟睡中的赵某胸部、背部猛扎数下,致使赵某因心脏破裂造成失血性休克死亡。作案后郭某拨打110电话报警,很快被警方逮捕。

五、排查校园周边治安隐患

校园安全必须综合治理,必须将其上升到维护社会稳定的高度去看待,应与公安、街道办联合行动,群防群治,共同采取措施。

(一)排查化解矛盾纠纷

要加强校园周边小区家庭邻里的矛盾纠纷的排查化解,尤其重点关注校园周边的出租屋人员情况,通过拉网式排查,切实把校园周边范围内容易肇事肇祸的高危人员(如精神病人、长期缠访闹访人员、对社会严重不满等人员)排查出来,做到心中有数。注意关注社会人员心理健康,加强对困难群体和高危人员的心理疏导,落实教育、疏导、稳控措施,及时干预和化解个别人员的心理危机和极端情绪,坚决防止其从事违法犯罪活动,从源头上有效化解矛盾。健全完善社会稳定风险评估机制,健全完善不稳定因素排查机制,健全群体性事件处置机制。

(二)加大巡逻防范力度

公安机关应将警力最大化地部署到街头路面,放到案件高发时段、高发地段和高发部位,提高街面见警率和快速反应能力;特别是加大辖区各学校周边巡逻防范力度。

(三)学校加强门卫防范与保卫值班制度

门卫是保障学校安全的第一道关口,是保障学校安全的重要屏障,学校应把门卫管理作为学校管理的重要内容来抓。门卫人员在上岗期间必须坚守岗位,不准擅离职守;对上课期间学生离校实行严格的审批程序;对来访者身份证明、事由、被访者姓名、来访时间等进行严格登记,严防不法人员混入校园伤害师生。

凡在上放学等时段,务必安排专门保卫人员对校园及周边进行治安巡逻,重点巡查可能发生治安事件的区域,对可疑人员要严加询问和监控,严防不法分子伤害师生。同时加强校内值班巡逻。课间休息、校内大型活动等人员集中时段,切实加强楼层值班、人员疏散疏导、食堂宿舍巡查等工作,严防校内学生间打架斗殴、拥挤踩踏等事故发生。

六、加强自身修养防止校园暴力事件的发生

作为一名大学生,要加强学习,内强素质,外塑形象。在遇到问题时,要做到:

1. 冷静克制,学会容忍。无论争执由哪一方引起,都要持冷静态度,决不可情绪激动。对于那些可能发生摩擦的小事,要宽容,一笑了之。刘少奇同志在谈到共产党员的修养时指出:"我们应该注意自己不用语言去伤害别的同志,但是当别人用言语来伤害自己的时候,也应该受得起。"如果能够做到这一点,一切无谓的纠纷,都会化为乌有。

2. 自我约束,遵章守纪。大学生应首先做到自我约束,不做违章违纪之事,才能从自身的角度,避免与人发生纠纷。

3. 严于律己,宽以待人。有了团结精神,在发生纠纷的时候,就能认真听取他人的意见,自我批评,宽容他人的过失,处理好争执。

4. 加强沟通,减少摩擦。日常中的纠纷多数由口角引起,而口角的发生多是恶语伤人的结果。语言美是社会主义精神文明的重要内容。当你的自行车碰撞了别人,当你跳舞时踩踏了别人,讲一句"对不起"、"很抱歉"、"请原谅";或者别人撞了你、踩了你,向你道歉时,你回敬一句"没关系",就能化解许多矛盾,减少许多不必要的冲突。

5. 为人谦让,以理服人。在与同学及他人相处中,诚实、谦虚是加强团结、增进友谊的基础,也是消除纠纷的灵丹妙药。要知道,在与他人的交往中,特别在发生争执的时候,诚实、谦虚并不是什么懦弱、胆怯,恰恰相反,它是你强大和品德高尚的表现。

案例 ▶ 宿舍遇刺案

北京市检察院一分院发布消息,轰动一时的北京某大学女生被刺案的犯罪嫌疑人——23岁的罗卡娜因涉嫌故意伤害罪,已被检察机关提起公诉。据检方介绍,这起命案的起因竟是被告人不满舍友向房东举报"自己带男孩子回来住"。

罗卡娜在京补习外语时,和被害人李某共同租住北外一宿舍。2004年7月9日6时许,在海淀区北京某大学其租住的宿舍内,23岁的罗卡娜将28岁的同住舍友李某用尖刀刺死。伤口多达10余处。据有关方面介绍,罗卡娜的生活习惯与大多数人不同,因此与他人相处得不好,与受害人李某的关系尤其不好。就因她认为李某跟同宿舍的人说她的坏话,向房东举报"自己曾经带男孩子回来住",就滋生了犯罪行为的发生。

> **小贴士：酗酒的危害与责任**
>
> 酗酒对社会具有极大危害，因为酗酒是一种病态或异常行为，可引发严重的社会问题。酗酒者通常把酗酒行为作为一种因内心冲突、心理矛盾造成的强烈心理势能发泄出来的重要方式和途径。酗酒者常希望通过酗酒来消除烦恼，减轻空虚、胆怯、内疚、失败等心理感受。鉴于酗酒的诸多危害，我国有关法律规定，醉酒的人违法犯罪，应负相应的法律责任。酗酒闹事更是害人害己。

七、杜绝校园恶性斗殴事故

（一）如何防范校园恶性斗殴事故

1. 遵纪守法，知法懂法。任何人都要对自己的行为承担法律责任。
2. 注重修身养性，学会为人处世，学会控制自己的情绪，懂得暴力无助于问题的解决。
3. 有选择地交友，不与品行不良的人交往，不参与打架斗殴。
4. 培养个人解决冲突、挫折的能力。在"收拾"别人之前，想想自己的行为会导致怎样的后果。如果冒着被记过、留校察看，甚至是法律制裁的严重后果，你还会去做吗？
5. 学会自我保护，学会拒绝。当有人怂恿你参与暴力事件时，要坚决予以拒绝。
6. 经常与家长、老师交流沟通。如果你对某人非常恼火，想要"收拾"他。在这样做之前，一定要把想法告诉家长或老师，他们会想出一个合理的办法来解决你的愤怒。
7. 学会换位思考，站在对方的角度想一想：如果是自己被人愚弄、辱骂甚至是殴打，会是什么感受？是否忍心让这样的行为给别人带来长时间的恐惧和痛苦？
8. 拒看暴力影片，不模仿电影上的攻击行为。

> **小贴士：大学校园暴力易发场所**
>
> 1. 生活场所：如学生宿舍、食堂等。
> 2. 学习场所：如教室、实验室、图书馆、阅览室等。
> 3. 体育运动场所：如操场、球场、体操房、溜冰场等。
> 4. 公共文娱活动场所：如影剧院、舞厅、礼堂等。
> 5. 其他公共场所：如车站、码头、酒吧、网吧等。

（二）发生恶性斗殴事故怎么办

1. 事发之时如有可能应立即隔开冲突学生，通知学校保卫部门，若情况严重应迅速报警。
2. 双方当事人要冷静思考，积极与家长联系，了解原因，疏导情绪。
3. 帮助双方相互倾听，及时劝告、开导，对于屡教不改，多次开导无效或暴力情节严重者,依校规处理。

(三) 发生校园斗殴时如何保护自己

1. 不管自己是否有理,一旦发生斗殴事件,一定要及时报告老师或学校保卫部门,不要等到万不得已时才报告。

2. 如果看见自己的同学正在斗殴,不要盲目参与,而应该尽快通知学校保卫部门或报警。

本章小结:

校园,本该是一方净土,文明的殿堂。然而,近年来校园暴力事件时有发生,有老师打学生的,有学生打老师的,有学生打学生的,也有校外人员进入校园行凶闹事的,给宁静的校园蒙上了一层阴影。校园暴力行为是经济社会发展到一定程度后所出现的一种不良现象,也是经济社会转型的产物,给学生、学校、社会带来了极大的危害。它危害学生的身心健康,使学生心理恐慌、耽误学习,甚至会改变其人生。它严重干扰学校正常的教学、科研和生活秩序,危及师生的人身安全和公私财产的安全,特别是触犯刑律的案件,在社会上造成了恶劣的影响,极易导致社会和学生、家长对学校的不满,失去对学校的安全感和信任感。

在校大学生大多处于18~23岁这一年龄段,感情丰富,好奇心强,有强烈的求知欲,富有冒险精神,敢于挑战,心理处于由不成熟向成熟的转变时期。在这一转型期,如果疏于教育,缺乏正确的引导,个别学生容易形成不良人格倾向。而不良人格倾向是导致暴力行为的一个重要原因。从大学生自身的角度出发,就是要培养预测、判断、回避危险的能力以及探索、创新、自主的精神。大学生在处理同学关系时,应互相关心、互相照顾、相互谅解,求同存异。在校生活期间,认真学习并严格遵守学校的规章制度;尽量少去或者不去治安情况复杂的场所,避免与不法分子发生矛盾;避免社会不良风气的侵蚀,预防黄、赌、毒的侵害和烟酒造成的人身危害。与周边的人产生矛盾的时候,要学会用文明幽默的语言化解纠纷,及时化解矛盾,不要积怨甚久,导致激化。

问题讨论:

1. 校园暴力行为对大学生的成长有哪些危害?
2. 哪些行为属于校园暴力行为的范畴?
3. 面对校园暴力行为,如何保护自己?

第九章　心理危机与精神疾患的应对防范

学习目标：

通过学习，认识和了解心理危机与精神疾患的各种外在表现，学会发现和分析自身存在的心理问题，不断提高自己的心理素质，学会自我调节和积极预防各种心理疾病的方法。

导入案例：美国弗吉尼亚理工大学将校园枪击案凶手列为悼念对象

美国当地时间2007年4月16日7点15分，弗吉尼亚理工大学发生恶性校园枪击案。枪击造成33人死亡，枪手本人开枪自尽。案件发生后，布什总统称枪击案令美国举国震惊。

据媒体报道，在20日中午举行的遇难者悼念仪式上，放飞的气球是33个，敲响的丧钟是33声，其中包括32名遇难者和自杀的枪手赵承熙。次日，33块半圆的石灰岩悼念碑被安放在校园中心广场的草坪上。其中一块悼念碑上写着"2007年4月16日赵承熙"，旁边放着鲜花和蜡烛。鲜花和蜡烛旁的纸条上写着："希望你知道我并没有太生你的气，不憎恨你。你没有得到任何帮助和安慰，对此我感到非常心痛。所有的爱都包含在这里。劳拉"。

对凶手的宽容意味着什么？弗吉尼亚理工大学中国留学生学者联谊会主席薛宏在接受记者电话采访时说，我们认为凶手本身也是受害者，因为他心理有疾病，可惜没有及时得到社会、家庭的关心和救治，才导致悲剧的发生。所以在悼念活动中，校方也把他当作一个"人"来看待，以体现人性关怀。

旅美作家林达分析说，这次枪击事件的制造者，很早就被发现有极端的暴力幻想，学校和老师却没有引起足够重视，没有给予相应的治疗和措施。社会应该从医学研究的特殊角度，去了解病患感受，以最大可能保护他们的安全，满足他们的特殊要求。同时也注重有效预测他们的行为，尽量减少他们和社会的病态冲突。

马克思曾说，人是一切社会关系的总和。任何人都是处在一定社会关系中从事社会实践活动的人。社会性是人的本质属性，人的自然属性也深深打上了社会属性的烙印。每个人从他出生的那天起，就从属于一定的社会群体，并且在其生命旅途中从事着政治、经济、文化、法律、道德等社会实践活动，承担着各种社会责任，扮演着各种社会角色。

心理危机是指运用一般的方式不能应对目前所遇到的情形而出现的严重心理失衡状态，是心理疾病的早期症状，它是由生活事件所引起，对人的精神状况起负面作用的较大心理压力，通常表现为心理不适，无法适应学习和生活。心理疾病一般具有四个发展阶段：心理危机—心理障碍—精神疾病—心理衰退。如果大学生心理危机不能被有效地预防干预，轻者可能导致神经衰弱，重则可能导致心理忧郁甚至精神疾病。因此，如何预防大学生心理危机已经成为整个社会关注的焦点。

第一节 大学生的心理危机与应对

一、大学生产生心理危机的原因

大学是人生的重要驿站，是多数学生开始独立生活的起点。这一阶段的学生接近独立而尚未独立，正处于生理与心理发展不尽平衡的成长发展特殊时期。面对升学、恋爱、就业等一系列问题，容易产生心理波动，甚至心理危机。因此，在日常生活中，除经济上的贫困者或弱者需要帮助外，我们还应像关注肢体健康一样关心每个人的心理健康，特别是注意关心帮助心理情感上受过挫折或情感需求有所缺失困惑的同学，也就是通常人们所说的"心理上的贫困者"。从小家庭存在缺陷，缺乏亲情；或因条件所限，从小上学不得不远离家庭而缺乏心灵慰藉等，客观上都容易造成一些心理情感的缺失。对于"心理上的贫困者"来说，亲情友情是缓解他们遭受挫折，品尝失败时最有力的缓解方式。这不仅是在忙碌的学习生活中容易忽略的，也是现行学校工作中急需加强的薄弱环节。

现阶段，诱发大学生产生心理危机的具体原因大多来自以下几个方面：

(一) 学业困惑

大学和中学不仅学习目标和评价要求不同，而且学习方式也明显不同。大学对学生自主学习的能力要求非常高，在高强度的学习中，每位同学还面临着择业和各类资格考试的压力。如不能很好地适应大学的学习要求和方式，应对各种要求和压力，不能妥善处理所学专业与兴趣爱好的关系，学习成绩不尽理想，甚至下滑严重等诸多实际问题，极易产生焦虑与困惑。如果焦虑的情绪与困惑长期得不到改善和克服，极易产生严重的心理危机。

(二) 大学新环境的不适应

不适应新的学习生活环境，是大一新生中较为普遍的一种现象。对于绝大部分新生来说，大学生活不仅是要离开熟悉的中学校园与同学，还要面对陌生的大学校园与学习。多数新生都是首次远离家门，离开长期依赖的父母、朋友和熟悉的环境，开始自己的独立生活，在大学里，生活中所有的事情都要开始学会自己来决定和解决，不再是父母老师。所有这些都会给每位新生带来不同程度的环境适应问题。如果问题得不到及时的调整和解决，不仅会影响学习生活，超过一定的限度，还会出现失眠、食欲不振、注意力不集中等症状，以及烦躁、严重焦虑不安、头疼、神经衰弱等，个别甚至可能产生逃避情绪，出现擅自离校的冲动行为。

(三) 情感的失意

大学生正处于青春期,生理上趋于成熟,对爱情有所追求和向往。大学期间,大学生正值身心高速发展期,处于恋爱高发期而非成熟期,因而不少恋爱具有一定的盲目性与相当的波动性。据有关统计,有大约35%的在校大学生在恋爱中存在情感困惑,容易出现单相思、感情纠葛和失恋等心理挫折。如果处理不好,容易使恋爱双方在心理上受到极大伤害,甚至精神崩溃,诱发报复等极端行为发生。

(四) 性教育的缺失

青春期性生理的成熟,必然带来相应的心理变化。渴望获得异性的好感,产生性幻想、性冲动等都是容易出现的心理特征。由于性教育的严重缺失,有的学生不能正确认识自我的性反应,产生堕落感、耻辱感与性罪恶感,把性错误地与不洁联系起来。而有的学生又出于对自身性生理欲望的放纵,随意发生性行为。性好奇、性无知、贞洁感淡化,甚至性与爱的困惑分离,以及由于性行为引起的不良后果,都会导致心理变化,甚至引发严重的心理问题。

(五) 经济的压力

家庭贫困的学生都不同程度地存在学费和生活费支付困难的情况。他们虽然独立性强、勤劳简朴、学习刻苦,但或多或少的都背负了一定的经济与心理压力。无论在生活水平还是消费观念上,与富裕家庭的学生都有较大落差,经济的压力有时容易产生郁闷压抑的心情和自卑等心理问题,需要在精神上给以更多的关怀。

(六) 就业的压力

随着就业岗位要求和标准的日益提高,所有面临毕业的大学生都得面临社会的选择。如果缺乏足够而必要的就业准备,那么就业问题就会成为一种心理压力。严重的就业心理压力不仅会使学生忧心忡忡、情绪低落,还会衍生严重的心理焦虑和躯体不适与障碍,如不及时排解调整,也会导致严重的负面后果。

> **扩展阅读:大学生自杀事件频发,专家分析其原因**
>
> 上海市教委向社会发布的《2009年上海高校大学生安全情况通报》中透露,2009年高校安全事故共造成24人死亡,其中自杀身亡的大学生13人,因突发疾病猝死的大学生7人,分别占本年度大学生安全事故死亡人数的54.17%和29.17%。
>
> 专家呼吁,涉世不深的大学生自我防范意识淡薄,面对各种压力,容易造成心理偏差走向极端。全社会要高度重视孩子早期成长环境,避免形成人格缺陷,积极完善家庭、学校、社会三位一体的预防体系。

二、大学生心理危机的应对策略

心理活动是一项复杂的过程,易受多方面的干扰和影响。提高大学生的心理维护能力不能仅依靠学校老师、家庭成员,更要使学生自己学会心理调节方法,锻炼意志,训练心理素质,保持心理健康。

(一) 倡导健康、文明的生活方式

健康的心理与健康的身体密不可分。健康的生活方式包括:一是合理作息,早睡早起,充足睡眠。二是平衡膳食,坚持吃早餐,体重维持正常水平。三是科学用脑,劳逸结合,避免用脑过度。四是积极休息,选择文明的休闲娱乐方式。五是适量运动,积极参加体育锻炼,不吸烟,不喝酒,不沉湎网络。

(二) 培养健全人格

人格的健全是心理健康的重要组成部分,大学生应当正确评价客观事物,正确对待自己与他人;善于管理情绪,体验正常的情绪情感,主动有效地适应社会环境与学校生活。应通过不断吸取知识、提高自身综合素养,对问题的看法、对事情的处理就会更加全面、冷静,一些心理问题便会自然消失。

(三) 积极投身社会实践,扩大人际交往,建立广泛的社会支持系统

大学生应当积极主动地参加各类社会实践活动,在活动中理解人与人之间的关系,体验友谊与沟通的快乐,开阔视野,全面提高自身素质。当面临挫折与压力时,广泛的社会支持是良好的心理帮助。

(四) 学会冷静、理智对待自身的心理问题

在出现较严重的心理障碍时,要以科学、理智的态度对待,积极参加心理普查,主动、积极地到学校心理健康室进行咨询和治疗,及时排除心理障碍。

(五) 关心并帮助其他同学解决心理问题

当发现身边有同学出现心理问题时,不要冷漠、讥讽或嘲笑,而要积极、热情地给以疏导和关心,帮助其排除心理障碍。当发现同学患有严重心理疾病时,要将情况及时报告学校,并给予细心的关心呵护,协助及时寻求心理医生的咨询与治疗。

第二节 常见的心理疾病与应对

心理专家认为:一个人的心理状态常常直接影响他的人生观、价值观及某个具体行为。因而从某种意义上讲,心理卫生比生理卫生更重要。人的心理健康状态是一个动态变化的过程,是健康与不健康、平衡与失衡的互动交替过程。每个人在不同的时期都可能会有心理不健康或产生心理问题的现象,就像每个人都可能患上感冒一样,关键在于要善于发现和正确分析自身存在的心理问题,不断提高自己的心理素质,学会自我调节,学会心理适应和各种心理自助的方法,以便自己在心理疾患出现时及时修复调整,做好自我的心理保健。

> **小贴士**：
>
> 霍尔姆斯和雷赫(1966)把在现代社会中人体遇到的重大正性生活变化(结婚、升学等)和遭受到的负性生活危机(离婚、死亡等)称为生活事件。不同的生活事件所产生的心理应激量或心理刺激强度是不同的。他将43种生活事件经统计计算后列出分值,称为生活事件单位(LEU)。最强的为配偶死亡,LEU为100;最弱的为轻微违法,LEU为11;居中的为结婚,LEU为50。霍尔姆斯发现,一年内LEU累计分如果超过300,那么,这部分人中将有75%的人在今后两年内会有重大疾病发生;一年内累计在150～300,来年会有50%的人患病;一年累计在150以下,则只有33%人患病。

一、神经衰弱与应对

神经衰弱是由于大脑神经活动长期处于紧张状态,导致大脑兴奋与抑制功能失调而产生的一组以精神易兴奋,脑力易疲劳,情绪不稳定等症状为特点的神经功能性障碍。神经衰弱是一种常见的神经官能症,易发于脑力劳动者。大学的学习任务繁重,如果长期睡眠不足,或经常失眠又长期不能妥善调整和恢复,很容易诱发神经衰弱。

(一) 神经衰弱的症状

如果既无躯体疾病,又无脑器质病变,你却经常感到精力不足,萎靡不振,不能用脑,记忆力减退,脑力迟钝,学习工作中注意力难于集中,工作效率显著减退,即使是充分休息也不能消除疲劳感;那么你很有可能患上了神经衰弱。作为脑力劳动者中的一种常见性疾病,神经衰弱具有以下特征:

1. 易兴奋又易疲劳。
2. 情绪波动大,遇事容易激动,烦躁易怒,担心和紧张不安。
3. 因情绪紧张引起紧张性头痛或肌肉疼痛。
4. 睡眠障碍。表现为入睡困难,易惊醒,多梦。
5. 心动过速、心慌、头昏、出汗、尿频、厌食、便秘等。

> **小贴士：注意用脑卫生**
>
> 保证充足的睡眠,起居要有规律:大学生每天睡眠时间7～8小时为宜,若晚上睡眠不足,可在午休时间小睡一会儿,以补充缺失的睡眠。
>
> 注意饮食营养:大学生脑力消耗较多,应在条件许可的情况下,尽可能多地摄入营养丰富的食物,并注意营养的平衡。
>
> 休息方法要科学:在一定的脑力消耗后,做一些强度不大的运动(如散步、慢跑、太极拳等),切不可进行过分剧烈的运动,这不但不能消除大脑疲劳,反而会出现体力疲劳。
>
> 调剂用脑:在进行某种脑力劳动之后,可看一些与刚看过内容截然不同的东西或听听音乐等。

(二) 神经衰弱的防范应对

1. 学会自我调节

加强自身修养,以适当方式宣泄自己内心的不快和抑郁,以消除不必要的心理压抑和精神紧张。家人及周围的人要努力创造一个和谐的环境,使其生活得轻松、愉快,减少思想负担,有利早期治愈。

2. 正确认识自己

对自己的身体素质、知识才能、社会适应力等要有自知之明,尽量避免做一些力所不及的事情,切忌好高骛远,想入非非,杞人忧天,患得患失。

3. 培养豁达开朗的性格

人的脾气、性格一旦形成,一朝一夕是很难改变的。天下无难事,只怕有心人。只要你对培养良好的性格有心有意,良好的性格自然会对你有情有义。

4. 提倡顾全大局

遇事要从大事着想,明辨是非。如处理人际关系时,提倡严于律己,宽以待人,互相理解、体谅,是防止人际关系紧张的有效方法。

5. 善于自我调节,有张有弛

工作过于紧张、过于繁忙,或学习负担过重,以及生活压力过大的人,都有必要自我调节,合理安排好工作、学习和生活的关系,做到有张有弛,劳逸结合。

(三) 神经衰弱治疗措施

1. 心理治疗

将注意力集中自身症状之上,增强治疗的信心。常用的方法有集体心理治疗、小组治疗、个别心理治疗、自我放松治疗等。

2. 药物治疗

在医生的指导下进行药物治疗。在药物治疗的同时,配合心理自疗效果更好。

3. 物理治疗

常用的方法有经络导平治疗、电磁场治疗、脑功能保健治疗、生物反馈治疗等。

治疗方法的选择要因人而异,最好能充分调动自己主观能动性,积极配合治疗,以达到最佳的治疗效果。

二、焦虑症与应对

焦虑症是焦虑神经症的简称,是一种功能性或心理障碍。该症是一种具有持久性焦虑、恐惧、紧张情绪和植物神经活动障碍的脑机能失调,常伴有运动性不安和躯体不适感。在不同的人生阶段,每个人在面对困难或危险时,都有可能产生焦虑情绪,适度的焦虑对保持生命力是必要的。例如适度的就业焦虑可以激发潜能,使自己产生紧迫感,从而更努力地寻找就业机会。只有当焦虑的程度和持续时间超过一定范围时,才会对人的健康构成威胁。严重的焦虑会使人产生注意力分散、记忆过程受干扰、思维过程受阻等问题,同时还会伴有头痛、失眠、食欲不振、肠胃不适等生理反应。大学生的焦虑主要集中在考试、人际关系、就业等方面。

(一) 焦虑症的症状

1. 心慌、胸闷、气短等躯体上的不适

躯体上的不适表现常为焦虑症的早期症状,如心慌、胸闷、气短、心前区不适或疼痛,心跳加快,全身疲乏,生活和工作能力下降,简单的日常家务工作变得困难不堪、无法胜任等。同时,此类不适症状又反过来加重患者的担忧和焦虑,如此循环往复,恶性循环,使得症状进一步加重,严重影响患者的身心健康。绝大多数轻度焦虑症患者都有失眠、早醒、梦魇等睡眠障碍,手抖、手指震颤或麻木感,月经不调、食欲减退、头昏眼花、恐惧焦虑等症状,严重时会有某种濒死感。

2. 注意力无法集中,紧张不安

常表现心神不定、坐卧不安、搓手顿足、注意力无法集中、惊慌失措。

3. 认识障碍

轻微性焦虑症患者有时还存有认识方面的障碍,如对周围环境不能清晰地感知和认识,思维变得简单和模糊,整天专注于自己的健康状态,担心疾病再度发作等。

4. 发作性或持续性地出现莫名其妙的害怕、紧张、焦虑、恐惧不安等心理

患者可能有一种期待性的危险感,感到某种灾难降临,甚至有死亡的感受。许多患者同时还伴有忧郁症状,对目前、未来生活缺乏信心和乐趣。有时情绪激动,失去平衡,经常无故地发怒,与家人争吵,对什么事情都看不惯,不满意。

5. 全身性紧张

焦虑症患者常常觉得自己不能放松下来,全身紧张。往往面部绷紧,眉头紧皱,表情紧张,唉声叹气。

6. 经常性的莫名担心恐慌

经常莫名的担心是焦虑症患者典型的症状之一。一些常人看来很正常的情况常常引来焦虑症患者莫名的担心,如他们会担心自己的亲人、自己的财产、自己的健康等。

(二) 焦虑症的防范应对

1. 保持良好的自我心态

首先要乐天知命,知足常乐。其次是要保持心理稳定,不大喜大悲,不乱发脾气,容易使自己的主观思想不断适应客观发展的现实。不要企图让客观事物纳入自己的主观思维轨道,那不但不可能,而且极易诱发焦虑、抑郁、怨恨、悲伤、愤怒等消极情绪。

2. 增加自信

自信是治愈神经性焦虑的必要前提。对自己没有自信心的人,往往对自己完成和应对事物的能力是怀疑的,容易夸大自己失败的可能性,从而增加忧虑、紧张和恐惧。作为一个神经性焦虑症的患者,必须增加自信,减少自卑感。一般随着自己自信力的增加,焦虑程度就会逐渐降低,最终驱逐焦虑。

3. 自我疏导

轻微焦虑的消除,主要是依靠个人努力。当出现焦虑时,首先要意识到这是焦虑心理,要正视它,不要用自认为合理的其他理由来掩饰它的存在。其次要树立起消除焦虑心理的信心,充分调动主观能动性,运用注意力转移的原理,及时消除焦虑。当你的注意力转移到新的事物上时,心理上产生的新的体验有可能驱逐和取代焦虑心理,这是人们消除焦虑常用的一种方法。

4. 自我放松

当你感到焦虑不安时,可以运用自我意识放松的方法来进行调节,用自我松弛的方法从紧张情绪中解脱出来。具体来说,就是有意识地在行为上表现得快活、轻松和自信。比如说,可以端坐不动,闭上双眼,然后开始向自己下达指令:"头部放松、颈部放松",直至四肢、手指、脚趾放松。运用意识的力量使自己全身放松,使身体处在一个轻松和平静的状态中,随着全身的放松,也可以想象自己在碧波荡漾的海边或湖边,沐浴温暖和煦的阳光,听得见波涛拍岸的声音,闻得出空气中清新宜人的气息……让自己的身心得到全面放松,消除过分的焦虑。

5. 自我反省

有些神经性焦虑是由于患者对某些情绪体验或欲望进行压抑,但这些情绪和欲望并没有就此消失,只被压抑到了无意识中。发病时患者只知道痛苦焦虑,而不知其因。在此种情况下,需要通过自我反省,把潜意识中引起痛苦的事情诉说出来。待这些诉说发泄出来以后,症状一般可以消失。

6. 自我防治

(1) 应充分认识到焦虑症不是器质性疾病,对人的生命没有直接威胁,因此患者不应有任何精神压力和心理负担。

(2) 要树立战胜疾病的信心,患者应坚信自己所担心的事情是根本不存在的,经过适当的治疗,病症是完全可以治愈的。

(3) 在医生的指导下学会调节情绪和自我控制,如心理松弛,转移注意力、排除杂念,以达到顺其自然,泰然处之的境界。

(4) 学会正确处理各种突发事件的方法,增强心理防御能力。培养广泛的兴趣和爱好,使其心情豁达开朗。

(5) 在可能的情况下争取家属、同事、组织上的关照、支持,解决好可引起焦虑的具体问题。

7. 自我调节

(1)积极的自我暗示

法国作家大仲马说过:"人生是一串由无数的烦恼组成的念珠,达观的人总是笑着念完这串念珠。"当自己情绪焦虑时,多给自己正向自我暗示,如"我能行"、"我一定能够成功"、"我看好我自己"等。这种积极的自我暗示,可以增加自信,克服焦虑感。

(2)适量的运动

研究表明,运动可以消除一些导致焦虑的化学物质,使精神放松,心情愉悦。当你感到焦虑时,索性什么都不要去想,去跑跑步、打打球或者游泳等,不仅锻炼了身体,而且还有效缓解焦虑情绪,使你有更充沛的精力去做下面的事。

(3)做最感兴趣的事情

人们在做自己感兴趣事情的时候,都会全身心地投入,进入一种物我两忘的境界。因此,当你面临焦虑时,放下手头的工作,做一些感兴趣的事情,如唱歌、听音乐、看电视、打篮球等。当你做完这些事情的时候,你的烦恼焦虑也许就无影无踪了。

(4)情感宣泄

情感宣泄是缓解压力、保持心理平衡的重要手段。你可以把你的紧张、焦虑讲给亲人或朋友,让自己的内心得到调整;或者找一个适宜的地方,放声大哭或大笑,以宣泄自己内心的忧郁。

(5)欣赏音乐

音乐能使人放松,使人的生理、心理节律发生良性的变化。当一些事情使你感到不安、烦躁时,不妨静下心来听听音乐,你会觉得音乐犹如一缕清风拂过你的心灵,感到无比的舒适和惬意,而你的焦虑情绪也许也就随之烟消云散。

(三)焦虑症的治疗措施

1. 明确诊断

许多身心疾病也可呈现焦虑症状,因此治疗前必须做好身体检查和进行必要的心理测定工作,排除继发性焦虑反应的各种原因。明确诊断,是本病合理治疗,取得满意疗效的先决条件。其实,焦虑是一种正常人常见的情绪反应,事出有因的焦虑情绪,不能视为疾病。许多病人患病后出现疾病心理反应,也可以呈现出严重的焦虑情绪,对此,必须正确识别排除。

2. 药物治疗

抗焦虑剂为首选药物。常用药物为舒乐安定、佳静安定和氯硝基安定等。但是,本病的治疗,特别是使用精神性药物,其剂量和服药方式很有讲究,必须在专科医生指导下进行。

需要特别注意的是,焦虑症在诊治过程中必须重视心理治疗,做好心理转化工作,调动病人的主观能动性。简单的对症服药治疗效果不一定很好,这一点务必注意。到药店买药治疗与在门诊医生指导下治疗,两者的效果和心理影响是不同的。

3. 焦虑症的营养疗法

经常焦虑的人心情往往长时间处于紧张状态,很难放松。及时补充适量的营养和忌食可乐、白酒、油炸食物等刺激性食品很有必要的。焦虑症通常补充的营养素大致如下:

(1)维生素B群:此类食物主要有芦笋、杏仁、瘦肉、蛋类、鸡肉、花生、牛奶等。

(2)钙及镁:此类食物主要有牛奶、坚果、柚子、绿叶蔬菜等。

(3) L—X胺酸:此类食物主要有鸡肉、瘦牛肉、瘦猪肉、瘦羊肉、兔肉、鱼类、红薯、坚果、大豆、扁豆、青豆、赤豆、花生、核桃、黑芝麻、葡萄干等。

三、强迫症与应对

强迫症是以强迫观念和强迫动作为主要表现的一种神经官能症,以有意识的自我强迫与有意识的自我反强迫同时存在为特征。患者明知强迫症状的持续存在毫无意义且不合理,却不能有效克制反复出现,越是企图努力抵制,反而越感到紧张和痛苦。病程迁延者多有仪式性动作表现。此时,虽然精神痛苦显著缓解,但其社会功能已严重受损。有研究者认为,大约每50个人中就会有一人得过强迫症。在英国大约有100多万强迫症患者。此病青少年患病率很高,性别分布上无显著性差别,一般认为青少年时期患强迫症在成年前都可康复。国外报道该病发病率为2%,也有心理学家认为发病率至少10%。

(一) 强迫症的症状

1. 经常对病菌和各种疾病敏感,并毫无必要的担心。
2. 经常反复洗手而且洗手的时间很长,超过正常需要。
3. 有时会毫无原因地重复相同的话语好几次。
4. 觉得自己穿衣、清洗、吃饭、走路时要遵循特殊的顺序。
5. 经常没有必要地反复做某些事情,例如检查门窗、开关、煤气、钱物、文件、信件等。
6. 对自己做的大多数事情都要产生怀疑。
7. 经常不自觉地去想一些不愉快的事情,使人不能摆脱。
8. 经常认为自己的细小的差错就会引起灾难性的后果。
9. 时常无原因地担心自己患了某种疾病。
10. 时常无原因地计数或多次吟唱某一段歌曲。
11. 为要完全记住一些不重要的事情而困扰。
12. 有时会毫无原因地破坏某些物品,或伤害他人。
13. 在某些场合,即使当时生病了,也想暴食一顿。
14. 有洁癖、幻想症、电邮综合征、自慰过度等表现。

(二) 强迫症的防范应对

1. 从小注意个性的培养是十分必要的。不要给予过多,过于刻板的要求,对于预防强迫症的发生有很大帮助,特别是父母本人有个性不良者更应注意。
2. 参加集体性活动及文体活动,多从事有理想有兴趣的工作,培养生活中的爱好,以建立新的兴奋点去抑制病态的兴奋点。
3. 采取顺应自然的态度。有强迫思维时不要对抗或用相反的想法去"中和",要带着"不安"去做应该做的事。
4. 有强迫动作时,要理解这是违背自然的过度反应形式,要逐步减少这类动作反应直到和正常人一样。坚持练习,必然有益。

5. 注意心理卫生,努力学习对付各种压力的积极方法和技巧,增强自信,不回避困难,培养敢于承受艰苦和挫折的心理品质,是预防的关键。

> **小贴士:系统脱敏法**
>
> 　　系统脱敏疗法是诱导患者缓慢地露出导致神经症焦虑、恐惧的情绪,并通过心理的放松状态来对抗这种焦虑情绪;从而达到消除焦虑或恐惧的目的。其程序是逐渐加大刺激的程度,当某个刺激不会再引起患者焦虑和恐怖反应时,再向处于放松状态的患者呈现另一个比前一刺激略强一点的刺激……如果一个刺激所引起的焦虑或恐怖状态在患者所能忍受的范围之内,经过多次反复的呈现,他不再对该刺激感到焦虑和恐怖,治疗目标也就达到了。

(三) 强迫症的治疗措施

1. 精神治疗

以支持性心理治疗为主,对强迫动作可进行行为治疗,反应阻抑法的效果较佳。

2. 心理动力学的治疗

该疗法强调通过顿悟、改变情绪经验以及强化自我的方法去分析和解释各种心理想象之间的矛盾冲突。

3. 行为治疗

系统脱敏法、榜样学习法、暴露疗法与反应阻止法并用。

4. 药物治疗

在医生的指导下进行药物治疗。

此外,强迫症患者还可以通过宣泄疗法、转移注意力、多参加文体活动等方法缓解或消除某些强迫症的症状。

第三节　抑郁症的预防与应对

抑郁症是由各种原因引起的以抑郁为主要症状的一种心境障碍或情绪障碍。目前,全世界有 2～2.5 亿抑郁症患者。因此,许多学者称其为精神障碍中的"普通感冒",它将是 21 世纪影响人类身心健康的主要危险因素之一。大学生由于学习、就业、感情、人际交往等方面的原因,出现抑郁情绪的现象越来越多,需要高度重视。

> **小贴士:大学新生最易遭遇的心理冲突:**
>
> 　　1. 理想和目标的失落:有些大学新生形容中学阶段的生活就像在黎明前漆黑一片的隧道中赛跑,高考就是前方那一盏最明亮的灯。顺利进入大学之后,天已大亮,

> 高考这盏明灯也熄灭了,生活也就失去了目标和动力,周围全然一片陌生的景观,大学生活反倒显得失落和茫然。
>
> 2. 理想和现实之间的差距:一些同学填报高考志愿有一些盲目性,没有进入理想的学校或专业与自己的设想有很大出入,学习上提不起兴趣。
>
> 3. 自我价值感的丧失:经过高考拼杀的大学新生,带着良好的自我感觉进入大学校园之后,突然发现自己只不过是大学生中的普通一员,无形中会在一些大学新生的心理上产生一种失落感。
>
> 4. 同学之间个体差异较大:高考过后,大家从埋头学习中抬起头来,第一次有机会能够看清彼此,这时才猛然发现自己和他人之间原来除了学习成绩外,还有其他许多方面的差距。在知识、才艺、人际关系、家庭背景乃至身体容貌等方面已不如人的地方很多。
>
> 5. 学习方法的不适应:对于大一新生来说,尤其突出的矛盾是由应试教育造成的不良学习习惯无法适应新的大学教学。没有了中学里老师的耳提面命,许多大学新生面对知识的海洋不知从何学起,难免会产生困惑、迷茫和无所适从的感觉。
>
> 6. 人际交往方面存在障碍:不知如何与来自不同家庭、不同社会背景的人相处,是一些大学新生人际交往障碍的主要表现,由此而引发的人际矛盾和心理不适往往给一些大学新生带来许多烦恼。

一、抑郁症的症状

(一)抑郁症的三大主要症状

很多人对抑郁症并不陌生,但抑郁症与一般的"不高兴"有着本质区别。抑郁症作为一种病症,综合起来主要有以下三大主要症状:

1. 情绪低落

就是高兴不起来,总是忧愁伤感,兴趣索然,甚至感到悲观绝望,痛苦难熬,有度日如年、生不如死的感觉。常用活着无意思、高兴不起来等描述其内心体验。典型者有抑郁情绪,有昼重夜轻的特点,常与焦虑共存。

2. 思维迟缓

就是自觉脑子不好使,记不住事,思考问题困难。患者的思维联想过程受抑制,反应迟钝,自觉脑子不转了,表现为主动性言语减少,语速明显减慢,不连贯;思维有阻滞与断裂现象,表现为思考回答问题费力,反应慢,需等待很久。在情绪低落影响下,自我评价低,自卑,有负罪感;有无用感和无价值感,觉得活着无意义,有悲观厌世和自杀打算;在躯体不适基础上出现疑病观念,认为自己患了不治之症。

3. 运动抑制

就是不爱活动,浑身发懒。走路缓慢,言语少等。不愿参加外界和平素感兴趣的活动,常独处。生活懒散,发展为不语不动,可达木僵程度。严重的可能不吃不动,生活不能自理。最危险的是反复出现自杀企图和行为。

> **小贴士：节律变化**
>
> 心情压抑、焦虑、兴趣丧失、精力不足、悲观失望、自我评价过低等，都是抑郁症的常见症状，有时很难与一般的短时间的心情不好区分开来。这里向大家介绍一个简便的方法：如果上述的不适早晨起来严重，下午或晚上有部分缓解，那么，你患抑郁症的可能性就比较大了。这就是抑郁症所谓昼重夜轻的节律变化。

具备以上典型症状的患者并不多见。很多患者只具备其中的一点或两点，严重程度也因人而异。多数病例还存在各种躯体症状，即大部分抑郁病人都有躯体及其他生物症状，例如心悸、胸闷、胃肠不适、便秘、食欲下降和体重减轻。此外，抑郁症患者睡眠障碍突出，多为入睡困难。抑郁症发作时也能出现幻觉，人格解体，现实解体，强迫和恐怖症状。因思维联想显著迟缓及记忆力下降，容易影响老年患者的认知功能，出现抑郁性假性老年痴呆症。

轻性抑郁常有头晕、头痛、无力和失眠等表现，易误诊为神经衰弱，后者起病前有一定的心理社会因素，如长期紧张、用脑过度等，情感以焦虑、脆弱为主，主要临床表现是与精神易兴奋相联系的精神易疲劳、心情紧张、烦恼和易激惹等情绪症状，及肌肉紧张性疼痛和睡眠障碍等生理功能紊乱症状。自知力良好，症状被动性大，求治心切。而抑郁障碍以情绪低落为主，伴思维迟缓，自卑、自责、想死，及生物学症状（如情绪昼重夜轻，食欲、性欲下降等），自知力常丧失，不主动求治。

隐匿性抑郁症是一种不典型的抑郁症，主要表现为反复或持续出现各种躯体不适和植物神经症状，如头疼、头晕、心悸、胸闷、气短、四肢麻木和恶心、呕吐等症状，抑郁情绪往往被躯体症状所掩盖，故又称为抑郁等位症。病人多不找精神科医生，而去其他科就诊。躯体检查及辅助检查往往无阳性表现，易误诊为神经症或其他躯体疾病。对症治疗一般无效，抗抑郁治疗效果显著。

（二）抑郁症基本症状

1. 抑郁心境程度不同，可从轻度心境不佳到忧伤、悲观、绝望。病人感到心情沉重，生活没意思，高兴不起来，郁郁寡欢，度日如年，痛苦难熬，不能自拔。有些病人也可出现焦虑、易激动、紧张不安。

2. 丧失兴趣是抑郁病人常见症状之一。丧失既往生活、工作的热忱和乐趣，对任何事都兴趣索然。体验不出天伦之乐，对既往爱好不屑一顾，常闭门独居，疏远亲友，回避社交。病人常主诉"没有感情了"，"情感麻木了"，"高兴不起来了"。

3. 精力丧失，疲乏无力，洗漱、着衣等生活小事困难费劲，力不从心。病人常用"精神崩溃"，"泄气的皮球"来描述自己的状况。

4. 自我评价过低。病人往往过分贬低自己的能力，以批判、消极和否定的态度看待自己的现在、过去和将来，这也不行，那也不对，把自己说得一无是处，前途一片黑暗。产生强烈的自责、内疚、无用感、无价值感、无助感,严重时可出现自罪、疑病观念。

5. 病人呈显著、持续、普遍抑郁状态。注意力集中困难、记忆力减退、脑子迟钝、思路闭塞、行动迟缓,也有些病人表现为不安、焦虑、紧张和激越。

6. 消极悲观。内心十分痛苦、悲观、绝望,感到生活是负担,不值得留恋,以死求解脱,可产生强烈的自杀念头和行为。

7. 食欲减退、体重减轻。多数病人都有食欲不振,胃纳差症状,美味佳肴不再具有诱惑力,病人不思茶饭或食之无味,常伴有体重减轻。

8. 性功能减退。疾病早期即可出现性欲减低,男性可能出现阳痿,女病人有性感缺失。

9. 睡眠障碍。典型的睡眠障碍是早醒,比平时早2～3小时,醒后不复入睡,陷入悲哀气氛中。

10. 昼夜变化。病人心境有昼重夜轻的变化。清晨或上午陷入心境低潮,下午或傍晚渐见好转,能进行简短交谈和进餐。昼夜变化发生率约50%。

抑郁症好比感冒,是每个人都可能得的一种普遍的心理疾病。抑郁症是可以治愈的,如果你抑郁了,要大胆地告诉自己,"我的情绪'感冒'了,虽然现在很痛苦,但只要吃点药就会好……"

(三) 抑郁症最危险的症状

抑郁症患者由于情绪低落、悲观厌世,严重时患者经常为了结束痛苦,受自罪和困惑而产生死亡的念头和行为。由于患者思维逻辑基本正常,实施自杀的成功率也较高,因此自杀是抑郁症最危险的症状之一。有研究表明,抑郁症患者的自杀率比一般人群高20倍。社会自杀人群中可能有一半以上是抑郁症患者。有些不明原因的自杀者可能生前已患有严重的抑郁症,只不过没被及时发现罢了。由于自杀是在疾病发展到一定的严重程度时才发生的,所以及早发现疾病,及早治疗,对抑郁症患者非常重要。不要等患者已经自杀了,才想到他可能患了抑郁症。

二、抑郁症的防范应对

面对抑郁症,既不要悲观失望,也不要麻痹大意,而是要正确认识,科学应对,积极防范,努力做到:

1. 面对现实,了解自己的长处和不足,给自己设定切实可行的人生目标。
2. 生活、学习要有规律,不要经常透支自己的体力。
3. 有计划地做些能够获得快乐和自信的活动,如听音乐、逛街、打扫宿舍等。
4. 加强体育锻炼,多参加文艺体育和集体活动。
5. 广交良友,正确对待情感问题。
6. 保持良好的心境,学会快乐的生活。
7. 避免服用某些药物,如磺胺类药物等。

8. 多吃富含维生素B和氨基酸的食物,如谷类、鱼类、绿色蔬菜、蛋类等。
9. 寻找适合自身的减压方法。

三、抑郁症的治疗措施

对病情较轻的抑郁症患者,可实施心理治疗,以减少抑郁症症状和病情。心理治疗是指轻度抑郁症患者可通过心理调节减少自己的抑郁症状。常用的方法有音乐疗法、放松疗法等。通过不同的运动形式、运动强度、运动频率和运动时间减少压力,放松心情,减轻抑郁情绪。一般最好选择中低强度的运动项目,如散步、慢跑、太极拳、游泳等。

抑郁症一旦发现,应及时报告老师和家长,以便得到及时照料。抑郁症是一种病症,不是一时的情绪与思想性格问题,必须及时就医,在专科医生的指导下治疗康复,以免延误病情。治疗上,目前采用得比较多的是药物治疗与心理治疗相结合的治疗方式。

小贴士:抑郁症的放松疗法

1. 准备工作:选择一间安静整洁、光线柔和、周围无噪音的房间。
2. 练习步骤:

(1) 深深吸进一口气(保持约15秒),然后慢慢把气呼出来。重复一次。

(2) 伸出前臂,用力握紧拳头(保持约15秒),然后彻底放松双手。重复一次。

(3) 放松双臂:用力屈臂绷紧双臂肌肉(保持约15秒),让背后彻底放松双臂。重复一次。

(4) 放松双脚:用脚趾抓紧地面,使双脚紧张(保持约15秒),然后彻底放松双脚。重复一次。

(5) 放松小腿肌肉:用力上翘脚尖,脚跟向下向后紧压地面,绷紧小腿肌肉(保持约15秒),然后彻底放松双脚。重复一次。

(6) 放松大腿肌肉:用脚跟向前向下压紧地面,绷紧大腿肌肉(保持约15秒),然后彻底放松。重复一次。

(7) 放松头部肌肉(以下动作均重复一次)

- 紧皱额头:紧皱眉头的肌肉(保持约15秒),然后彻底放松。
- 转动眼球:先"上—左—下—右"加快速度,再朝反方向旋转,然后彻底放松。
- 咬紧牙齿:用力咬紧牙齿(保持约15秒),然后彻底放松。
- 舌头上顶:用劲使舌头顶住上颚(保持约15秒),然后彻底放松。
- 收紧下巴:用力收紧下巴(保持约15秒),然后彻底放松。

(8) 放松躯干肌肉群(以下动作均重复一次)

- 用力向后扩展双肩(保持约15秒),然后彻底放松。
- 用力上提双肩,尽量使双肩接近耳垂(保持约15秒),然后彻底放松。
- 用力向内收紧双肩(保持约15秒),然后彻底放松。

- 向上抬起双腿,用力弯曲腰部(保持约 15 秒),然后彻底放松。
- 紧张臀部肌肉,会阴用力上提(保持约 15 秒),然后彻底放松。
- 休息 3 分钟,从头到尾再做一遍。

3. 结束放松:从下至上感受身上的肌肉群,使每组肌肉群都处于放松的状态(约 20 秒),注意放松时的温暖、愉快、轻松感觉,并将这种感觉尽可能地保持 1~2 分钟。

第四节　精神分裂症的预防与应对

精神分裂症是一种精神科疾病,是一种持续、通常慢性的重大精神疾病,是精神病里最严重的一种,是以基本个性、思维、情感、行为的分裂,精神活动与环境的不协调为主要特征的一类最常见的精神病。精神分裂症也是精神病中最常见的一组精神病,美国六个区的调查资料显示,其年发病率为 0.43‰~0.69‰,15 岁以上为 0.30‰~1.20‰(Babigian,1975),我国部分地区为 0.09‰。根据国际精神分裂症试点调查(IPSS)资料显示,一般人群中精神分裂症年发病率在 0.2‰~0.6‰之间,平均为 0.3‰(Shinfuku,1992 年)。精神分裂症到目前为止病因未明,多发于 16~40 岁的青壮年之间,无器质性改变,为一种功能性精神病,患者一般无意识和智能方面的障碍,但发作时不仅影响本人的劳动能力,且对家庭和社会也有影响,应引起各界人士的高度关注。每年的 10 月 10 日是世界精神卫生日,2002 年,中国卫生部的宣传口号是:"精神健康:从了解开始"。

一、精神分裂症的症状

(一) 早期

大部分患者是在无明显诱因下缓慢起病,许多病状是在不知不觉中逐渐形成。最早被发现的征兆是很多时候独自呆坐似在思考问题,生活较以前懒散,纪律松弛,做事注意力不集中,常漫不经心,学习成绩下降,与其谈话话题不多,语句简单、内容单调,逐渐对人冷淡,疏远亲人,本来很有兴趣的事物也不感兴趣。

偶然可发现有一两句话不可理解或"牛头不对马嘴",或有时有点奇怪的行为。如突然发怒摔烂东西,或为一点小事执拗与人纠缠不休,无理取闹,莫名其妙地伤心落泪或欣喜。此时常易被误会为"思想问题"或性格改变。有部分患者会时有头晕、头痛、失眠、记忆力差、注意力不集中、全身疲倦无力等不适,也有表现为怕脏,反复洗手,无故心慌恐惧,心烦意乱等,因此也常常被误诊为神经衰弱。

部分患者可因躯体有病或精神受刺激等因素诱发,突然出现失眠、兴奋、言语与行为明显异常,少数会出现短暂意识不清并有片断性幻觉妄想或呆着不动成为木僵状态等。

(二) 充分期

此期为精神分裂症明显显露特征性病状时期,其表现主要如下:

1. 思维障碍

思维障碍也称联想过程障碍,较轻病状时为思维散漫,病者讲话或写文章时,每句话文法结构尚通顺,但上下句之间或上下文之间缺乏连贯性,因而整段讲话或文章使人无法理解其中心内容。病状严重时加重思维破裂,不仅句与句之间无联系,每个语句也不完整,好像语词的杂拌或语句的堆积,紊乱得支离破碎,好像一个文盲乱按打字机所打出来的文章。有的可表现为思维中断,与人谈话时突然停顿片刻,再接下讲时已转变了话题。

同时还有思维涌现,即脑子内不由自主地冒出一连串毫无联系语句,有如泉水一般涌出,患者想压也压不住。有时又觉似被别人施加外力把一些思想插入或挤入脑袋中,是别人强加于自己的,即通常所说的强制性思维。一些患者还表现为思维贫乏,与他坐在一起,如果你不提出问题就只有相对无言,对问话的回答也非常简单,多重复单调地答"是"或"不是"。另有些患者向你叙述事情时仅讲了三言两语就认为表达了许多含意,认为别人已详细了解其要说的内容了,表现为病理性简述。

病人对事物的思考和推理常缺乏逻辑性,对事物的判断分析不符合现实规律,不符合一般情理,却自认为很有道理。缺乏逻辑性的表现形式有语词新作和病理象征性思维。语词新作即病人创作一些图案、符号、文字或动作,以表示他自己才能理解的概念。如写"女男"表示结婚,举起弯曲的末指表示欢迎。病理性象征性思维是患者把抽象的概念与具体事物混淆不清。如一男青年经常保持双膝关节不屈以表示坚强,坚强是抽象概念,双膝关节的位置是具体事物,两者混为一谈。

思维障碍还包括思维内容的障碍,临床上部分患者会存在各种各样的妄想,以被害及关系妄想最多见,其次是夸大、嫉妒等妄想也常见。这些妄想可以单一或多种同时存在且互相影响。例如有一青年搭公共汽车时旁边坐着两位解放军,下车后在马路上行走前后都有摩托车,则推想自己是个大人物,不然为什么上街有解放军保护和有摩托车开路。在家听到邻居在打扑克,传来断续的声音说:"枪毙……糟了……出错啦……",又推想"他们嫉妒我是个大人物,给我加上犯错误的罪名,要拉我去枪毙了"。这个患者同时存在夸大、关系、被害三种妄想且互相关联及渗透。

2. 情感障碍

情感障碍是精神分裂症的主要症状之一。患者在安静时表现冷淡,对周围事物无兴趣,不关心,与亲人疏远,告知重大事件时无动于衷,喜欢一人独坐房中,甚至连吃饭也不与亲人一起吃。有时会出现兴奋激动或焦虑抑郁等反应,但大多与周围环境无联系而是受幻觉妄想所支配。有时其情感与周围环境极不协调,为亲人开追悼会的时候他却站在一旁自笑。其情感也常与思维内容不协调,如笑嘻嘻地叙述他的悲惨遭遇。

3. 意志行为障碍

我们每个人的行为都是受自己的意志所支配,如要完成某项任务必须决心克服一切困难才行。患者无论对学习或工作都无责任心,抱无所谓的态度,对近期或远期的打算也不考虑,整天无所事事地呆坐、卧床或无目的地徘徊,甚至日常生活的吃饭、洗脸、换衣服、梳头理发等也是被动的。有时可因幻觉妄想的影响而自语、自笑或做出打人毁物、自伤等行为。

(三) 充分期的病人类型

在精神分裂症的充分期,临床医生为了治疗与护理的方便,常把典型表现的病人分为四种类型。

1. 单纯型

于青少年期缓慢起病,一般无明显诱因,以孤僻懒散、冷淡、思维贫乏、意志缺乏为主要特征,可有片断的幻觉妄想,早期常有头痛、头晕、失眠、全身无力等神经衰弱症状群,常易被误诊为神经衰弱。病程发展缓慢,往往短者1~2年,长者3~5年;因此早期易被误认为性格或思想问题。如不及时诊断及治疗,易逐渐迁延为慢性精神衰退。

2. 青春型

在16~23岁的青春期起病,大多为急性骤起,失眠兴奋、行为紊乱、幼稚,常冲动打人毁物。情感不稳,无外界诱因而独自喜怒哀乐变化无常,瞬间即转变。思维明显破裂,言语增多,无论唱歌或讲话都是杂乱无章,可有片断离奇的幻觉妄想。这种类型着重早期控制兴奋症状,如发展为疾病充分期则难以控制。此型大多呈反复发作,发作多次后易趋向精神衰退。

3. 紧张型

发生于青壮年,呈急性或亚急性起病,以表情淡漠,行为抑制为其主要特征。初期言语动作明显减少,发展至严重时呈木僵状态,躺着不言、不动、不食,毫无表情,活像一个木头人。但要警惕有时会突然解除抑制呈兴奋状态,突然起来打人、毁物、逃跑,常历时短暂,又可转回木僵状态。此类型可自行缓解,经治疗后可完全恢复。

4. 妄想型(偏执型)

青壮年起病,起病形式缓慢,早期为敏感多疑或间伴有听幻觉,以后逐渐发展为妄想观念,大多以被害、关系、夸大、嫉妒、疑病等妄想。由于妄想及幻觉而影响其言行异常,但其情感反应常与思维内容及环境不协调,妄想内容荒谬脱离现实。病程发展较慢,早期尚能正常工作,故不易被发现。常发展至影响工作生活,产生异常行为时才被发现有病。此型预后较好,经治疗大多可痊愈,只有少部分会遗留性格改变,极少数逐渐发展为慢性精神衰退。

(四) 后期

患者经过积极治疗以后,可能有几种不同的转归:一部分经治疗后病况逐渐好转而达到痊愈,愈后可以恢复其原来工作。部分病人虽经努力治疗但不易完全控制症状,常呈反复发作。部分患者虽病况好转但遗留淡漠、孤僻、少语、学习工作不主动等症状。也有些遗留性格改变,对什么事都采取无所谓的态度,对社会及家庭均无责任心。少部分逐渐发展为精神衰退,即除了本能地感到饥饿时主动吃东西外无所要求,终日呆坐一隅或蒙头大睡,不与任何人接触,生活全部需别人照顾。

二、精神分裂症的防范应对

(一) 精神分裂症的防范应对

精神分裂症多发病于青壮年。根据精神分裂症的发病规律,应予高度重视,积极预防,努力做到:

1. 早发现,早治疗。
2. 坚持药物维持治疗,这是预防精神分裂症复发的最有效措施。
3. 及时发现复发的先兆,及时处理,如这段时间无缘无故睡眠不好、懒散、不愿起床、发呆发愣、情绪不稳、无故发脾气、烦躁易怒、胡思乱想、说话离谱等。
4. 在医生的指导下坚持定期门诊复查。
5. 减少诱发因素。

(二) 精神分裂症的治疗措施

精神分裂症是一种严重的精神疾病,必须及早发现及时就医,在专科医生的指导下得到严格规范的治疗。治疗上主要以药物治疗为主,减少不良的精神刺激,坚持全病程治疗。

扩展阅读:十种方法帮助缓解压力

方法1:按摩穴位。当一个人面对压力时,可能会毫无理由地觉得心情郁闷,不管做什么事,都无法快乐起来。这个时候,通过按摩不同的治疗穴位,可以消除压力,促进内脏功能,让身体重新涌现活力。

方法2:培养兴趣。如果一个人长期面对过重的压力,健康会受到影响,包括:心脏功能减弱、手脚麻痹、头痛、失眠、呼吸困难等。其中一个减压的方法是,培养自己的兴趣,让自己完全脱离造成压力的源头。

方法3:忙中偷闲。离开办公室后还感觉到压力,常常出现头痛,晚上无法入睡等症状,那可能就是压力过重,这个时候,就该请医生诊断。建议工作时也要适当地休息,例如:每隔一段时间离开自己的座位去倒杯水,或上洗手间。

方法4:食用减压食物。所有的压力和刺激物都会消耗能量,比如B族维生素、维生素C、钙和镁等,所以减缓压力首先从抗压力饮食开始。建议把一些缓慢释放能量的碳水化合物,如水果、粗粮、蚕豆、坚果和植物种子加入你每天的饮食清单中。特别是坚果和植物种子不仅含有碳水化合物,还含有蛋白质,是很好的抗压力食物。此外,还需要每日增补那些有效转化为能量的营养素,如B族维生素、胆碱、维生素C、钙、镁、锌、辅酶Q等。

方法5：减压汤疗，食用柴胡排骨番茄汤，温泉浴、药浴等沐浴方式。

方法6：做深呼吸。当你心力交瘁时，最快的一种恢复平稳的方法是深呼吸，然后想想到底是什么让你感觉焦虑。深呼吸也能在你体内注入更多的氧气，从而让你的精力更加旺盛。建议每天冥想10分钟。冥想是解除任何形式和程度压力的最好方法。它能降低心跳频率和血压，减缓呼吸，平复脑电波，更快恢复身心平稳，防止在压力下身体的免疫能力下降。

方法7：慢运动缓释压。保持旺盛体力是应对压力十分有效的方式。运动之后，身体达到最佳平衡，从而变得放松、强壮、柔软、姿态良好，有足够的持久力。但是需要避免剧烈运动。最好的减压运动是慢运动，比如游泳、散步、瑜伽、太极拳等都会更有帮助。

方法8：户外走动。无论在家、工作，甚至逛街购物，我们多数时候都在室内。自然光照得不够，会让我们的身体失去节奏，承担压力的能力越来越差。因此，当你感觉到有压力时，多到户外走动，即使天气不怎么好，也要坚持。

方法9：香精水疗法。晚上回家，可以在洗澡水里加入薰衣草、玫瑰、香水树、天竺葵等，具有镇静身心作用的芳香精油，有助于疏缓压力。香精水疗法应用水的温度、水流的压力、浮力和气泡群相互撞击所产生的"天然超音波能量"，在水中按摩肌肉，使血管扩张，促进血液循环，消除疲劳。

方法10：颜色减压。对付压力的一个方法，是让自己多接近令人平静的颜色，例如：绿色和蓝色。这些颜色可以用在你穿的衣服，以及你家的墙壁或摆设上。面对压力期间，避免红色，因为它会让情绪更加低沉。（摘自《十大秘笈帮白领解压》，王曙，《辽宁日报》2009年6月8日）

本章小结：

世界卫生组织专家断言，从现在到21世纪中叶，没有任何一种灾难能像心理危机那样给人们带来持续而深刻的痛苦。从人类疾病发展史来看，人类已进入"心理疾病"时代。被列为当今人类十大死因之一的自杀，大多是由心理疾病引起的，所以，专家们把"能正确处理心理危机"定为健康的新标志。近年来，校园里也时有自杀、伤害及精神疾病等不幸事件发生，引起了学校、社会的高度关注。大学生活承载着理想与现实的冲突，心理危机是每一位大学生都会面临的问题，正确地释放压力，适时调整心情，勇于面对变化，迎接挑战，才能使每一位同学真正成长起来，坚定自信地步入社会。

通过学习，同学们还应摆脱一些错误观念的影响，关心和帮助有心理和精神疾患的同学，给他们营造一个良好的康复环境。充分认识到，人的心理危机与精神疾患都是可以克服可以治疗的。心理危机的激化往往就在某个特定阶段，在这个关键阶段只要采取正确的方式分散注意力或者有人在旁协助，就可以安全平稳度过。而精神疾病只要早发现，早治疗，也是可以减轻症状甚至痊愈的。在大学的集体生活中，同学之间的真诚关心和帮助,友谊的力量是可以有效预防和缓解心理危机与精神疾病对同学们的影响。

问题讨论:

1. 联系自己的实际情况,分析大学生产生心理危机的具体原因。
2. 大学生心理健康的标准是什么?如何增进大学生自身的心理健康?
3. 发现自己或者身边的同学情绪或者行为异常时,我们可以做些什么?

第十章 化学事故与核事故的安全防范

学习目标：

通过学习认识和了解化学事故，尤其是核安全事故的潜在和现实威胁，认识和了解化学事故和核安全事故的特点及严重危害性，掌握化学事故和核安全事故的基本防范措施。

导入案例：切尔诺贝利事故

1986年4月26日（当地时间1点24分），前苏联的乌克兰共和国切尔诺贝利核能发电厂发生严重泄漏及爆炸事故。事故导致31人当场死亡，上万人由于放射性物质远期影响而致命或重病，至今仍有因放射线影响的畸形胎儿出生。这是一次严重的核事故。外泄的辐射尘随着大气飘散到前苏联的西部地区、东欧地区、北欧的斯堪的纳维亚半岛。由于风向的关系，据估计约有60%的放射性物质落在白俄罗斯的土地上。

此事故引起大众对于前苏联的核电厂安全性的高度关注。就是苏联解体后，俄罗斯、白俄罗斯及乌克兰等国每年仍需投入大量的经费与人力，致力于灾难的善后以及居民健康保健。事故对环境的长期影响，到目前为止仍是个未知数。

2005年，国际原子能机构的一份报告认为，事故发生后，已有47名核电站工人及9名儿童因患上甲状腺癌而死亡，估计大约还有4000人会因这次意外所带来的疾病而死亡。

第一节 化学事故的安全防范

一、什么是化学事故

化学事故是指有毒物质或化学危险品在生产、储存、运输和使用过程中，由于人为或其他原因引起泄漏、污染或爆炸，造成生命财产损失和伤害的事故。

化学危险品种类繁多，有特殊的毒害作用。化学事故具有突发性强、扩散快、范围广、时间长、后果复杂等特点，必须引起高度警惕。常见危险化学品有：液化气、管道煤气、汽油、苯、氯乙烯、液氯、液氨、甲醇、二氧化硫、一氧化碳、黄磷、强碱、强酸、农药杀虫剂等等。

> **小贴士：常用危险化学品分类**
>
> 危险化学品是指物质本身具有某种危险特性，当受到摩擦、撞击、振动、接触热源或火源、日光曝晒、遇水受潮及性能相抵触物品相混合等外界条件的作用，会导致燃烧、爆炸、中毒、灼伤及污染环境事故发生的化学品。
>
> 《常用危险化学品分类及标志》(GB13690-92)将危险化学品分为8类：
>
> 第1类　爆炸品；
> 第2类　压缩气体和液化气体；
> 第3类　易燃液体；
> 第4类　易燃固体、自燃物品和遇湿易燃物品；
> 第5类　氧化剂和有机过氧化物；
> 第6类　毒害品和感染性物品；
> 第7类　放射性物品；
> 第8类　腐蚀品。

二、化学事故的前兆

在化工区或有警告标志的化工产品容器附近，应该注意发现下列前兆异常：

1. 有色气体或液体出现跑、冒、滴、漏现象，并伴有怪味。
2. 大批人员同时出现头痛（晕）、心悸、烦闷、呼吸困难、呕吐、视物模糊、有刺激感、惊厥、抽筋、步履蹒跚等不适症状。
3. 动物异常（数量大、范围广）。例如：许多蜂、蝇、蝴蝶等昆虫飞行不稳，抖翅、挣扎；大量青蛙、麻雀、鸽子、家禽、家畜等出现眨眼、散瞳、缩瞳、流口水、站立不稳、呼吸困难、抽筋现象；很多鱼、虾、蚂蟥等水生生物活动加快，乱蹦乱爬，尔后活动困难。
4. 植物异常。例如：许多种类植物的颜色发生变化等。

三、化学事故的防护措施

(一) 几种常见化学品中毒的应急措施

1. 氯气

进入眼睛:用2%小苏打水或食盐水洗涤。进入呼吸道:用2%小苏打水或食盐水洗鼻、漱口,吸入水蒸气。严重者要输氧和注射强心剂。

2. 氨

眼睛和皮肤:用清水或3%硼酸水或1%明矾水洗涤。眼角膜溃疡:红霉素、氯霉素眼药水或金霉素眼膏涂眼。支气管炎、肺炎:及时送医院治疗。

3. 一氧化碳

迅速移至空气流通处,解开衣领、腰带等,保持呼吸畅通;呼吸困难的要输氧;停止呼吸的要进行人工呼吸。

4. 氰化物

呼吸困难者需施行超压输氧,呼吸停止者进行人工呼吸。口服0.2%高锰酸钾或3%氧化氢和高浓度食盐水,反复引吐和洗胃。清醒者吸入亚硝酸异戊酯,10分钟3～6滴。失去知觉者注入3%亚硝酸钠10毫升,注射10%硫代硫酸钠溶液。

5. 有机磷农药

保证呼吸和心跳正常,必要时施行人工呼吸或体外心脏按摩。解毒药:解磷针、阿托品、曼陀罗、氯磷啶等。皮肤污染:用清水或肥皂水清洗。眼睛污染:2%小苏打水洗眼。

(二) 个人防护措施

1. 了解所使用的危险化学品的特性,不盲目操作,不违章使用。

2. 妥善保管身边的危险化学品,做到标签完整、密封保存、避热、避光、远离火种。

3. 居室内不要存放危险化学品。

4. 严防室内积聚高浓度易燃易爆气体。

5. 乘船、乘车不携带危险化学品。

6. 发现被遗弃的化学品,不要捡拾,应立即拨打报警电话,说清具体位置、包装标志、大致数量以及是否有气味等情况。

7. 不要在事发地周围逗留;不要在事发地吸烟。

8. 遇到危险化学品运输车辆发生事故,应尽快离开事故现场,撤离到上风口位置,不围观,并立即拨打报警电话;其他机动车驾驶员要听从工作人员的指挥,有序地通过事故现场。

9. 居民小区施工过程中挖掘出有异味的土壤时,应立即拨打当地区(县)政府值班电话说明情况,同时在其周围拉上警戒线或竖立警示标志。在异味土壤清走之前,周围居民和单位不要开窗通风。

10. 受到危险化学品伤害时,应立即到医院救治,不要拖延。

案例 ▶ 装载化学品的槽罐车泄漏事故

2007年8月23日晚8时许,一辆槽罐车在325国道电白县岭门路段倒车时不慎撞开阀门,引发槽罐内20多吨危险化学物品甲基苯胺泄漏。据现场附近饭店和加油站的目击者称,当晚8时多,一位槽罐车司机在出事地点附近的饭店吃完饭后,在325国道上倒车准备开走。但在倒车的过程中不知何故撞开罐体一个阀门,内装的20多吨的甲基苯胺喷射而出,流进路边一条南北流向的水坑中。刺鼻臭气迅速随风传开,附近饭店、加油站的工作人员和村民互相通知,快速撤离。泄漏事故发生后,茂名、电白两级环保部门和有关领导及当地消防官兵迅速赶到现场抢险。他们戴着防毒面具,迅速用水和有关物质稀释、中和甲基苯胺。"从23日晚9时多,一直到24日晚上10时多,经过连续25个小时的努力,泄漏在现场的化学品和大量的污染物才被清理完毕。"

(三) 公共防护措施

1. 如何撤离

毒区内人员紧急转移至无毒区域,疏散到上风方向。如果来不及撤离或在无个人防护器材的情况下,应迅速转移到坚固而密封性能好的建筑物内,以避免化学毒物的伤害。在人群密集地撤离时要保持秩序,防止挤踏。

2. 防毒器材及措施

进入毒区以前,必须正确佩带防毒面具及袖套、围裙、靴套等个人防护器材,必要时应穿全身式防毒衣。

对于眼睛的防护,可戴上与皮肤密合的游泳镜或太阳眼镜,防止眼睛受刺激或有毒液滴溅入眼内。或用透明塑料薄膜袋包住头部,用毛巾扎住颈部,在口鼻处开孔。

对于呼吸道的防护,一可用浸药口罩:用口罩或30~40层纱布、10~20层毛巾做成口罩(注意防止鼻梁两侧漏气),浸在10%的碳酸氢钠,或10%的碳酸钠、5%的硫代硫酸钠、肥皂水中,稍拧干至呼吸阻力不大时即可使用;为减少药剂刺激,在口罩内侧衬一块干布。二可用装料口罩:用毛巾、纱布、旧布做成比普通口罩稍大的装料口罩,装填3~4cm厚的防毒滤料(如1~2mm的黏土粒、0.6~1.2mm的1:1生石灰和黏土混合颗粒、木炭粒、锯末,或浸10%~15%的碳酸钠等);或将毛巾铺平,把滤料倒在中央再进行折叠、缝制、安上系带;佩戴时必须固定,防止下坠和漏气。

对于消化道的防护,要遵照规定不得在工作场所喝水、吃东西、吸烟。工作后要脱去工作服,洗手洗脸。事故污染区的水源、食品须经检测无害后方可食用。

对于皮肤的防护。全身防护:可用雨衣、塑料布、薄膜、帆布、油布、毯子、棉大衣、斗笠或雨伞等遮住身体各部位,进行全身防护。局部防护:戴橡胶手套,穿长筒雨鞋、胶鞋、皮鞋,也可用塑料布、帆布、麻袋片撕成长2~3m、宽15~20cm的布条裹脚包足，或用稻草、茅草包扎，草的厚度约为2cm左右。需注意绑扎时应由下而上，注意密合、牢固。

第二节 核泄漏事故的安全防范

一、核辐射和电离辐射

辐射是指以波或粒子的形式向周围空间或物质发射并在其中传播的能量，如声辐射、热辐射、电磁辐射、电离辐射等。核辐射是指核反应、放射性核素衰变或射线装置所产生的辐射，常见辐射类型包括α射线、β射线、γ射线、中子辐射等，核辐射通常可以使物质原子发生激发或电离，因此又称为电离辐射。电离辐射可以对人体造成伤害，较高剂量的电离辐射可以导致人体病变甚至死亡。

电离辐射（以下简称为辐射）通常分为天然辐射和人工辐射。有史以来，人类在地球上始终受到天然辐射，天然辐射包括来自宇宙的辐射（宇宙射线）、宇宙射线与地球上物质发生反应产生的放射性核素（比如C-14）所发出的辐射、地球上原本存在的放射性核素（比如氡、K-40）产生的辐射。天然辐射水平通常较低，对人体产生严重的伤害的可能性很小。

人工辐射是指人类在核能开发利用或核武器试验/使用过程中产生的辐射。人工辐射在防护不当或发生事故的情况下可能对人体造成严重伤害。

（一）电离辐射常用量和单位

放射性核素通过衰变可以释放各种射线。放射性核素衰变的强度通常用活度来表示，是指单位时间发生衰变的次数，活度单位为贝可（Bq）或居里（Ci），1Bq表示每秒中发生一次衰变，$1Ci=3.7\times10^{10}Bq$。

描述人员受照大小的量为剂量当量，单位为希弗（Sv）。$1Sv=10^3 mSv=10^6 uSv$。

（二）电离辐射的生物效应

辐射对人产生的危害，其生物效应分为确定性效应和随机效应两种（见下图）。

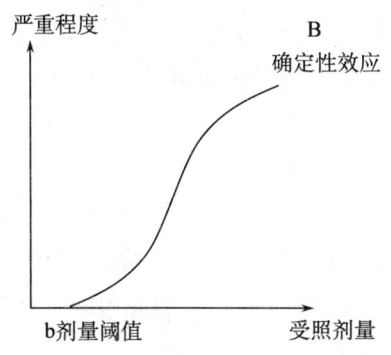

图1 确定性效应示意图

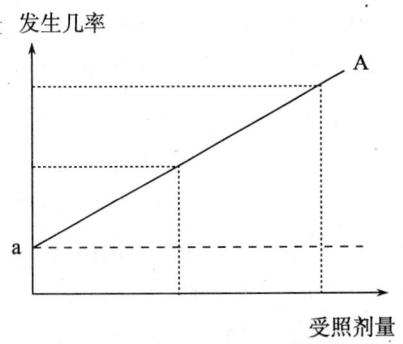

图2 随机性效应示意图

所谓确定性效应是指效应的严重程度与受照剂量有关的那些效应。确定性效应存在着阈值,阈值意味着只有当受照剂量超过这个值时,机体才会发生效应。随机性效应是指效应严重程度与受照剂量大小无关,但其发生几率取决于受照剂量的那些效应(见示意图2)。

人体发生确定性效应的阈值见表1,人体受小剂量的r射线照射后早期临床症状见表2。

表1 确定性效应的阈值

器官或组织	确定性效应	单次照射的剂量阈值	多次照射的剂量阈值
生殖腺	永久性不育	3Sv	/
眼晶体	晶体混浊	0.5~2.0Sv	>15Sv
红骨髓	造血机能损伤	1.5Sv	>20Sv
皮肤	难以接受的变化	/	>20Sv

表2 人体受小剂量的r射线照射后早期临床症状

受照剂量(Sv)	临床症状
<0.1	无影响
0.1~0.25	未观察到临床效应
0.25~0.50	个别人(约2%)出现轻微症状:头晕、乏力、食欲下降、睡眠障碍等
0.50~1.00	少数人(约5%)出现轻度症状:头晕、乏力、不思食、失眠、口渴等
1.00~1.50	一部分人(约5%~50%)出现恶心,少数人可能出现呕吐

(三) 各种电离辐射水平比较

各种辐射的平均辐射水平如下:

天然辐射　　　2.3mSv　　　人工辐射　　　　　　0.3mSv
核电站职工　　<1mSv　　　厂外居民(10Km内)　　1uSv

可以看出,与天然辐射比较,核电站的年平均个人剂量是很低的,远低于确定性效应的阈值和随机效应发生的临床症状值。

(四) 核与辐射设施简介

人工辐射来自人类实践中引入的各种核设施。包括核燃料循环(铀矿开采、核燃料加工、储存、后处理等)设施、核反应堆(动力堆、研究堆等)、在工业(如射线探伤等)、农业(如辐射育种)、科研、医学(如X射线诊断、放射治疗等)中应用的各种放射源和射线装置。另外还包括在军事中的应用(如核武器)。

辐射可被用于诊断和治疗疾病,放射性材料可用来产生核电。暴露在X射线下必须严加控制。操作这种设备的技术人员通常在特定的屏障后面工作。核设施和核裂变材料则更加危险。裂变物质产生的核辐射,小剂量尚能忍受。低水平的背景辐射在人类能够裂变原子之前已经长期存在。辐射按伦琴/每小时(R)来测量,一个健康的人可以抵抗短暂的 5000R 负荷,但仅 700R 的剂量就足以使整个人体受到致命威胁。

核电站、核研究所要特别注意核废料的处理,确保不发生放射性污染。工作人员进入上述场所必须要穿戴好防护设备,无关人员不要接近和进入有核场所,以免发生危险。

在美国和英国,每个靠近核电站的社团都有一个处理放射性事故的紧急计划。发生事故后,当地电台会发布紧急信息或告知你撤离这一区域。如不撤离,应待在家里,减少危害。暴露在小的辐射中时,可用碘化钾药片来处理,它会延缓人体对辐射的吸收。任何已遭遇到核泄漏的人都应用肥皂和大量清水彻底冲洗整个身体,并立即寻求专家帮助。

二、核 爆 炸

核爆炸的直接危险是冲击波、热量和辐射,其后果的严重性取决于武器的类型、爆炸的距离和高度、气候及地形条件。

核爆炸产生的热量和冲击同常规爆炸产生的结果一样,但多数时候较后者更强大。

(一) 冲击波

爆炸会引起最初的冲击波。从爆炸中心向外扩张的压强波将摧毁建筑、拔起树木,空中飞满碎物,紧接着便是强热的来临,爆炸产生的能量的一半是通过这种方式扩散的。

当冲击波过后,大气快速返回填补"真空",引起更严重伤害。在初始冲击波已破坏建筑物的地方,这种真空的结果是最终把建筑物摧毁。

(二) 核热量

由核爆炸引起的核辐射(热和光),其温度比太阳还高,包括高密度的紫外线、红外线和看不见的辐射线。接近爆炸中心,所有不可燃的材料都可点燃——甚至使其气化。例如广岛原子弹爆炸时,在 4 公里外的人裸露的皮肤都被烧伤。

(三) 辐射

除了产生热辐射,核裂变还产生 α 粒子、β 粒子和 γ 射线。尽管放射性微粒回落到地上时带有明显的白色灰或尘埃,但这是被辐射毁坏的东西的残渣,而不是辐射本身。辐射并不能被人们感觉到。可以用盖格计算器来记录其出现,也可以利用罗盘或声音信号来显示,当辐射增强,信号颤动就会变得更厉害。

α 粒子:穿透力低,易于防卫,它们不能穿透皮肤,但被咽下或吸进会产生严重问题。

β 粒子:有轻微的穿透力,穿着厚衣服和鞋将提供充分的保护。在外裸露的皮肤会被灼伤。如果被吸进体内,会侵袭骨髓、胃肠道、甲状腺和其他组织。

γ射线:有高度穿透力,运行速度比α、β粒子更慢,可伤害身体所有细胞。

暴露在辐射中的普遍症状是恶心、呕吐和普通疾病。皮肤上会出现溃烂现象,并呈灰色。

(四) 残余辐射

核爆炸在最初时期释放的初始辐射是致命的——但仅持续很短的时间。一旦冲击波过后,初始的辐射也就过去了。然而,暴露在残余的辐射下同样是危险的。

残余辐射数量多少取决于原子弹如何爆炸。如果它在高空爆炸,火球体也没触及地表,则很少有残余辐射产生——通常被称为"少放射性尘埃的爆炸";如果在地面或近地面爆炸,则相当大量的土壤和碎物会被吸进高空中,作为辐射尘埃落向地面。重的微粒落在爆炸区域附近,但轻的尘埃或许会被随风携带到更广大的地域,这就是所谓的辐射扩散。辐射会随时间的延长而发生衰变——广岛和长崎两城市已重建,居民重新在此定居。但无论如何,一天或更短时间内仍会有70%的粒子继续保持辐射,等到其衰变要持续很多年。

在核爆炸发生的最初数小时内,如果有人没采取保护措施,则其受到的辐射将超过这星期剩余时间内遭受的辐射的总和。最初一星期受到辐射量将超过余下的一生在同一受污染地区积累的辐射量,因此,在核辐射初始阶段,防护是至关重要的。

案例 ▶ 日本福岛第一核电站核泄漏事故

福岛核电站是目前世界上最大的核电站,由福岛一站、福岛二站组成,共10台机组(一站6台,二站4台),均为沸水堆。受日本大地震影响,福岛第一核电站损毁极为严重,大量放射性物质泄漏到外部。2011年4月12日,日本原子能安全保安院根据国际核事件分级表将福岛核事故定为最高级7级。

日本福岛核电站事故引起全球关注,除地震、海啸等客观因素外,日本和国际上的部分专家、媒体认为,灾前和灾后忽视安全隐患和疏于管理,以及日本政府和东电公司在事故处理初期的遮遮掩掩是造成此次事故并导致事故不断升级、扩大的重要原因。

一、核电站超期服役,技术落后,设备老化问题严重。

福岛第一核电站1号机组于1971年3月投入商业运行,为单循环沸水堆,只有一条冷却回路,蒸汽直接从堆芯中产生,推动汽轮机。福岛核电站反应堆持续使用时间最长的已有约40年,反应堆老化情况严重,包括原子炉压力容器的中性子脆化,压力抑制室出现腐蚀,热交换区气体废弃物处理系统出现腐蚀等,导致其在紧急状况下失控。

二、强震后厂外电网瘫痪,场内应急供电系统故障。

紧急情况下,核反应堆能自动停止运行,但之后要继续进行冷却工作,直到反应堆燃料降温至正常水平。如果冷却系统失灵,燃料仓温度过高会将冷却水蒸发干净,造成燃料棒暴露在空气中升温而熔化。

地震后,福岛第一核电机组自动停止运行,但核反应堆在停堆后仍需要对堆芯进行冷却。一般停堆后,冷却系统泵所需的电力需要从外部输入,以防万一,电站还同时备有多台应急发电机供电。但日本强震后,福岛核电厂外电网瘫痪,应急柴油发电机短暂运行后也中断了。

三、东电公司信息披露不及时,核泄漏事故不断恶化。

震后日本福岛第一核电站多个机组接连出现险情,日本政府为此已宣布"核能紧急事态",并于3月12日首次确认福岛核电站出现泄漏,大批居民被疏散。15日,继日本福岛第一核电站一号、三号机组发生爆炸事故之后,其二号和四号机组又相继发生氢气爆炸。日本地震引发的核泄漏事故,不仅威胁当地居民的生命健康,也引发周边国家恐慌。

《举世时报》说,对于日本媒体报道的福岛第一核电站呈现的危机,日本政府给出的初始信息是核电站没有爆炸的可能性,不会达到危害人体健康的水平。日本政府说,用于冷却核反应堆的海水,再次排出后不危害人体健康。不过,从已有上百人遭到核辐射的现实来看,日方可能在淡化核泄漏和核爆炸的威胁。日本政府及东电公司在本次核危机期间信息不够公开和透明的做法引起了国际社会广泛质疑。

四、福岛核泄漏危及日本本土及周边国家,事故影响无法预测且极不乐观。

日本遭受地震、海啸、核泄漏三重打击,值得国际社会同情。但日本核危机仍在发展之中,核物质在大气、海洋中的扩散、影响非常复杂,世界多个国家都测出有不同程度的核辐射物质。

日本茨城县政府20日宣布,从县北部日立市露天栽培的菠菜中检测出了放射性物质碘,浓度为5.4万贝克勒尔/公斤,是《食品卫生法》暂定基准值的27倍。放射性物质铯的浓度也超过了500贝克勒尔/公斤的基准值,达到1931贝克勒尔/公斤。同时,福岛周边出产的牛奶、海产品等也被查出放射性物质超标,超标的食品会对人体产生一定的危害。

日本原子能安全保安院认为,福岛第一核电站大范围泄漏了对人体健康和环境产生影响的放射性物质,因此将其核泄漏事故等级提高至最严重的7级。

五、福岛核泄漏事故引发民众恐慌心理,多地现食盐抢购潮。

我国沿海及内地部分地区出现了小范围的"抢盐风"。据了解,此次抢盐事件最先从比较靠海的城市开始。市民抢盐主要有两种原因,一是我国目前的食盐全部是加碘盐,其中含有碘酸钾。不少市民可能觉得买些食盐,关键时刻用来防辐射。另外一种就是一些沿海城市的居民,担心海水被日本核辐射污染,不能炼盐。

六、福岛第一核电站反应堆永久废弃。

日本内阁官房长官枝野幸男3月20日表示,在东日本大地震中受到破坏的福岛第一核电站最终将被废弃。这是自3·11地震以来日本政府首次做出此番表态。枝野幸男说,福岛核电站不再适合重新启用。据悉,抢修队为了降低反应堆温度而注入海水,对反应堆造成一定程度腐蚀,导致重要部件失效,因此,关闭核设施是不可避免的。

三、核辐射的躲避与防护

总体来说,核能工业是比较安全的,但当核与辐射设施在防护不当或发生事故时均可能对人体产生辐射危害,尤其在发生事故时,危害会更大。当然核武器的使用会产生更加惊人的危害。

辐射照射分为外照射和内照射。来自人体外的辐射照射通常称为外照射;放射性核素通过各种方式(比如食入、吸入、皮肤和伤口渗入等)进入人体,在体内产生的照射称为内照射。只有人体在辐射场中时,才会受到外照射,离开后将不再被照射,但放射性核素一旦进入人体,会导致人体时时刻刻受到内照射。当然,随着核素的衰变和人体的排泄,人体中放射性核素的量将逐渐减少,不同放射性核素的减少速度各不相同。

小贴士:辐射伤害机理

人体有躯体细胞和生殖细胞两类细胞,它们对电离辐射的敏感性和受损后的效应是不同的。电离辐射对机体的损伤其本质是对细胞的灭活作用,当被灭活的细胞达到一定数量时,躯体细胞的损伤会导致人体器官组织发生疾病,最终可能导致人体死亡。躯体细胞一旦死亡,损伤细胞也随之消失,不会转移到下一代。在电离辐射或其他外界因素的影响下,遗传基因可能发生突变,当生殖细胞中的DNA受到损伤时,后代继承母体改变了的基因,导致有缺陷的后代产生。因此,人体一定要避免大剂量照射。

服用碘片防辐射的机理:如果身体已经有了足够的碘,就不会再从大气中吸收更多的碘。碘片让身体吸收满非放射性碘元素,就能避免对放射性碘同位素的吸收。但是,碘片的服用需要在医生等专业人员的指导下进行,随意服用可能导致碘超标,造成甲状腺肿大等疾病。而含碘量较低的药物,对防辐射并无作用。涂碘酒防辐射的做法是无稽之谈,碘必须内服才能在甲状腺中富集,否则毫无作用。而碘酒作为外用药,不能内服。

(一) 常见射线的特性和防护

1. γ 射线。γ 射线的射程很远,可以对整个人体产生直接危害。通常使用高原子序数的材料来进行屏蔽,比如混凝土、铅等。对于点源来说,其辐射剂量与源之间的距离平方成反比,因此远离辐射源辐射剂量会大幅降低。表1给出了几种常用屏蔽材料对于 $Co^{60}\gamma$ 射线的半减层厚度,所谓半减层厚度是指将辐射水平屏蔽到只剩一半的屏蔽物厚度。

表3　几种屏蔽材料对 $Co^{60}\gamma$ 射线的半减层厚度

材料	铅	铁	混凝土	水
半厚度	13mm	23mm	50mm	200mm

2. β射线。β射线的射程不是很远,通常使用低原子序数的材料进行屏蔽,比如有机玻璃、铝等。几毫米厚的有机玻璃就可以完全屏蔽通常能量的β射线。衣服、眼镜等也可以对β射线起到较好的屏蔽作用。

3. α射线。α射线的射程很短,一张纸就可以将其阻挡,人体的皮肤可以起到屏蔽作用,通常不考虑其外照射的危害,但当食入或吸入α核素时,其产生的α射线可以给人体造成严重的内照射危害。

4. 中子。中子的射程很远。低原子序数的材料对其屏蔽效果较好,比如水、石蜡、塑料、石墨等。

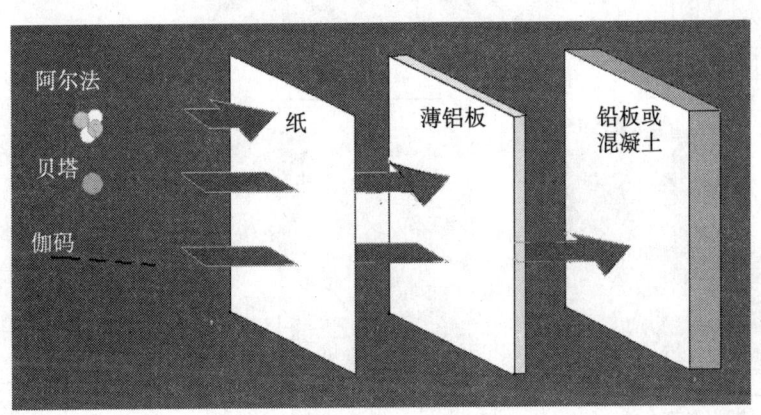

图3　射线射程/屏蔽示意图

表4　常见射线的射程

辐射类型	在空气中的射程	在生物组织中的射程
α	0.03米	0.04毫米
β	3米	5毫米
γ	很大	有可能穿透人体
快中子	很大	有可能穿透人体
热中子	很大	0.15米

（二）辐射照射的途径和防护

辐射照射途径通常包括：固定放射性核素源的直接外照射；空气中存在放射性核素（称为空气污染，比如核事故中的放射性烟云）被人员吸入而产生内照射；设备、地面、墙壁、人体表面被放射性物质沾污（称为表面污染），这些污染转移到人体内（比如食入）导致内照射。需要注意的是空气污染和表面污染在进入人体前也是外照射的来源。

对于外照射，通常采用远离、屏蔽、尽量减少在辐射场中的时间等措施来减少其危害；对于空气污染通常需要配戴呼吸保护器进行防护（比如过滤空气中放射性颗粒的口罩、气面罩、气衣等），表面污染通常采取塑料鞋套、乳胶手套、纸帽、纸衣等进行防护。部分防护用品见下面各图。

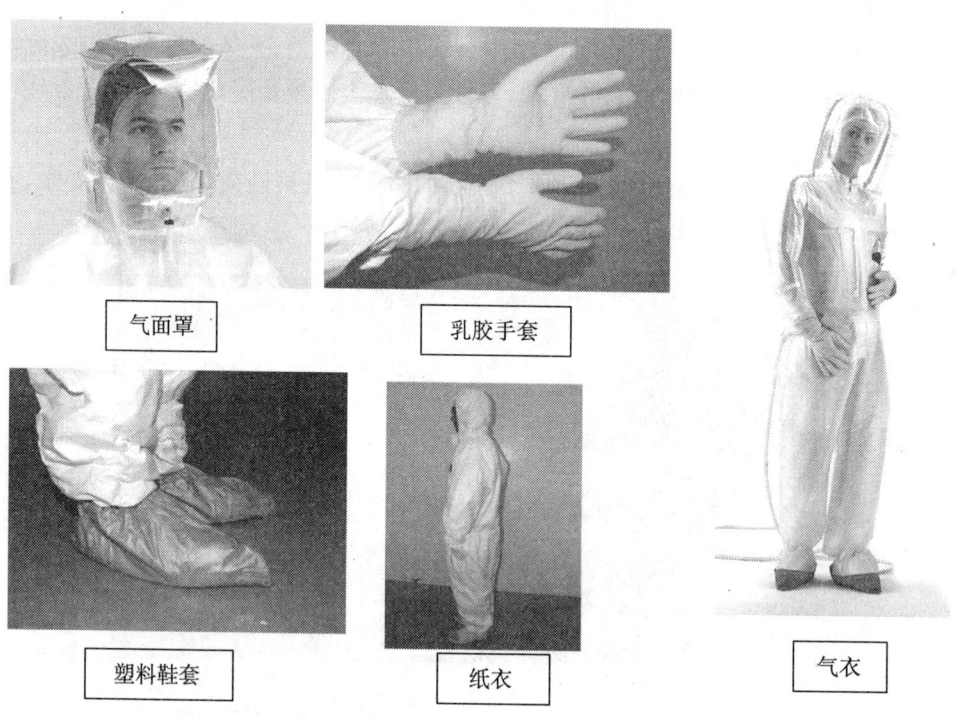

图4　空气污染和表面污染防护服举例

（三）电离辐射标识

国际上通用的电离辐射标识见图5。当公众遇到标有放射性标识的场所或物品时，应远离，确保安全。

（四）主要核与辐射事故的防护

1. 放射源事故和防护

放射源在国民经济中应用十分广泛。在受控情况下，放射源是安全的。但当发生放射源丢失、被盗、损坏情况下，可能造成较严重的辐射后果。据不完全统计，在1988年到1998年的十年间，我国共发生放射源事故近300起。以下为山西忻州的

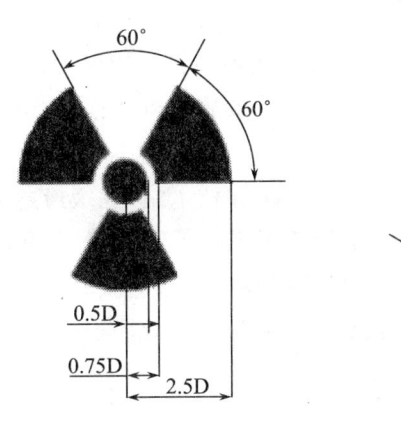
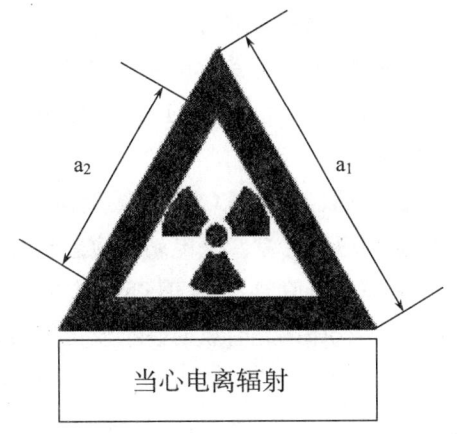

当心电离辐射

图 5

放射源事故简介。

上世纪 70 年代,忻州地区科技局购置 Co-60 放射源进行辐射育种,1991 年在放射源转移过程中,遗漏了一枚放射源。1992 年 11 月 19 日在拆除辐照建筑过程中,该枚放射源(2～3 厘米亮晶晶的金属)被民工张某捡到并随身携带。当天中午就发生恶心、呕吐,送到忻州医院就诊,第二天出现面部、胸部呈红黑色、高烧、血便、皮肤起水泡、白细胞急剧减少等症状。同时,同病室的病友、护理亲属、医护人员均出现了不同程度的恶心、呕吐。在其后 20 天之内,张某及其哥哥、张父三人死亡,140 余人受到不同程度的照射。需要说明的是在住院期间张某还随身携带了放射源,因而造成大量人员受照射。

从上述事件可以看出,加强放射源管理是十分必要的。同时,由于放射源的金属包装通常很漂亮(放射源见图 6 左),容易被盗或被人捡取。因此尽量不要捡取不明金属物质。此外,根据国家法规要求,放射源装置要有放射性标志(图 6 右为射线探伤源机及其上面的辐射标志),在发现有辐射标志的场所或物质时,应尽量远离。

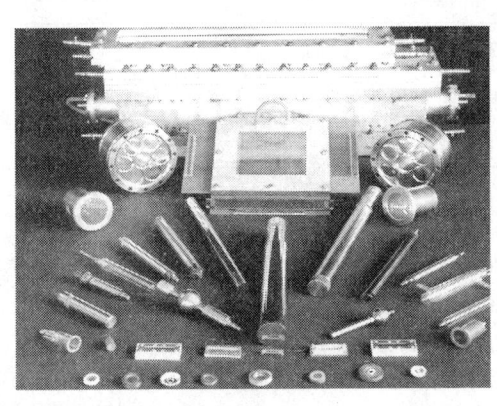
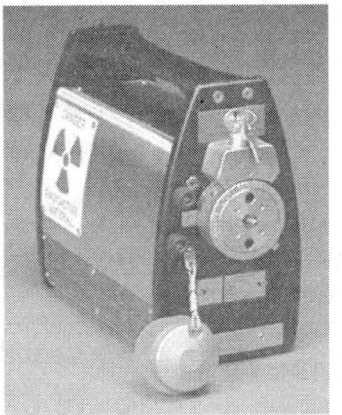

图 6

2. 核动力堆/核电站的事故应急防护

核动力堆/核电站是受控核反应,在设计上已经考虑各种异常情况,采取纵深防御措施,正常情况下是很安全的。虽然核电站发生严重事故的概率很低,但也应该做好核事故应急准备工作。

目前我国采取国家、省(自治区、直辖市)和核设施(如核电站)三级应急管理体系,制定相应的应急计划。核电站的应急状态分为应急待命、厂房应急、厂区应急和场外应急(又称总体应急)。在前三个应急状态中,应急响应工作主要在核设施内实施。进入场外应急时(此时放射性物质可能或已经释放到厂外),公众将需要采取各种防护行动。

核应急状态下主要防护行动见表5。

表5 针对各种不同的照射途径可采取的防护措施

防护措施	所针对的主要照射途径	事故阶段
隐蔽(要求人员留在室内,关闭门窗和通风,一般1~2天)	来自设施、烟羽和地面沉积的外照射; 吸入烟羽中放射性物质引起的内照射; 衣服和皮肤上的沉积物可能引起的内、外照射	早期
服用稳定碘、碘化合物(释放前或释放后立即服用)	吸入放射性碘引起的内照射; 食入放射性碘引起的内照射	早期
紧急撤离(人群紧急撤离到较远的地点,一般为一周)	来自设施、烟羽和地面沉积的外照射; 吸入烟羽中放射性物质引起的内照射; 衣服和皮肤上的沉积物引起的内、外照射	早期
暂时避迁和永久性再定居(避迁时间稍长,但小于一年)	地面沉积的外照射; 食入污染的食物和水引起的内照射; 吸入再悬浮的放射性核素引起的内照射	中、后期
食物和饮水控制、限制和禁用	食入污染的食物和水引起的内照射	中、后期
人体和衣物去污	外照射和/或内照射	早、中期
临时提供呼吸道防护	吸入放射性核素引起的内照射	早、中期
进出通道控制	地面沉积的外照射; 吸入再悬浮放射性核素引起的内照射	早、中、后期
控制污染家畜	食入放射性核素引起的内照射	中、后期
限制或禁用受污染的产品(针对土壤、燃烧、改良土壤等)	摄入放射性核素引起的内照射	中、后期
土地、建筑物和道路去污	地面放射性核素沉积引起的外照射; 吸入再悬浮的放射性核素引起的内照射	中、后期

续表

防护措施	所针对的主要照射途径	事故阶段
物件去污（所属物，车辆等）	沉积放射性核素引起的外照射； 食入或吸入放射性核素引起的内照射	中、后期
车辆和公共交通工具的去污	沉积放射性引起的外照射； 食入或吸入放射性核素引起的内照射； 放射性物质从污染区向非污染区转移	早、中期
动物饲料的限制（例如从牧场转移到室内喂养）	动物食入放射性核素后进入人类食物链引起内照射	中、后期

对于公众来说，在核事故应急情况下，不要听信各种小道消息，而应听从各级政府核应急组织的安排和指导，采取表 5 所列的各种防护措施。在撤离过程中遵守交通管制的要求。

四、核辐射的紧急应对措施

（一）掩体

最好在储备有空气、水和食物的深的地下掩体里躲过核冲突及其灾难。但如果缺少掩体，最好的防护办法是躲在壕沟里，在壕沟的顶部覆盖上一米或更厚的泥土。如爆炸离此相当远，不发生整体毁灭，则壕沟和泥土将能抵挡冲击波、热量和辐射的冲击。

（二）遮蔽物

严格地讲，完全不受辐射影响是不可能的，但是够厚的掩体材料将会使辐射减低到最小限度。下表列出了一些材料，达到要求厚度的材料可把辐射穿透力减低一半。

材料	米
钢铁	0.21
混凝土	0.66
砖	0.60
土壤	1.00
冰	2.00
木材	2.60
雪	6.00

寻找能够提供天然蔽护的地势，如深谷、溪沟、沟渠和露出地面的岩石。如果事先没有准备一个壕沟掩体，那么现在开始挖一个——要快！洞足够大时，跳进去继续挖。如果在挖掘过程中辐射已经开始，那么尽量减少身体暴露在辐射中的面积。

即便仅仅是一块布,也能阻止灰尘杂物落在你的身上。但具有穿透力的射线仍会达到你的身上,所以在帐篷上要遮盖一米厚的泥土。

如在野外遭遇辐射,则尽可能快地找一掩体。一旦得到遮掩,脱下外面的衣服,把它掩埋在掩体另一端的地下。除非迫不得已必须出去,否则不要冒险,不要再使用遗弃的衣服。无论情况怎样,在最初的48小时内绝不要跑出掩体。

如果急需水必须冒一会儿险外出取水维持生存,那么在3天内外出时间不要超过半小时,7天内可增加到半小时以上,8天时可达到1小时,8～12天允许在外2～4小时,13天后可正常工作。

(三) 去除放射性污染

如果你的衣服甚至身体曾暴露在辐射中,必须去除放射性物质的污染。如在掩体内,从掩体底部刮出土壤揉擦身体的暴露部分和外衣,然后刷去泥土,将其扔到外面,如果可能,用干净的布擦皮肤。如果有水的话,就可以用肥皂和水彻底洗净身体,而不需要用泥土,这样会更有效。

(四) 医护

所有伤口都必须遮盖起来,以防止 α 和 β 粒子进入。如果被灼伤,无论是由 α 粒子还是 γ 射线或者火风暴引起,都应该用干净水冲洗和用东西盖住伤口。如果没有未受过污染的水,就使用尿液。注意遮盖眼睛,防止微粒进入,用湿布捂住口鼻,防止粒子进一步入侵。

五、核和辐射恐怖袭击事件应急

目前世界范围内恐怖分子极其活跃,他们在使用常规装备进行恐怖袭击的同时,还可能利用核与辐射装置来进行恐怖活动。核与恐怖事件可分为:偷盗和直接散布放射性物质,或用含有放射性物质的装置以爆炸的方式(即所谓的脏弹)散布放射性物质;偷盗核材料并制造粗糙的核武器,使用和威胁使用该类核武器;袭击核电厂、研究堆、乏燃料或高放废液储存设施等重要核设施。

为了防止发生核与辐射恐怖袭击,需要强化核设施的安全保障,强化核材料的安全管理,强化放射源的安全管理,加强辐射监测策略的研究,并做好相应的危机管理和后果管理工作。

国际组织和国家有关部门在核设施、放射性同位素和射线装置的安全方面均制定了严格的标准和法规,并在国家核安全局和其他机构的监管之下,总体来说是安全和可靠的。核设施正常运行对公众和环境造成的辐射危害也极其轻微。

六、核爆炸后的生存

除非被储藏在深的掩体中或有特别的保护,所有的食品都吸收了辐射。小心那些盐分含量高的食物和奶制品,如牛奶和乳酪以及海生食物。经测试后发现,高盐分的食物和别的添加剂更容易使辐射集中,最安全的罐装食品是汤、蔬菜和水果。

经过加工的食品比新鲜食品更容易吸收辐射。骨头吸收辐射的程度最厉害,其次是瘦肉(含脂肪量最低)。

(一) 水

不要饮用任何未经保护的水,至少爆炸后48小时内必须这样。避免用湖水、塘水和其他表面静止的水。饮用前过滤,然后煮沸。地下井水和泉水受污染程度最小,其次是在地下管道和容器中的水,取自地表深处的雪以及快速流动的河水。

用快速水流冲出一个洞,让水渗下去。去掉表面上的泡沫,把水舀上来。在一个底部穿有洞孔的罐盒或一只长统袜里用沙层和卵石层(可深挖得到)将水过滤,放在一个未受污染的容器里煮沸。

用流得很快的水流或开水彻底冲洗,使器具去污。

(二) 可食动物

生活在地下的动物比生活在地面上的动物较少受到核辐射。野兔、獾、田鼠和类似的动物是最好的证明。但是,当它们外出活动时,同样会受到污染。无论如何,这些食物来源必须要加以利用。这样做虽然会增加自身被污染的危险,但不这样你就会因失去食物挨饿,这是严重危机时维持生存的一种无奈选择。

为了减少来自肉类的辐射污染,千万别直接处理动物尸体。剥皮和清洗时要戴上手套或用布裹住手,避免使手直接与骨头接触,骨骼保留了90%的辐射,因此要选择离开骨头至少3毫米的肉。肌肉和脂肪是肉中最安全的部分。去掉所有的内脏器官。在同一地区,鱼和水生动物要比陆地动物受到更多的辐射;鸟类尤其易被污染,不能吃,但其蛋是最安全的,可以食用。

(三) 可食植物

长有块茎根的蔬菜最安全——例如胡萝卜、马铃薯、萝卜,把它们洗干净去皮。表皮光滑的水果和蔬菜是次安全的,由于机理粗糙,带皱叶的植物最难除去辐射污染。应该避开它们。

扩展阅读:

《时代》杂志评出最令人恐怖的十大核事故

据美国《时代》杂志报道,在三英里岛核事故30周年之际,《时代》杂志对历史上发生的最令人恐怖的核事故进行了回顾,评出"史上十大核事故",希望以此提醒世人,避免类似事故发生。具体榜单如下:

1. 1979年3月28日三英里岛核电站事故。三英里岛核电站2号反应堆发生的放射性物质外泄事故是美国历史上最为严重的核电站事故,尽管此次事故并没有造成人员伤亡。

2. 1966年1月17日帕利马雷斯氢弹事故。在西班牙海岸上空进行加油时,美国一架B-52轰炸机与KC-135加油飞机发生相撞。撞击之后,加油机彻底毁坏,B-52轰炸机惨遭解体,所携带的4枚氢弹"逃离"破裂的机身。其中两枚氢弹的"非核武器"撞地时发生爆炸,致使490英亩(约合2平方公里)的区域被放射性钚污染。

3.1986年4月26日切尔诺贝利核泄漏事故。切尔诺贝利核泄漏事故被称为历史上最严重的核电站灾难。1986年4月26日早上,切尔诺贝利核电站第4号反应堆发生爆炸,更多爆炸随即发生并引发大火,致使放射性尘降物进入空气中。据悉,此次事故产生的放射性尘降物数量是在广岛投掷的原子弹所释放的400倍。

4.1968年1月21日图勒核事故。由于舱内起火,美国一架B-52轰炸机的机组人员被迫作出弃机决定。在此之前,他们本可以进行紧急迫降。B-52轰炸机最后撞上格陵兰图勒空军基地附近的海冰,导致所携带的核武器破裂,致使放射性污染物大面积扩散。

5.1957年10月10日温斯克尔大火。位于坎伯兰郡附近的一个英国核反应堆石墨堆芯起火酿成核灾难。大火导致大量放射性污染物外泄。此次核灾难是三英里岛核电站事故发生前最为严重的反应堆事故。

6.1987年9月13日戈亚尼亚核事故。在巴西的戈亚尼亚,一名垃圾场工人撬开了一个废弃的放疗机,并拆掉了一小块高放射性的氯化铯,灾难就此降临到这座城市,当时共有超过240人受到核辐射。由于被放射性材料的亮绿色蒙骗,孩子们用手接触并涂抹在皮肤上,导致几个街区污染,不得不拆除。

7.1993年4月6日托木斯克-7核爆炸。这起发生在西伯利亚托木斯克的核事故是由硝酸清洗容器时发生爆炸导致的。爆炸致使托木斯克-7的回收处理设施释放出一个放射性气体云。

8.1985年8月10日K-431核潜艇事故。在符拉迪沃斯托克(K-431核潜艇)补充燃料过程中,E-2级K-431核潜艇发生爆炸,放射性气云进入空中。10名水兵在这起核事故中丧命,另有49人遭受放射性损伤。

9.1999年9月30日东海村核事故。发生在东京东北部东海村铀回收处理设施的核事故是日本历史上最为严重的核灾难。事故发生时,工人们正在混合液体铀。

10.1970年12月18日加卡平地核事故。在巴纳贝利核实验过程中,美国内华达州加卡平地地下一万吨级当量核装置发生爆炸,实验之后,封闭表面轴的插栓失灵,导致放射性残骸泄漏到空气中。现场的6名工作人员受到核辐射。(摘自中国广播网2009年3月31日)

本章小结:

化工产业和我们的生活密切相关,然而目前在危险化学品的生产运行领域存在不少问题。由于城市的发展,过去处于城市边缘而今已处在市区的老企业,由于设施技术的落后,造成了事故隐患,导致许多安全问题没能解决。加上防护距离的缩短已使危险源进入人员密集的市区,一旦发生事故,危害性会更强。

核威胁主要来自核战争、核泄漏两方面。核泄漏主要体现在民用核设施的泄漏事故,日本福岛核电站发生的核事故就是最近的一个例子。

因而,掌握更多科学的自我防护与逃生知识对于每个人来说都是必不可少的。

问题讨论:

1. 哪些异常现象可视作化学事故的前兆,应该采取什么措施来避免或者降低事故带来的损害?

2. 什么是化学事故?常见的危险化学品有哪些?化学事故的防护措施主要有哪些?

3. 面对核辐射的危险,我们可以做些什么?

4. 在当前国际安全形势日益复杂多变的条件下,人类社会应该树立什么样的核安全观?核安全事故发生时应该采取什么样的安全防护措施?

第十一章　食品安全

学习目标：

通过学习认识和了解食品安全的相关知识，尤其是认识和了解食品污染和食品中毒的主要类别和特点，学习和掌握发生食物中毒后的应急处理措施。

导入案例：钟南山："毒豇豆"事件凸显食品安全监管体制之痛

新华社北京 2010 年 3 月 2 日电"'毒豇豆'事件的发生，让我们再次看到我国食品安全监管的'体制之痛'"。全国人大代表、中国工程院院士、著名医学专家钟南山在接受记者采访时说。

日前，我国湖北武汉，广东广州、江门、深圳等地农贸市场上陆续检测出海南一些地方产豇豆农药残留超标，被消费者视为"毒豇豆"，引发市场强烈反应。农业部日前下发紧急通知，要求各地进一步加强农产品生产环节的监管。

钟南山分析认为，当前我国食品安全监管环节仍然存在"多头管理、多龙治水"弊端，是导致类似"毒豇豆"这样的食品安全事故屡屡发生的重要原因。"虽然新修订实施的食品安全法进一步明确了各部门的职责，但食品安全牵涉到农业、卫生、工商、质检、交通运输等十多个部门，只要有一个环节监管不到位，就有可能给消费者造成损害，需要特别警惕。"

值得注意的是，在日前结束的十一届全国人大常委会第十三次会议上，有关报告指出，食品安全法颁布实施以来，取得了明显的成效，但改革食品安全监管体制还有很多工作要做，食品安全监管的综合协调机制也还不健全。

钟南山说，我国目前已经形成了农产品全国生产、全国销售的大流通格局，"农产品的生产、流通、消费，不仅需要经历多个监管环节，还要跨多个地域实施，从海南这次'毒豇豆'事件可以看出，如何在不同地域间实施统一标准、统一规范的检测体系，也需要认真研究。"

钟南山说，目前我国虽已建立起了食品安全监管的协调机构，但从国际经验来看，食品监管往往需要强有力的、统一的主管机构来落实、执行。"我认为，可以借鉴国际上的先进经验，探索建立起具有我国特色的'大食品监管机制'，把主要的监管环节纳入一个部门体系内运行、实施，这样才能有效消除'多头监管'造成的疏漏和不足。"

1984 年世界卫生组织对食品安全的定义是："生产、加工、储存、分配和制作食品过程确保食品安全可靠、有益于健康并且适合人消费的种种必要条件和措施。"1996 年世界卫生组织进一步将食品安全的解释重新定义为："对食品按其原定用途进行制作/或食用不会使消费者受害的一种担保。"

食品不安全主要是由于食品受到了各种各样的污染,即外来的有毒有害物质在食品生产的各个环节中进入食品,并随食品进入人体,对人体健康造成损害。人类社会的发展和科学技术的进步,使人类的食品生产与消费活动发生了巨大的变化:大规模农业生产所使用的化肥和农药,工业生产产生的环境污染物,食用动物(畜、禽、鱼等)饲养中使用的饲料添加剂和兽药,食品加工中使用的各种食品添加剂等,都可能对食品造成污染,使人类食品的安全受到威胁。

食品污染存在于食品生产、加工、贮存、运输、销售、烹调直至餐桌的整个过程的各个环节,每个环节都有可能使食品受到污染,降低食品卫生质量或对人体造成不同程度的危害。食品污染按其性质可分成三类:生物性污染、化学性污染、物理性污染。

世界卫生组织将所有通过摄食进入人体的病原体或有毒有害物质所造成的疾病定义为食源性疾病。食源性疾病一般是感染性的或中毒性的。常见的食源性疾病有:细菌性疾病、寄生虫疾病、病毒性疾病、真菌毒素中毒、有毒动植物中毒等。最为人们所熟悉的食源性疾病是食物中毒(急性、慢性)和肠道传染病(甲型肝炎、伤寒、痢疾等)。

学校作为人口高度密集的场所,学校食堂通过即时加工制作向在校师生提供食品。由于学校食堂制作的食品种类繁多,原料复杂,加工环节多为手工制作,从业人员流动性较大,卫生、安全问题隐患较多,食品安全问题就显得尤为重要。一旦发生集体性食物中毒事件,其影响和危害将十分巨大。

陕西 200 余名学生饮用早餐奶后食物中毒

2010 年 4 月 19 日上午,陕西省汉中市、安康市约 200 名中小学生在饮用学校配发的早餐奶后,因出现食物中毒症状被送往医院治疗。

19 日上午,汉中市勉县新街子镇王家坪小学部分学生在饮用了早餐牛奶后,出现胃部疼痛、呕吐等症状,立即被送往当地医院进行治疗。随后附近几所学校的多名学生也出现类似症状在医院治疗。据统计,在勉县有超过百名学生出现食物中毒症状就诊,大部分症状较轻,有 27 人留院观察。在陕西省安康市旬阳县城关二中、二小等学校,19 日上午也有近百名学生在饮用早餐牛奶后出现食物中毒症状,其中有 20 多人进行了输液治疗。

事后,经陕西省和宝鸡市质监、药监等部门组成的联合调查组调查查明,事故原因系生产商陕西某乳业有限公司灌装机密封不严,致灌装牛奶时空气进入包装袋,导致牛奶发生变质所致。

第一节 食物中毒主要类别

简单地说,食物中毒就是吃了含有有毒物质的食物或误食有毒有害物质后出现的一类非传染性的急性疾病。

根据有毒物质的不同性质,一般将食物中毒分为五类,包括:细菌性食物中毒;真菌及其毒素食物中毒;有毒植物性食物中毒;有毒动物性食物中毒;化学性食物中毒。

一、细菌性食物中毒

细菌性食物中毒为最常见的一类,主要是因为吃了含有某种致病细菌或细菌毒素的食物而引起的中毒。

细菌性食物中毒是指由于进食被细菌或其细菌毒素所污染的食物而引起的疾病,是食物中毒中最常发生的一类。我国每年发生的细菌性食物中毒事件占食物中毒事件总数的 30%~90%,中毒人数占食物中毒总人数的 60%~90%。

(一)细菌性食物中毒具有以下几个典型特征

1. 多发生在夏秋天气炎热季节;
2. 发病一般呈群体性;
3. 发病者与食用同一污染食物有关,而未食污染食物者不发病;
4. 不传染;
5. 潜伏期短;
6. 除肉毒毒素中毒外,病程一般较短,多数在 2~3 天内恢复,愈后一般较好。

(二)细菌污染食品的途径

1. 食品原料在采集、加工之前就已经被细菌污染。例如病死的牲畜大多已被细菌污染。
2. 食品在生产、储存、运输、销售过程中被细菌污染,这是细菌污染食品最多的一些环节。
3. 直接接触食品的人没有注意个人卫生,或自身带菌,从而造成对食品的人为污染。
4. 食物(特别是肉食)没有烧熟煮透,生熟食品用具没有分开,剩余食品没有及时低温储藏。

(三)细菌性食物中毒的预防原则

细菌性食物中毒多发生于夏秋季节,这个季节是最适宜细菌生长繁殖的季节。防范细菌"惹祸",重要的是要养成良好的饮食卫生习惯,尽力做到:

1. 选择新鲜的食品,不吃腐败、变质或霉变的食物;
2. 不生吃海产品,烹调鱼、肉等食品时要烧熟煮透;
3. 立即吃掉做熟的食品,放置时间越长,危险性越大;
4. 如需储藏食品,最好是冷藏,储藏食品食用前要再加热;
5. 避免生食与熟食接触,生熟食品用具要分开使用;
6. 凉拌菜最好是吃多少做多少,吃剩的凉拌菜不要再食用;

7. 不要从不法商贩手中购买食品，不要到不符合卫生标准的餐馆就餐和购买食品；

8. 讲究个人卫生，勤洗手。

二、真菌毒素食物中毒

真菌在谷物或其他食品中生长繁殖产生有毒的代谢产物，人和动物食入这种毒性物质发生的中毒，称为真菌性食物中毒。中毒发生主要通过被真菌污染的食品，用一般的烹调方法加热处理不能破坏食品中的真菌毒素。真菌生长繁殖及产生毒素需要一定的温度和湿度，因此中毒往往有比较明显的季节性和地区性。易受真菌污染的食品主要是粮谷类、甘蔗等富含糖类以及水分含量适宜霉菌生长及产毒的食品。黄曲霉毒素是一种最为常见的真菌类毒素，黄曲霉素分布范围很广，凡是受到能产生黄曲霉素霉菌污染的粮食、食品和饲料都可能存在黄曲霉素。如被人和动物食用，就会造成黄曲霉素中毒。除黄曲霉毒素中毒外，常见的还有：

（一）赤霉病麦食物中毒

赤霉病麦食物中毒是真菌性食物中毒的一种。在我国长江中、下游地区较为多见，东北和华北地区也有发生，是由于误食赤霉病麦等引起的以呕吐为主要症状的急性中毒。

赤霉病麦是被镰刀菌感染的麦子所致，其中毒的毒素为赤霉病麦毒素，包含多种毒性成分，毒素对热稳定，一般烹调不能去毒。进食量越多发病率越高，发病程度越重。

（二）黄变米和黄粒米毒素中毒

黄变米和黄粒米毒素中毒是由于稻谷收获时未及时干燥，水分含量过高，贮存过程中霉菌大量繁殖使米粒变黄，同时含大量黄变米毒素。其中黄绿霉毒素为神经毒物质，有抑制脊髓运动神经的作用。

（三）霉变甘蔗中毒

霉变甘蔗中污染的霉菌为甘蔗节菱孢霉，其所产生的 3-硝基丙酸毒素是一种神经毒物质，主要损害中枢神经系统。死亡率较高。

（四）霉变甘薯中毒

甘薯因贮藏不当，造成霉菌污染，使甘薯局部变硬，表面塌陷呈黑褐色斑块，变苦进而腐烂称为黑斑病。这是由镰刀菌等污染引起的，产生的毒素有甘薯酮、甘薯醇、甘薯宁等。病初发生恶心、呕吐及腹痛腹泻，严重者发生高热、神志不清、昏迷、肺水肿，甚至死亡。目前还没有治疗该病的特效药。

三、植物性、动物性食物中毒

主要是因为吃了有毒动植物而引起的中毒，如河豚鱼中毒，毒蘑菇中毒等。

（一）有毒动植物食物中毒的特征

有些动物和植物，含有某种天然有毒成分，食用方法不当则极易引起中毒。此类中毒主要有以下特点：

1. 季节性和地区性较明显，与有毒动物和植物的分布、生长成熟、采摘捕捉、饮食习惯有关。
2. 散在性发生，偶然性大。
3. 潜伏期较短，大多在数十分钟至十多小时，也有少数超过一天的。

（二）不可食用的有毒植物性食品

天然含有有毒成分的植物或其加工制品不可当作食品，例如：大麻油、桐油、有毒蜂蜜。加工过程中未能破坏或除去有毒成分的植物也不可当成食品食用，如木薯、苦杏仁、鲜黄花菜、四季豆、白果等。此外，在一定条件下产生大量有毒成分的植物性食品，如发芽土豆等，也不可食用。

（三）不可食用的有毒动物性食品

有些动物性食品中天然含有有毒成分，如河豚鱼、动物的甲状腺及鱼胆等。有些是在一定条件下产生大量有毒成分的动物性食品，如鲐鱼、麻痹性贝类等。

四、化学性食物中毒

主要是因为不小心吃进了有毒化学性食品而引起的中毒，如亚硝酸盐中毒、农药中毒、假酒中毒等。此类中毒特点是：

1. 发病快。潜伏期较短，多在数分钟至数小时，少数也有超过一天的。
2. 中毒程度严重。
3. 季节性和地区性均不明显，中毒食品无特异性，多为误食或食入被化学物质污染的食品所引起，偶然性较大。

五、人为投毒导致的食物中毒

近年来，利用食品为载体投毒的刑事犯罪案件时有发生，一旦发生，中毒人数较多，死亡人数也较多。如2002年9月14日，江苏省南京市江宁区汤山镇发生了一起以食品为载体的恶性投毒案件，导致431人中毒，其中38人死亡，影响十分恶劣，教训十分惨痛。此类犯罪，社会危害极大，必须严厉打击和防范。一旦出现此类事件，应重点做好以下工作：

1. 对食物中毒人员，应及时送到就近的医院，并完好留存病人的吐泻物，携带详细的病案记录。
2. 中毒事件发生后，要主动向卫生监督部门报告，卫生监督部门人员应及时向中毒人员了解就餐场所、就餐人数、所食食品、发病人数及所出现的症状，现场检查就餐场所的卫生状况，卫生许可证及从业人员健康证的办理情况，分析中毒原因及可能造成中毒的食品，封存现场及可疑食品，追查食品及原料的来源，追缴售出的可疑食品，对病人的吐泻物及可疑食品进行取样，送上级疫检部门检验。必要时可向公安机关报案。

3. 发生食物中毒事件后,所在单位应对事件的发生经过后果进行认真梳理分析,自觉查找工作中存在的不足,总结完善,强化管理,杜绝类似事件的再次发生;同时向上级有关部门作出书面报告。

案例 ▶ 铜川矿务局人为投毒案

2004年4月13日上午,铜川矿务局陈家山矿职工和学生因食用葱花饼后大面积出现食物中毒症状,截至当晚8时,有74人出现中毒症状。矿区医院收治的69名中毒人员中,职工55人,学生14人。经医院全力救治,69名中毒人员全部脱离生命危险。事件发生后,标本经陕西省疾病控制中心检验含毒鼠强成分,证实这是一起人为投毒案件,案件由铜川市公安局、铜川矿务局公安处、矿公安科组成的侦破小组侦破。

第二节 食物中毒发病的主要特点、种类、预防与应急处理

一、食物中毒发病的主要特点

食物中毒事件通常是有以下特征,若出现以下特征应考虑食物中毒这一因素。

1. 发病与食物有关。中毒病人在相近的时间内吃过同样的食物,没有吃过这种食物的人不会中毒;停止食用该食物后,就不会再有其他的人中毒。

2. 一般是集体发病,短时间内可能有多数人发病,发病曲线呈突然上升趋势,潜伏期短,来势急剧。

3. 所有病人中毒表现基本相似。最常见的是消化道症状,如恶心、呕吐、腹痛、腹泻等,病程较短。

4. 不会有人与人之间的直接传染。

二、引起食物中毒细菌的主要种类

引发食物中毒的常见病菌有:

1. 沙门菌:是引起食物中毒最多见的一种细菌,爱在肉食中捣乱。

2. 葡萄球菌:多存在于人和动物的化脓性感染处。

3. 肉毒梭菌:这种细菌不喜欢氧,它产生的毒素毒性极强,多见于罐头、腊肠、臭豆腐等食品。

4. 椰毒假单胞菌:多见于酵米面、银耳等食品中。

5. 副溶血性弧菌:主要分布在海水和海产品中。此外,在畜禽肉、咸菜、咸蛋、淡水鱼等都发现有副溶血性弧菌的存在。

6. 李斯特菌：这种细菌不怕冷，即使在冰箱里也能作怪。

7. 致泻性大肠埃希菌：家族成员很多，人吃了它，就好像"拉痢疾"一样。

8. 蜡样芽胞杆菌：爱躲在剩菜、剩饭中放毒，还不产生难闻的气味，让人不容易发觉它。

9. 产气荚膜梭菌：常在人和牲畜的粪便中，外面裹着芽胞，不怕热。

10. 志贺菌：是"拉痢疾"的元凶之一。

三、食物中毒的预防

在日常生活中，因食用被细菌及毒素污染的食物而引起的食物中毒较为多见，预防食物中毒的关键就是把好"入口关"，重点注意以下几点：

1. 有病的或病死的禽畜肉类千万不能食用。

2. 蛋类食品营养丰富，故受细菌污染后易引起腐败变质，即使未曾变质，人吃后也会发生食物中毒，所以禽蛋应煮沸10分钟以上才可食用。

3. 夏天吃剩的米饭应立即处理，否则第二天虽经煮沸后食用，仍有可能会发生食物中毒。

4. 营养丰富、味道鲜美的海产品可带有副溶血性弧菌，如不注意烹调方法，食用不当也可引起食物中毒。

5. 使用冰箱一定要做到生、熟食品分开储存，以防止交叉感染，保存时间不宜过长，鱼和肉类夏天不能超过5天。

6. 瓜果、蔬菜生吃时一定要洗净、消毒；肉类食物要煮透，防止内生外熟。

小贴士：

安全购买食品的注意事项：

一、注意看经营者是否有营业执照，其主体资格是否合法。

二、注意看食品包装标识是否齐全，注意食品外包装是否标明商品名称，配料表、净含量、厂名、厂址、电话、生产日期、保质期、产品标准号等内容。

三、注意看食品的生产日期或失效日期，注意食品是否超过保质期。

四、看产品标签，注意区分认证标志。

五、看食品的色泽，不要被外观过于鲜艳、好看的食品所迷惑。

六、看散装食品经营者的卫生状况，注意有无健康证，卫生合格证等相关证照，有无防蝇防尘设施。

七、看食品价格，注意同类同种食品的市场比价，理性购买"打折"、"低价"、"促销"食品。

八、购买肉制品、腌腊制品最好到规范的市场、"放心店"购买，慎购游商（无固定营业场所、推车销售）销售的食品。

九、妥善保管好购物凭据及相关依据，以便发生消费争议时能够提供维权依据。

四、常见的十种易中毒食物

(一) 鲜木耳

鲜木耳与市场上销售的干木耳不同,多含有被称为"卟啉"的光感物质,如果这种光感物质被人体吸收,经阳光照射,会引起皮肤瘙痒、水肿,严重可致皮肤坏死。若水肿出现在咽喉黏膜,还会导致呼吸困难。

根据新鲜木耳的这种特性,不要直接食用新鲜木耳,应晒干后再食用。暴晒能分解木耳的大部分"卟啉"。市面上销售的干木耳,也需经水浸泡,使可能残余的毒素溶于水中。

(二) 鲜海蜇

新鲜海蜇皮体较厚,水分较多。研究发现,海蜇含有四氨络物、5-羟色胺及多肽类物质,有较强的组胺反应,引起"海蜇中毒",出现腹泻、呕吐等症状。

鲜海蜇可用食盐加明矾盐渍 3 次(俗称三矾),使鲜海蜇脱水,将毒素排尽。"三矾"后的海蜇呈浅红或浅黄色,厚薄均匀且有韧性,用力挤也挤不出水。

另外海蜇有时会附着一种叫"副溶血性弧菌"的细菌,对酸性环境比较敏感。因此凉拌海蜇时,应放在淡水里浸泡两天,食用前加工好,再用醋浸泡 5 分钟以上,就能消灭全部"弧菌"。这时候,你就可以放心大胆地吃凉拌海蜇了。

(三) 鲜黄花菜

鲜黄花菜含有毒成分"秋水仙碱",如果未经水焯、浸泡,且急火快炒后食用,可能导致头痛头晕、恶心呕吐、腹胀腹泻,甚至体温改变、四肢麻木。

食用新鲜黄花菜时,应去其条柄,用开水焯过,然后再用清水充分浸泡、冲洗,使"秋水仙碱"最大限度溶于水中。一般可将新鲜黄花菜蒸熟后晒干,若需要食用,取一部分加水泡开,再进一步烹调。

如果出现中毒症状,不妨喝一些凉盐水、绿豆汤或葡萄糖溶液,以稀释毒素,加快排泄。症状较重者,立刻送医院救治。

(四) 变质蔬菜

在冬季,蔬菜(特别是绿叶蔬菜)储存一天后,其含有的硝酸盐成分会逐渐增加。人吃了不新鲜的蔬菜,肠道会将硝酸盐还原成亚硝酸盐。亚硝酸盐会使血液丧失携氧能力,导致头晕头痛、恶心腹胀、肢端青紫等,严重时还可能发生抽搐、四肢强直或屈曲,进而昏迷。如果病情严重,一定要送院治疗。如果只是轻微中毒,可食用富含维生素 C 或茶多酚等抗氧化物质的食品加以缓解。大蒜能阻断有毒物的合成进程,所以民间说大蒜可杀菌是有道理的。

建议蔬菜当天买当天吃完。有些市民习惯将大白菜、青椒等用报纸包裹着放在冰箱里,这种方法也是不可取的。

(五) 变质生姜

生姜适宜存放在温暖、湿润的地方,存贮温度以 12℃~15℃ 为宜。如果存贮温度过高,腐烂会很严重。变质生姜含毒性很强的物质"黄樟素",一旦被人体吸收,即使量很少,也可能引起肝细胞中毒变性。人们常说的"烂姜不烂味",其实是错误的。

(六) 霉变甘蔗

霉变的甘蔗"毒性十足"。霉变甘蔗的外观无正常光泽、质地变软,肉质变成浅黄或暗红、灰黑色,有时还发现霉斑。如果闻到酒味或霉酸味,则表明严重变质。误食后,可引起中枢神经系统受损,轻者出现头晕头痛、恶心呕吐,腹痛腹泻,视力障碍等。严重者可能抽搐,四肢强直或屈曲,进而昏迷。

食用甘蔗时应观其色、闻其味,如果发现有可疑之处,一定不要食用。因为霉变甘蔗中含有神经毒素,对这种毒素目前还没有特效的解毒药。儿童、老人抵抗力较弱,需要特别注意。

(七) 长斑红薯

红薯表面出现黑褐色斑块,表明受到黑斑病菌(一种霉菌)污染,排出的毒素有剧毒,不仅使红薯变硬、发苦,而且对人体肝脏影响很大。这种毒素很顽固,无论煮、蒸或烤都不能破坏它。因此,有黑斑病的红薯,不论生吃或熟吃,均可引起中毒。

(八) 生豆浆

未煮熟的豆浆含有皂素等物质,不仅难以消化,还会诱发恶心、呕吐、腹泻等症状。

食用豆浆时一定将豆浆彻底煮沸再喝。当豆浆煮至85℃~90℃时,皂素容易受热膨胀,产生大量泡沫,让人误以为已经煮熟。家庭自制豆浆或煮黄豆时,应在100℃的条件下,加热约10分钟,才能放心饮用。

需要提醒的是,食用时不能往豆浆里加红糖,否则红糖所含的醋酸、乳酸等有机酸,容易与豆浆中的钙结合,产生醋酸钙、乳酸钙等块状物,不仅降低豆浆的营养价值,而且影响营养素吸收。此外,豆浆中的嘌呤含量较高,痛风病人不宜饮用。

(九) 生四季豆

四季豆又名刀豆、芸豆、扁豆等,是人们普遍食用的蔬菜。生的四季豆中含皂甙和血球凝集素,由于皂甙对人体消化道具有强烈的刺激性,可引起出血性炎症,并对红细胞有溶解作用。同时,四季豆豆粒中还含红细胞凝集素,具有红细胞凝集作用。如果烹调时加热不彻底,豆类的毒素成分未被破坏,食用后也会引起中毒。

四季豆中毒的发病潜伏期为数十分钟至十数小时,一般不会超过5小时。主要有恶心、呕吐、腹痛、腹泻等胃肠炎症状,同时伴有头痛、头晕、出冷汗等神经系统症状。有时四肢麻木、胃烧灼感、心慌和背痛等。病程一般为数小时或1~2天,愈后良好。若中毒较深,则需送医院治疗。

家庭预防四季豆中毒的方法非常简单,只要把全部四季豆煮熟焖透就可以了。每一锅的量不应超过锅容量的一半,用油炒过后,加适量的水,加上锅盖焖10分钟左右,并用铲子不断地翻动四季豆,使它受热均匀。另外,注意不买、不吃老四季豆,注意把四季豆两头和豆荚摘掉,因为这些部位含毒素较多。煮至四季豆外观失去原有的生绿色,吃起来没有豆腥味,就不会中毒。

(十) 青番茄

青番茄含有与发芽土豆相同的有毒物质——龙葵碱。人体吸收后会造成头晕恶心、流涎呕吐等症状,严重者发生抽搐,对生命威胁很大。食用番茄时一定要选熟番茄。首先选择不带青斑外观红艳的番茄。其次,熟番茄酸味正常,无涩味。第三,熟番茄蒂部自然脱落,外形平展。有时青番茄因存放时间久,外观虽然变红,但茄肉仍保持青色,此种番茄同样对人体有害,需仔细分辨。购买时,应看一看其根蒂,若采摘时为青番茄,蒂部常被强行拔下,往往皱缩不平。

小贴士:如何鉴别地沟油

根据来源和渠道的不同,"地沟油"主要分为三类:一是狭义的"地沟油",即将下水道中的油腻漂浮物或者将宾馆、酒楼的剩饭、剩菜(通称泔水)经过简单加工、提炼出的油;二是劣质猪肉、猪内脏、猪皮加工以及提炼后产出的油;三是用于油炸食品的油使用次数超过规定后,再被重复使用或往其中添加一些新油后重新使用的油。

购买食用油时注意从以下五方面进行鉴别:

一看透明度,纯净的植物油呈透明状;看色泽,纯净的油为无色。

二闻气味。每种油都有各自独特的气味,可以在手掌上滴一两滴油,双手合拢摩擦,发热时仔细闻其气味。有异味的油,说明质量有问题,有臭味的很可能就是地沟油,若有矿物油的气味更不能买。

三尝味道。用筷子取一滴油,仔细品尝其味道。口感带酸味的油是不合格产品,有焦苦味的油已发生酸败,有异味的油可能是"地沟油"。

四听响声。取油层底部的油一两滴,涂在易燃的纸片上,点燃并听其响声。燃烧正常无响声的是合格产品;燃烧时发出"噼啪"爆炸声,表明油的含水量严重超标,而且有可能是掺假产品,绝对不能购买。

五问来源。询问商家的进货渠道,同时索要进货发票、查看生产厂家卫生许可证及产品卫生质量检测报告。

五、发生食物中毒后的应急措施

食物中毒危害很大,一旦发生,应立即采取以下措施,减少危害。

1. 停:立即停止食用可疑中毒食物。

2. 早:尽早把病人送往就近医院诊治。

3. 保:保护好现场,保留好可疑食物和吐泻物。

4. 报告:及时向当地卫生行政部门报告。

5. 配合:医务人员要对病人的呕吐物、尿液、粪便,甚至血液进行化验,病人和家属要积极配合。这样做,既有利于尽早做出诊断,也会给以后的维权索赔提供证据。

病人和家属还要积极配合调查人员回忆、叙述完整的事情经过,并提供可疑食物,以供化验。

6. 消毒:根据不同的中毒食品,在卫生部门的指导下对中毒场所进行相应的消毒处理。

六、食物中毒者最常见的症状和急救措施

食物中毒都会有症状表现,及时发现症状,采取相应措施是减轻为危害的有效方法。

1. 常见症状为恶心、呕吐、腹泻,同时伴有中上腹部疼痛。食物中毒者常会因上吐下泻而出现脱水症状,如口干、眼窝下陷、皮肤弹性消失、肢体冰凉、脉搏细弱、血压降低,甚至休克。对中毒患者,必须视情况及时补充水分。症状轻者让其卧床休息,用手伸进咽部催吐。如果发觉中毒者有休克症状(如手足发凉、面色发青、血压下降等),应立即平卧,双下肢尽量抬高,并速请医生进行治疗。

2. 吃河豚中毒者,食后2~3小时便会引起舌头或手足麻木。应尽早催吐,并立即送医院抢救。如耽误4小时以上极易因呼吸麻痹而死亡。

3. 如果是集体中毒,应迅速拨打急救电话和通知疾病预防控制中心。最好能保留吃剩下的食物,以利于诊断、治疗或检疫。

七、食物中毒自救办法

发生食物中毒后,千万不要恐慌,自乱阵脚,在等待医院救护时,可以采取以下应急措施:

1. 饮水:立即饮用大量干净水,以达到对毒素进行稀释的目的。

2. 催吐:用手指压迫咽喉,产生呕吐反应,尽可能将胃里的食物排出。需要注意的是对腐蚀性毒物中毒以及处于昏迷休克,或患有心脏病、肝硬化等疾病的病人,则不宜采取上述方法!

3. 导泻:如果吃下去的中毒食物超过2小时,且病人精神尚好,则可在医务人员的指导下服用泻药,以促使中毒食物尽快排出体外。

4. 保胃:误食腐蚀性毒物(如强酸、强碱)后,应及时服用稠米汤、鸡蛋清、豆浆、牛奶等,对胃粘膜起到一定的保护作用。

八、食物中毒后的家庭急救

在家中一旦有人出现上吐下泻、腹痛等食物中毒症状,应冷静分析发病原因,针对引起中毒的食物以及吃下去的时间长短,及时采取应急措施:

1. 停止食用该"食品"。

2. 对病人要催吐,尽量把胃内容物吐空,并保留呕吐物。

3. 中毒较重者,应尽快送医院治疗。

4. 保存吃剩食物,以便检测中毒原因。

5. 注意腹泻物的消毒处理。

扩展阅读：

世界主要国家食品安全管理措施集锦

一、英国

英国是较早重视食品安全并制定相关法律的国家之一,其体系完善,法律责任严格,监管职责明确,措施具体,形成了立法与监管齐下的管理体系。

在英国,责任主体违法,不仅要承担对受害者的民事赔偿责任,还要根据违法程度和具体情况承受相应的行政处罚乃至刑事制裁。例如,根据《食品安全法》,一般违法行为根据具体情节处以5000英镑的罚款或3个月以内的监禁;销售不符合质量标准要求的食品或提供食品致人健康损害的,处以最高2万英镑的罚款或6个月监禁;违法情节和造成后果十分严重的,对违法者最高处以无上限罚款或两年监禁。

在英国食品安全监管方面,一个重要特征是执行食品追溯和召回制度。食品追溯制度是为了实现对食品从农田到餐桌整个过程的有效控制,保证食品质量安全而实施的对食品质量的全程监控制度。一旦监管机关发现食品存在问题,可以通过电脑记录很快查到食品的来源。

二、法国

在法国,保障食品安全的两个重点工作是打击舞弊行为和畜牧业监督,与之相应的两个新部门近几年也应运而生。其中,直接由法国农业部管辖的食品总局主要负责保证动植物及其产品的卫生安全、监督质量体系管理等。竞争、消费和打击舞弊总局则要负责检查包括食品标签、添加剂在内的各项指标。

法国农业部鼓励农民发展理性农业。所谓理性农业是指通盘考虑生产者经济利益、消费者需求和环境保护的具有竞争力的农业,其目的是保障农民收入、提高农产品质量和有利于环境保护。法国媒体认为,这种农业可持续发展形式具有强大的生命力,同时还大大提高了食品安全性。

三、德国

一直以来,德国政府实行的食品安全监管以及食品企业自查和报告制度,成为德国保护消费者健康的决定性机制。

德国的食品监督归各州负责,州政府相关部门制定监管方案,由各市县食品监督官员和兽医官员负责执行。联邦消费者保护和食品安全局(BVL)负责协调和指导工作。在德国,那些在食品、日用品和美容化妆用品领域从事生产、加工和销售的企业,都要定期接受各地区机构的检查。食品生产企业都要在当地食品监督部门登记注册,并被归入风险列表中。监管部门按照风险的高低确定各企业抽样样品的数量。

食品往往离不开各种添加剂,添加剂直接关系到食品安全与否。在德国,添加剂只有在被证明安全可靠并且技术上有必要时,才能获得使用许可证明。德国《添加剂许可法规》对允许使用哪些添加剂、使用量、可以在哪些产品中使用都有具体规定,食品生产商必须在食品标签上将所使用的添加剂一一列出。

消费者自身加强保护意识也非常重要。联邦消费者保护部开设有"我们吃什么"网站,提供多种有关食品安全的信息,帮助消费者加强自我保护能力。

四、美国

美国的食品安全监管体系遵循以下指导原则:只允许安全健康的食品上市;食品安全的监管决策必须有科学基础;政府承担执法责任;制造商、分销商、进口商和其他企业必须遵守法规,否则将受处罚;监管程序透明化,便于公众了解。

美国整个食品安全监管体系分为联邦、州和地区三个层次。以联邦为例,负责食品安全的机构主要有卫生与公众服务部下属的食品和药物管理局与疾病控制与预防中心,农业部下属的食品安全及检验局和动植物卫生检验局,以及环境保护局。三级监管机构的许多部门都聘用流行病学专家、微生物学家和食品科研专家等人员,采取专业人员进驻食品加工厂、饲养场等方式,从原料采集、生产、流通、销售和售后等各个环节进行全方位监管,构成覆盖全国的立体监管网络。与之相配套的是涵盖食品产业各环节的食品安全法律及产业标准,既有类似《联邦食品、药品和化妆品法》这样的综合性法律,也有《食品添加剂修正案》这样的具体法规。

一旦查出食品存在安全问题,食品供应商和销售商将面临严厉的处罚和数目惊人的巨额罚款。美国特别重视学生午餐之类的重要食品的安全性,通常由联邦政府直接控制,发现问题,有关部门可以当场扣留这些食品。同时食品生产实行严格的召回制度,当食品安全出现问题时,召回制度就会发挥作用。

在网络普及的美国,通过互联网发布食品安全信息十分普遍。联邦政府专门设立了一个"政府食品安全信息门户网站"。通过该网站,人们可以链接到与食品安全相关的各个站点,查找到准确、权威并更新及时的信息。

五、俄罗斯

在保障食品安全方面,俄罗斯并不缺少相关法律文件和技术标准。《食品安全法》、《消费者权益保护法》,以及各种政府决议和地方规定都对此有详尽而明确的要求。然而,现实生活中食品安全问题仍不时突显,问题的关键不在于无法可依,而在于有法不依、执法不严。

过去,俄罗斯的食品安全保障工作一直由国家卫生防疫部门、兽医部门、质检部门及消费权益保护机构共同负责。俗话说"三个和尚没水吃",婆婆太多也带来职责划分不清、推卸责任甚至相互扯皮的弊端,最终使食品安全管理工作难以落到实处。

这一局面在2004年开始得到改观。当年3月,俄罗斯总统普京为理顺食品安全管理机制,加大政府对食品安全的有效管理,命令对相关行政管理机构进行调整,在俄罗斯卫生和社会发展部下设立联邦消费者权益和公民平安保护监督局,将俄罗斯境内食品贸易、质量监督及消费者权益保护工作交由该局集中负责,使食品监管效能明显提高,食品安全状况明显改善。

本章小结：

人类社会的发展和科学的进步，使人类的食品生产与消费活动发生了巨大的变化：大规模的农业生产所使用的化肥和农药，工业生产产生的环境污染物对土壤、空气和水的污染，食用动物（畜、禽、鱼等）和动物产品（鸡蛋、牛奶等）饲养中使用的饲料添加剂和兽药，食品加工中使用的各种食品添加剂等，都可能对食品造成污染，使人类食品的安全受到威胁。

大学生正处于青春期向成年期过渡的阶段，也正是长身体的关键时期，在全面补足营养，防止营养失衡的同时，更要防范食物中毒，注意食品安全。

问题讨论：

1. 食物中毒后，身体会出现哪些不良反应？
2. 在日常生活中，哪些方法可以避免食用到变质或者是有毒有害的食物？
3. 出现食物中毒的状况后，如何采取措施进行自救？

第十二章　大学生实习实训安全防范措施

学习目标：

通过本章学习，让学生了解和掌握安全用电的相关知识，培养用电安全意识，遵守电气安全操作规程，掌握触电及电气火灾的应急处理方法；学习和了解金属冷热加工实训操作安全规程，掌握应急处理方法；学习和了解汽车维修实训中安全操作规程、事故防范措施及应急处理方法；学习和了解化学实验中的安全防护措施及应急处理方法。通过举一反三，培养学生在实训（验）过程中的安全意识，遵守操作规程，掌握基本的安全防范措施及事故应急处理方法，以确保师生在实训（验）、实习过程中的人身安全及仪器设备安全。

导入案例：清华大学逸夫技术科学楼实验室失火

2008年6月6日下午，清华大学逸夫技术科学楼一间实验室失火，楼内上百名师生被紧急疏散，事故未造成人员伤亡。失火实验室位于逸夫技术科学楼5层，为该校材料科学与工程系所有。一名当时正在事发房间隔壁做实验的学生说，这是一个进行"高温烧结"的实验室，事发时一名学生在里面做实验，仪器开着人却中途离开，结果导致火灾。该学生称，现场看不到明火，也没有听到爆炸声，但刺鼻的浓烟弥漫整个楼层。事发后，楼上楼下正在工作的上百名师生紧急疏散到楼下。随后赶到的消防人员架起云梯，从外面砸碎玻璃窗户灭火。该学生称，这个楼上都是材料科学与工程系的实验室和会议室，他们的很多实验都需要在高温环境下进行。一名了解事发实验室情况的学生称，房间内光"高温烧结炉"就有7个，还有整整一面墙的各种化学原料。一名进入现场的学生说，失火实验室内物品全被烧毁，地上和5层楼道内全是积水。现场一名消防员称，当事人实验中途离开是火灾发生的主要原因。

第一节　电工实训安全教育及安全防范措施

电能是一种方便的能源，它的广泛应用，有力地推动了人类社会的发展，给人类创造了巨大的财富，改善了人类的生活。但是，在生产和生活中如果不注意安全用电，也会给我们的生活带来不小的危害。例如，触电可造成人身伤亡，设备漏电产生的电火花可能酿成火灾、爆炸，高频用电设备可产生电磁污染等。

一、生活与工作中的用电安全注意事项

现代生活与工作中使用电器的数量日渐增多。为了使用方便，人们除了在建筑

时安装线路外,往往建成后还附加一些电线,如果这些线路增加不当,极易引发火灾。电器线路故障引发火灾通常有以下几种情况:

1. 线路绝缘不良,导线发生短路,短路点产生电火花和电弧,引起燃烧。
2. 线路超负荷,导线中通过的电流大于安全电流值,使导线升温;当温度超过可燃物的燃点时,就可能引发火灾。
3. 由于线路连接接触不良,导致发生升温和打火现象引发火灾。

案例 ▶ 上海商学院徐汇校区女生宿舍火灾

2008年11月14日早晨6时10分许,上海商学院徐汇校区女生宿舍楼602室发生火灾,火势迅速蔓延,4名女生在消防队员赶到前从6楼宿舍阳台跳楼逃生,不幸全部遇难。事后查明火灾系宿舍中违规使用"热得快"引发电器故障并将周围可燃物引燃所致。事故发生后,学校工作人员在清理现场时发现,宿舍楼6楼事发区域配备的灭火器一个都未使用,这不能不是一个遗憾。

为了防止在日常生活中因使用不当引发触电或火灾事故,应重点做到:
1. 不要将灯饰靠近窗帘、挂毡或衣物等易燃物品,以免发生火灾。
2. 不要将电饭煲、电暖炉等大功率电器与其他电器连接于同一插座上。
3. 清洁电器前,应先把电源插头拔去,不要将电饭煲浸在水中清洗;把内锅放入电饭煲前,必须确保内锅底部没有水;使用后应拔去电饭煲的插头。
4. 避免让小孩触碰操作中的电器。
5. 不乱接电源,以防止电流过载导致火灾。
6. 严禁使用破损的插头、插座。
7. 不购买和使用质量低劣的电器产品,一定要选用有国家认证标志的合格电器产品。
8. 不使用老化、接头处无绝缘胶布包扎的电线。
9. 不私自安装床头灯、台灯,不将台灯靠近枕头、被褥和蚊帐等易燃物,保持必要的安全距离,不用可燃物直接遮挡白炽灯泡。
10. 做到人走灯灭,关闭电源,节约能源,消除隐患。
11. 墙壁上的多用插座都是通电的,千万不能用手指、小刀、钢笔等触、插,以免触电。
12. 避免在潮湿环境(如浴室)下使用电器,更不能使电器浸水、受潮。遇到雷雨天气,要停止使用电视机,并拔下室外天线插头,防止遭受雷击。

案例 ▶ 电焊作业触电事故

2007年8月2日上午,电焊作业负责人徐某安排电焊工苏某等3人在某大厦五楼进行钢结构架的焊接作业。9时40分左右,苏某在钢架上焊完一个焊接点后,脱掉了焊工绝缘手套,将电焊钳夹在汗水淋漓的左腋窝下(电焊钳钳头朝前,电缆线在身后),去移动未焊的铁件。当苏某的手接触到放在钢架上的铁件时,被强电流击倒造成死亡。

事故直接原因:

苏某安全意识淡薄,违章将电焊钳夹在多汗的腋下,造成电源正极(电焊钳)通过左腋下皮肤→身体→手→铁件(负极)形成回路,造成触电事故。电焊机的电压一般在50伏左右,属低电压,平时一般不易发生触电事故,但当夏季高温人体多汗时由于导电性增大,接触24伏以上电压的电源同样可能发生触电死亡事故。

事故间接原因:

施工现场安全监管不力,未安排安全监护人员到施工现场进行管理,不能有效制止作业人员的违章操作行为。对作业人员的安全教育不够,作业人员安全意识淡薄。

二、实训和工作中用电安全防范措施

在实训和工作中,应注意以下用电规程,确保用电安全。

1. 各类工作人员必须严守用电安全规程,须知每条规程都是鲜血和生命换来的。实训和工作中发现故障或有疑惑须迅速断开电源开关。
2. 设备必须作定期检查测试及保养,确保其安全。非注册电业工程人员切勿自行修理电器或接驳电线。
3. 不使用不合规格的万能插头或接线板。
4. 注意不要使接线板及插座连接过量负荷。
5. 切勿用湿手接触任何电器、插座或开关。
6. 切勿使电器软电线接触高温物体。
7. 确保电器四周空气流通,以免电器过热。
8. 外出时尽可能关掉电器电源,尤其是关掉大负荷电器电源。
9. 若电器停止使用一段时间,应拔掉插头。
10. 若使用电器时发现不正常或过热情况,应立即关掉电源、停止使用并安排有资质的人员检验及维修。
11. 遇到落在地上的电线,万万不可往电线上洒水,因为水是导电的。一定要绕行,因为那可能是带电的高压线。
12. 使用有金属外壳的用电器时,注意金属外壳必须接地。常用的有金属外壳用电器必须使用三相插头,做到金属外壳接地线。
13. 检修电路时应切断电源,并在电源开关处挂警示牌。

三、触电的应急处理方法

（一）触电急救原则

发现有人触电，首先要尽快使触电者脱离电源，然后根据触电者的具体症状进行对症施救。触电急救的要点是动作迅速，救护得法。救护时要遵循"迅速、就地、正确、坚持"的触电急救八字方针。

（二）脱离电源的几种方法

1. 将事发地点附近的电源开关刀拉掉，或将电源插头拔掉，以切断电源。

2. 用干燥的绝缘木棒、竹竿、布带等物，将电源线从触电者身上拨离，或者将触电者拨离电源。

3. 必要时可用绝缘工具（如带有绝缘柄的电工钳、木柄斧头以及锄头）切断电源线。

4. 救护人可戴上手套或在手上包缠干燥的衣服、围巾、帽子等绝缘物品拖拽触电者，使之脱离电源。

5. 如果触电者由于痉挛手指紧握导线缠绕在身上，救护人可先用干燥的木板塞进触电者身下，使其与地绝缘来隔断入地电流，然后再采取其他办法把电源切断。

6. 如果触电者触及断落在地上的带电高压导线，且尚未明确线路是否有电之前，救护人员不可进入断线落地点8～10米的范围内，以防跨步电压触电。进入该范围的救护人员应穿上绝缘靴，或临时双脚并拢跳跃着接近触电者。触电者脱离带电导线后，应迅速将其带至8～10米以外进行急救。只有在确定线路的确无电的情况下，才可在触电者离开触电导线后就地急救。

7. 夜间发生触电事故时，应考虑切断电源后的临时照明问题，以利救护。

（三）触电者未失去知觉时的救护措施

应让触电者在比较干燥、通风暖和的地方静卧休息，并派人严密观察，同时请医生前来或送往医院诊治。

（四）已失去知觉、尚有心跳和呼吸的触电者的抢救措施

应使其舒适地平卧着，解开衣服以利呼吸，四周不要围人，保持空气流通，冷天应注意保暖，同时立即请医生前来或送往医院诊治。

（五）对触电"假死"者的急救措施

如果触电者伤势严重，呼吸和心跳都已停止，对触电者应立即就地采用口对口人工呼吸法和胸外心脏挤压法进行抢救。有时应根据具体情况，采用摇臂压胸呼吸法进行抢救。

（六）触电急救注意事项

1. 任何药物都不能替代口对口人工呼吸和胸外心脏挤压法抢救触电者。口对口人工呼吸和胸外心脏挤压法是触电者最基本的两种急救方法。

2. 抢救触电者应迅速而持久地进行抢救。在没有确定触电者确已死亡的情况下，不要轻易放弃，以免错过救治机会。

3. 要慎重使用肾上腺素。只有经过心电图仪鉴定心脏确已停止跳动且配备有心脏除颤装置时，才允许使用肾上腺素。

4. 对于与触电同时发生的外伤，应分别情况酌情处理。

四、学生电工实训安全规程

学生在实训前必须接受电工安全教育，严格按要求进行各项操作，认真做到"先检查后通电，有异常先断电"。在连接好线路后，须经教师检查合格后方可通电。

在实训（验）过程中发生意外情况时，要保持冷静，立即切断电源，报告指导教师并保护好现场，必要时协助教师完成事故报告。实训下课后，要自行检查仪器设备和电源的开关是否已断开，确认断开后方可离开。

第二节 金工实训操作安全教育与应急处理措施

在机械作业中，各种机械设备都有一定的安全作业空间，机械设备安置不能太过于紧密，否则机械工作时，危险的工件等物件容易对临近的机械操作人员造成伤害。在操作旋转机械时，一定要做到工作服的"三紧"，即：袖口紧、下摆紧、裤脚紧；不戴手套、围巾；女工的发辫要盘在工作帽内，不能露出帽外。

不同的工种都有不同的工作服装、安全帽。工作服、安全帽不仅仅是一个企业员工的精神面貌，更重要的它还有保护你的生命安全和健康的作用。忽视它的作用，从某种意义上来讲，也就是忽视了你自己的生命安全。

案例 ▶ 违规操作引发生产安全事故

1987年1月10日15时25分，柳州市某机械厂机加工车间发生一起钳工装夹工件不停车，被摇臂钻床 φ28mm 麻花钻绞死人的伤亡事故。

当日下午14时上班后不久，黄某在 Z33 摇臂钻床加工 276Q 微型汽车发动机缸体平衡轴孔时，由于贪快赶工时，竟违章操作——装夹工件不停车，至15时25分左右，黄在装夹工件时，左手被转动着的直径为 φ28mm、转速为 200 转/分钻头绞住衣袖。瞬时即由衣袖绞至颈部，工段长陆某听见叫喊后，马上跑来切断钻床电源，与其他工友一道反转主轴把钻头卸下的同时将黄某解脱下来抬送厂医院。经厂医院初步诊断后，又送柳州市工人医院抢救，最终黄某因伤势过重，抢救无效死亡。

一、机械性危险与非机械性危险有害因素

(一) 机械性危险与有害因素(见下表1)

表1　机械性危险与有害因素

危险与有害因素		表现形式说明
静态危险		切削刀具的刀刃;机械设备突出部分,如表面螺栓、吊钩、手柄等;毛坯、工具、设备边缘锋利飞边和粗糙表面等;引起滑跌、坠落的工作平台,尤其是平台有水或油时更为危险,当人与这些静止设备接触或作相对运动时可引起危险。
直线运动危险	接近危险	纵向运动的构件,如龙门刨床的工作台、牛头刨床的滑枕;横向运动的构件,如升降式铣床的工作台;这种机械进行往复直线运动,当人处在机械直线运动的正前方而未躲让时,将受到运动机械的撞击或挤压。
	经过危险	转动中的带链、冲模、运动的金属接头等;人体经过运动中的部件时可引起危险。
旋转运动危险	卷进危险	人体或衣服卷进旋转机械部位引起的危险,有多种卷进型:单旋部件卷进危险,如主轴、卡盘、磨削砂轮、各种切削刀具如铣刀、锯片等加工刃具;双旋部件卷进危险,如朝相反方向旋转的两个轧辊之间、相互啮合的齿轮;旋、固构件间卷进危险,如砂轮与砂轮支架之间,有辐条的手轮与身之间,旋转蜗杆与壳体之间;旋、直运动部件间卷进危险,如皮带与皮带轮、链条与链轮、齿条与齿轮、卷扬机铰链与绞盘等。
	打击危险	旋转运动加工件打击,如伸出机床的细长加工件;旋转运动部件上凸出物的打击,如转轴上的键、定位螺丝、联轴器螺丝等;孔洞部分具有的危险,如风扇、叶片、齿轮和飞轮等。
振动夹住危险		机械的一些振动部件结构,如振动体的振动引起被振动体部件夹住的危险。
飞物打击危险		飞出的刀具或机械部件,如未夹紧的刀片、紧固不牢的接头、破碎的砂轮片等;飞出的切屑或工件,如连续排出或破碎而飞出的工件。

(二) 非机械性危险与有害因素

1. 电击伤:指采用电气设备作为动力的机械以及机械本身在加工过程中产生的静电引起的危险。包括:触电危险,如机械电气设备绝缘不良,错误地接地线或误操作等原因造成的触电伤害事故;静电危险,如在机械加工过程中产生的有害静电,将引起爆炸、电击伤害事故。

2. 灼烫和冷冻危害:如在热加工作业中,被高温金属体和加工件灼烫的危险,或与设备的高温表面接触时被灼烫的危险,以及在深冷处理时或与低温金属表面接触时被冻伤的危险。

3. 电离辐射危害:指设备内放射物质,X射线装置,γ射线装置等超出国家标准允许剂量的电离辐射危险。

4. 振动危害：在机械加工过程中使用振动工具或机械本身产生的振动所引起的危害，按振动作用于人体的方式，可分为：(1)局部振动，如在以手接触振动工具的方式进行机械加工时，振动通过振动工具、振动机械或振动工件传向操作者的手和臂、从而给操作者造成振动危险。(2)全身振动，由振动源通过身体的支持部分将振动传布全身而引起的振动危害。

5. 噪声危害：机械加工过程或机械运转过程所产生的噪声而引起的危害。机械引起的噪声包括：(1)机械性噪声，由于机械的撞击、摩擦、转动而产生的噪声，如球磨机、电锯、切削机床在加工过程中发出的噪声。(2)液体动力性噪声，由于气体压力突变或流体流动而产生的噪声，如液压机械、气压机械设备等在运转过程中发出的噪声。(3)电磁性噪声，由于电机中交变力相互作用而发生的噪声，如电动机、变压器等在行转过程中发出的噪声。

6. 粉尘危害：指机械设备在生产过程中产生的各种粉尘引起的危害。

7. 非电离辐射危害：非电离辐射系指紫外线、可见光、红外线、激光和射频辐射等，当这些辐射超出卫生标准规定剂量时，会对工作人员造成危害。如从高频加热装置中产生的高频电磁波或激光加工设备中产生的强激光等非电磁辐射危害。

8. 化学物危害：机械设备在加工过程中作用或产生的各种化学物引起的危害。包括：(1)工业毒物的危害，指机械加工设备在加工过程中使用或产生的各种有毒物质引起的危害。工业毒物可能是原料、辅助材料、半成品、成品，也可能是副产品，废弃物、夹杂物，或其中含有毒物成分的其他物质。(2)酸、碱等化学物质的腐蚀性危害。如在金属的清洗和表面处理时产生的腐蚀性危害。(3)易燃易爆物质的灼伤、火灾和爆炸危险。

9. 异常生产环境：包括工作区温度过高、过低或急剧变化；工作区湿度过大或过小；工作区气流速度过大、过小或急剧变化；工作区照度不足，照度匀度不够，亮度分布不适当，光或色的对比度不当，以及存在频闪效应，眩光效应。

二、金属冷加工安全与防范

（一）机械设备的基本安全要求

机械设备的基本安全要求，主要包括：

1. 机械设备的布局要合理，应便于操作人员装卸工件、加工观察和清除杂物。

2. 机械设备的零、部件的强度、刚度应符合安全要求，安装应牢固。

3. 机械设备根据有关安全要求，必须装设合理、可靠、不影响操作的安全装置。例如：

（1）对于作旋转运动的零、部件，应装设防护罩或防护挡板、防护栏杆等安全防护装置，以防发生绞伤。

（2）对于超压、超载、超温度、超时间、超行程等能发生危险事故的零部件，应装设保险装置，如超负荷限制器、行程限制器、安全阀、温度继电器、时间断电器等，防止事故的发生。

（3）对于某些动作需要对人们进行警告或提醒注意时,应安设信号装置或警告牌等。如电铃、喇叭、蜂鸣器、各种灯光信号等。

4. 机械设备的电气装置必须符合电气安全的要求。

5. 机械设备的操纵手柄以及脚踏开关等应符合如下要求:

（1）重要的手柄应有可靠的定位及锁紧装置,同轴手柄应有明显的长短差别。

（2）手轮在机动时能与转轴脱开,以防随轴转动打伤人员。

（3）脚踏开关应有防护罩或藏入床身的凹入部分内,以免掉下的零部件落到开关上,启动机械设备而伤人。

（4）机械设备的作业现场要有良好的环境,即照度要适宜,湿度与温度要适中,噪声和振动要小,零件、工夹具等要摆放整齐。

（5）每台机械设备应根据其性能、操作顺序等制定出安全操作规程和检查、润滑、维护等制度,以便操作者遵守。

(二) 机械加工车间常用防护装置

机械加工车间常见的防护装置有防护罩、防护挡板、防护栏杆和防护网等。在机械设备的传动带、明齿轮接近于地面的联轴节、转动轴、皮带轮、飞轮、砂轮和电锯等危险部分,都要装设防护装置。对压力机、碾压机、压延机、电刨、剪板机等压力机械的旋压部分都要有安全装置。防护罩用于隔离外露的旋转部分,如皮带轮、齿轮、链轮、旋转轴等。防护挡板、防护网有固定和活动两种形式,起隔离、遮挡金属切屑飞溅的作用。防护栏杆用于防止高空作业人员坠落或划定安全区域。总体来说,防护装置的形式主要有固定防护装置、联锁防护装置和自动防护装置等形式。

(三) 机械设备操作人员的安全管理规定

要保证机械设备不发生工伤事故,不仅机械设备本身要符合安全要求,而且更重要的是要求操作者严格遵守安全操作规程。当然,机械设备的安全操作规程因其种类不同而内容各异,其基本安全守则为:

1. 正确穿戴好个人防护用品。该穿戴的必须穿戴,不该穿戴的就一定不要穿戴。例如机械加工时要求女工戴护帽,如果不戴就可能将头发绞进去。同时要求不得戴手套,如果戴了,机械的旋转部分就可能将手套绞进去,将手绞伤。

2. 操作前要对机械设备进行安全检查,而且要空车运转一下,确认正常后,方可投入运行。

3. 机械设备在运行中也要按规定进行安全检查。特别是对紧固的物件看看是否由于振动而松动,以便重新紧固。

4. 设备严禁带故障运行,以防出事故。

5. 机械安全装置必须按规定正确使用,绝不能将其拆掉不用。

6. 机械设备使用的刀具、工夹具以及加工的零件等一定要装卡牢固,不得松动。

7. 机械设备在运转时,严禁用手调整;也不得用手测量零件,或进行润滑、清扫杂物等。如必须进行时，则应首先关停机械设备。

8. 机械设备运转时，操作者不得离开工作岗位，以防发生问题时无人处置。

9. 工作结束后，应关闭开关，把刀具和工件从工作位置退出，并清理好工作场地，将零件、工夹具等摆放整齐，打扫好机械设备的卫生。

(四) 机械加工事故应急处理措施

应未雨绸缪，事先制定应急预案，明确救援步骤，按照计划、分工，实施救援。需要救援车辆时，应急指挥应安排专人接车，引领救援车辆迅速施救。

1. 小型机械设备事故应急措施

(1) 发生各种机械伤害时，应先切断电源，再根据伤害部位和伤害性质进行处理。

(2) 根据现场人员被伤害的程度，一边通知急救医院，一边对轻伤人员进行现场救护。

(3) 对重伤者不明伤害部位和伤害程度的，不要盲目进行抢救，以免引起更严重的伤害。

2. 大型机械伤害事故引起人员伤亡的处置

(1) 迅速确定事故发生的准确位置、可能涉及的范围、设备损坏的程度、人员伤亡等情况，以根据不同情况进行处置。

(2) 划出事故特定区域，禁止非救援人员进入特定区域。迅速核实事故机械上的作业人数，如有人员被压在倒塌的设备下面，要立即采取可靠措施加固四周，然后拆除或切割压住伤者的杆件，将伤员移出。

(3) 抢救受伤人员时几种情况的处理：

第一，如确认人员已死亡，立即保护现场。

第二，如发生人员昏迷、伤及内脏、骨折及大量失血，可立即联系120、999急救车或距现场最近的医院，也可根据伤情联系专科医院。对外伤大出血的伤者，可在急救车未到前，现场采取止血措施。如果发现伤者已骨折则须注意搬动时的保护。对昏迷、可能伤及脊椎、内脏或伤情不详者，一律用担架或平板，移送不得一人抬肩、一人抬腿。

第三，对一般性外伤，可视伤情送往医院，防止破伤风。对轻微内伤者，应送医院检查。

制定救援措施时一定要考虑所采取措施的安全性和风险，经评价确认安全无误后再实施救援，避免因采取措施不当而引发新的伤害或损失。

三、金属热加工安全与防范

金属热加工一般是指铸造、锻造、焊接和热处理等工作，其特点是生产过程中常伴随着高温、有害气体、粉尘和噪声等，劳动条件恶劣，易发生人员伤害事故。

(一) 高温与中暑

金属冶炼操作，如炼钢、炼铁是在千度以上的高温下进行的。高温作业时，人体受高温的影响,出现一系列生理功能改变,如体温调节功能下降。当生产环境温度超过34℃时,很容易发生中暑。如果劳动强度过大,持续劳动时间过长,则更容易发生中暑。严重时可导致休克。

防止中暑的措施,是合理地设计工艺流程,改进生产设备和操作方法,消除或减少高温、热辐射对人体的影响。这是改善高温作业劳动条件的根本措施,用水或导热系数小的材料进行隔热,也是防暑降温的重要措施。采用机械通风和自然通风,则是经济有效的散热方式。

(二) 爆炸与灼烫

钢铁工厂为了提高效益,降低消耗,常常采用强化冶炼的措施,如喷煤粉和吹氧等,这就使得炼钢、炼铁生产中容易发生钢水、铁水喷溅和爆炸事故。

造成钢水、铁水喷溅、爆炸的原因很多,从投放原料开始,到出钢、铁的全部生产工艺过程,均隐藏着不安全因素,必须从每一道工艺上加强防范措施。

1. 各生产岗位人员必须掌握生产规律,熟悉操作规程,认真观察事故先兆并懂得处置办法。

2. 加强原料的管理和挑选工作,严防爆炸品、密封容器进入炉内。

3. 经常检查冷却系统,保护系统畅通。控制好冷却水压和水量,以防止水冷系统强度不够造成钢板烧穿,导致钢液遇水爆炸。

4. 炼铁生产车间应严格执行热风炉工作制度,防止由于换炉事故造成热风炉爆炸;炼钢车间要严格执行从补炉、装炉、熔炼到出钢整个生产过程的操作规程,避免由于操作不当造成熔炼过程中的喷溅、爆炸事故。

5. 出铁、出钢时,要事先对铁沟、铁水罐、钢水包、地坑和钢锭模进行加热干燥,严防因潮湿而引起爆炸。

(三) 煤气中毒

煤气中的主要有害成分为一氧化碳。在炼钢、炼铁生产中,特别是炼铁生产中,产生的废气(即高炉煤气)含有很高的一氧化碳,处理不好则容易发生煤气中毒事故。有效的预防办法是,注意加强生产现场的通风、监测、检修和个人防护。

第三节 汽车维修实训安全与防范

在汽车维修实训中,比较容易出现危险的设备和作业过程主要包含有汽车举升设备、汽车整车、发动机台架以及各种钣金设备(工具)的使用。在喷漆过程中会涉及到化学物质的使用,对这些物质防护不慎也会对人体造成伤害。因此,在汽车维修实训过程中,培养学生的安全意识,严格遵守安全操作规程,对确保师生人身安全和设备安全都是至关重要的。

下面分别介绍汽车举升设备、汽车整车、发动机台架、汽车钣金喷涂作业中的安全注意事项及事故应急措施。

一、汽车举升机的安全使用

(一) 安全意识教育

汽车举升机也叫举重机,利用4个支架将汽车平稳地支起来,举升到半空中后可以方便地对汽车底盘进行维修作业。一般可分为剪式举升机和柱式举升机,动力装置有电机驱动和液压驱动两种。汽车进行举升作业时有一定的危险性,一旦出现操作不当、支撑不可靠或举升机有故障等,都可能造成严重的事故。

(二) 汽车举升机使用安全注意事项及应急处理办法

1. 安全注意事项

(1) 找汽车坚硬部位支撑(大多数车都设计有);

(2) 要保持平衡;

(3) 防止支撑点打滑,支撑处加垫皮子防滑(外胎);

(4) 不可大幅度晃动悬挂汽车;

(5) 落车时车下不可有人;

(6) 不可升得过高;

(7) 挂好保险。

2. 应急处理办法

(1) 举升机出现声音异常现象的几种情况:

① 举升超载,检查举升重量;

② 电机固定螺栓松动,拧紧螺栓;

③ 滑块处缺少润滑油,加注润滑油。

(2) 举升机紧急下降

当突然断电或无压缩空气时,保险钩子不能打开,举升机不能下降,车辆不能开出举升机。要先将举升机周围的保险钩子打开取出来,用东西把它固定住不让它钩回去,确保举升机周围和下面没有车辆和人员,拉下下降手柄慢慢下降举升机,将举升机降到最低点后,去掉固定钩子的东西。

二、汽车整车使用安全常识

(一) 汽车整车使用安全教育

汽车技术实训室根据教学的需要,配置了多台整车,包括轿车、吉普车、面包车及货车等。在教学中需要使用整车进行整车结构认知、汽车维护、故障诊断、汽车电器检修、汽车性能检测、汽车音响改装、汽车改装等课程的教学。

汽车使用的燃料为汽油或柴油,均属易燃和可燃液体;如果油箱破裂,油料外溢很容易发生火灾、爆炸事故;汽车上的电器设备及导线如果出现短路,也容易引起火灾。另外,汽车具有机动性且有较大自重,如果在驾驶或维修时有人违规操作可能导致严重事故。

案例 ➤ 汽车维修安全事故

2006年10月30日,上海某品牌汽车特约维修站一公司女员工驾特锐车不慎撞在正在工作的举升机,导致举升机断裂,使得正在举升机上保养的花冠坠落,将举升机旁的客户轧在车底下,造成重伤。特锐左右驾驶气囊全部炸开,挡风玻璃破碎,车顶严重变形,发动机当场损毁。坠落的花冠导致车头及底盘严重变形。

(二)汽车整车检修过程中安全注意事项及应急处理办法

1. 安全注意事项

(1) 汽车驶入工位后应用车轮挡块挡住前后车轮;

(2) 将换挡杆置于P挡(AT)或空挡(MT),拉紧停车制动器;

(3) 严禁违规启动发动机、挂挡、松手刹、乱搭线等操作;

(4) 启动发动机或车辆起步前应通知其他在场人员;

(5) 举升车辆前必须将举升机托臂胶垫对准车辆规定的支撑点。

2. 应急处理办法

(1) 车辆发生火灾

① 电气线路引发的火灾。当不慎将电源线相接或相碰,电流突然增大,超过导线正常工作发热量,将绝缘层引燃起火时,应迅速帮助车内人员撤离,切断电源、使用干粉灭火器将火扑灭,及时检查维修电气、线路。

② 燃油泄漏引发的火灾。当车内燃油泄漏时,机动车本身就有很多可以引燃燃油着火的火源,像点火系统产生的高压电火花、蓄电池外部短路时产生的高温电弧、发动机排气管产生的灼热高温或喷出的积碳火星等。当火灾发生后,应迅速帮助车内人员撤离,切断电源、封堵油管,使用干粉灭火器将火扑灭,及时检查维修燃油系统。

③ 车辆检修时违章操作引发的火灾。一是在焊补车厢、车架、油箱时,由于未对焊补处进行严格清理,引起爆炸起火;二是在检修车辆时使用的照明灯具破碎或打火引燃可燃物造成火灾;三是在保养或从油箱内抽去汽油时,使用火柴或打火机照明,引燃燃油或可燃物起火。火灾发生后,应迅速帮助车内人员撤离,切断火源、电源,使用干粉灭火器将火扑灭。

④ 车辆上物品引发的火灾。在炎热的夏天,汽车上存放的一次性打火机在太阳的直接照射下会爆炸引起火灾的发生。火灾发生后应迅速帮助车内人员撤离,使用干粉灭火器将火扑灭。

(2) 车辆突然向前(后)移动

① 在车内的人员违规启动发动机、挂挡及松手刹时,要立即制止驾驶者继续操作,及时采取措施使车辆停止。

② 停车后忘记拉紧停车制动器,要立即使用车轮挡块、方木等挡住车轮,使车辆停止,拉紧停车制动器。

③ 停车制动器突然损坏,要立即使用车轮挡块、方木等挡住车轮,使车辆停止,检修停车制动器。

(3) 发动机水管漏水或突然爆裂,要立即将发动机熄火,采取措施,避免被水蒸汽烫伤。一旦烫伤,立即用凉水冲洗,并马上就医。

(4) 发动机油管突然漏油(燃油、机油),要立即将发动机熄火,采取措施,堵住或切断油管,必要时疏散人群。

三、汽车发动机台架实训安全与防范

(一) 安全意识教育

汽车维修实训教学配置发动机台架,用于发动机结构认知,发动机维护,发动机各系统检测,发动机故障诊断等课程的教学。发动机台架使用的燃料为汽油或柴油,均属易燃物品。如果油箱破裂,油料外溢很容易发生火灾、爆炸事故;发动机上的电路如果出现短路,也容易引起火灾;发动机工作时如果出现水温过高,也可能导致烫伤。发动机启动后,高速运转,如果学生着装不符合规定、违反操作规程,可能导致损毁发动机,甚至人身伤亡事故。

(二) 安全注意事项及应急处理办法

1. 安全注意事项

(1) 使用发动机台架时应按照规定着装整齐,符合工作安全要求;

(2) 启动发动机前应仔细检查各油管是否密封良好、各线路是否连接可靠;

(3) 在发动机运行时密切留意发动机的状况,如发现异常应立即将发动机熄火;

(4) 禁止在发动机台架附近吸烟;

(5) 启动发动机应通知在场其他人员。

2. 应急处理办法

(1) 发动机台架发生火灾

① 电气线路出现故障,使电源线相接或相碰,造成电流突然增大,超过导线正常工作发热量,将绝缘层引燃起火时,要立即切断电源、使用干粉灭火器将火扑灭。待火扑灭后再及时检查维修电气、线路。

② 当发动机燃油系统泄漏引发火灾时,要立即切断电源、封堵油管,使用干粉灭火器将火扑灭。待火扑灭后,及时检查维修燃油系统。

(2) 发动机冷却水管突然爆裂

当发动机水温过高,导致水管内压力过大而将水管撑破时,应立即疏散人群,避免水蒸汽将人烫伤,待发动机冷却后检修冷却系统。一旦烫伤,立即用凉水冲洗,并马上就医。

(3) 排气管将人烫伤

应迅即用冷水冲洗,必要时将伤者送往医院。

四、钣金喷涂作业安全与防范

(一) 安全意识教育

在汽车钣金与涂装作业中,涉及到对身体有害的化工物料较多。这些物质主要是苯、甲苯、二甲苯、正己烷、环己烷、丙酮等,它们长时间地侵入身体,可引起骨髓造血功能抑制,对健康造成一定的影响和损害,出现各种临床症状,如头晕、头痛、乏力、恶心、食欲缺乏、失眠、四肢酸软、低热、畏寒、腰酸、心慌、慢性鼻炎、慢性咽炎及白细胞减低等。

(二) 涂装作业安全管理规定

1. 涂装作业中的安全防护

(1) 进行打磨作业时,需配戴防尘口罩及防尘眼镜。

(2) 进行喷漆作业时,需配戴活性炭过滤面罩、防漆雾眼镜、抗稀料乳胶手套及喷漆防护服。

(3) 不用煤油、稀料或溶剂清洗皮肤。

(4) 处理危险液体时,不要将它们倒到地上或倒入下水道。

(5) 不要用吹尘枪清理工作服上的灰尘:它更容易将粉尘吹到皮肤上,带来更严重的伤害。

(6) 穿能充分保护脚的鞋,保护脚不受掉落工具、尖锐物或重物的伤害。鞋底应保持良好状态以免尖的或热的金属片向上穿透。

2. 溶剂和其他易燃物品的安全事项

(1) 不允许在喷漆车间抽烟和点燃明火(如火柴、打火机等)。

(2) 在存放易燃性液体的场地上,应对火源实施严格的监控。

(3) 输送桶装溶剂时,要用专用泵通过桶上的孔抽送,不允许侧倒装运。抽送完毕,应将容器盖关紧。

(4) 用散装容器运送易燃溶剂时,要特别小心。溶剂桶应接地,以防静电引起火灾。

(5) 用于喷漆的漆料,必须存放在金属柜中(切勿用木柜)。

(6) 喷漆时按下列程序进行:喷漆之前移开手提灯;打开通风系统;开启喷漆处场地光源;清除可燃残余物;油漆干燥时保持通风。

(7) 切勿在蓄电池附近打磨,以防蓄电池放出的氢气爆炸。

(三) 钣金作业安全管理规定

1. 工作前要将工作场地清理干净,以免其他杂物妨碍工作;认真检查所用的工具、机具技术状况是否良好,连接是否牢固。

2. 进行校正作业或使用车身校正台时应正确夹持、固定、牵制,并使用适合的顶杆、拉具及站立位置,谨防物件弹跳伤人。

3. 使用车床、电焊机时,必须事先检查焊机接地情况,确认无异常情况后,方可按启动程序开动使用。

4. 电焊条要干燥、防潮,工作时应根据工作大小选择适当的电流及焊条。电焊作业时,操作者要带面罩及劳动保护用品。

5. 焊补油箱时,必须放净燃油,彻底清洗确认无残油,敞开油箱盖谨慎施焊。

6. 氧气瓶、乙炔气瓶要放到离火源较远的地方,不得在太阳下暴晒,不得撞击,所有氧焊工具不得粘上油污、油漆,并定期检查焊枪、气瓶、表头、气管是否漏气。

7. 搬运氧气瓶及乙炔气瓶时必须使用专门搬运小车,切忌在地上拖拉。

8. 进行氧焊点火时,先开氧气后开乙炔气,熄火时先关乙炔气阀,发生回火现象时应迅速卡紧胶管,先关乙炔气阀再关氧气阀。

(四)事故应急处理办法

当漆料或溶剂溅落皮肤上,或眼睛里:

1. 用大量清水冲洗;
2. 尽快就医治疗。

第四节 化学实验实训中的安全防护措施与急救方法

一、化学实验室安全防护措施

(一)防火防爆的基本措施

实验室中需要经常使用易燃、易爆以及强氧化性的试剂、气体,经常需要进行加热、灼烧、蒸馏等实验操作,随时存在着火、爆炸的可能。因此,在实验室实习和工作时,应重点做好以下要求,避免事故的发生。

1. 控制易燃、易爆物质的使用。在满足实验、研究的条件下,尽量不用或少用化学危险品。特别是在选择有机溶剂时,尽量选用火灾、爆炸危险性低的替代品。

2. 加强容器设备的密闭性,不能用开口或破损容器盛装易燃物质。容积较大而没有保护装置的玻璃容器不能贮存易燃液体,不耐压的容器不能充装压缩气体和加压液体。

3. 通风后可燃物质在空气中的浓度一般应少于或等于爆炸下限的四分之一,因此要加强通风。

4. 不得用带有磨口塞的玻璃瓶盛装爆炸性物质;盛放化学危险品的容器必须清洗干净,以免与其他异物发生反应;使用惰性气体降低空气中氧的含量是防火防爆的基本原理,使用干燥爆炸性物质,应在惰性气体保护下进行。

5. 加强化学危险品的安全管理。

(1)化学危险品必须贮存在专用仓库,应根据其危险特性与物性分类存放,不能混存。

(2) 易燃易爆的实验操作应在通风橱内进行,操作人员须穿戴相应的防护器具。实验完毕及时销毁残存的易燃易爆物,并按规定处理三废。

(3) 实验室废液不能随便倾倒与互混,有机溶剂会随水流而挥发并与空气形成爆炸性混合气体。

6. 消除点火源。

(1) 尽量不使用明火对易燃液体加热,可采用过热水蒸汽、密封电炉或其他加热设备。

(2) 易燃物不得存放在火焰、电加热器或其他热源附近。工作完毕,立即关闭所有热源。

(3) 避免摩擦和冲击。

(4) 防止电气火花。

(5) 实验室内严禁吸烟。

(6) 实验室用的电热板、电炉、烘箱等放在木制台面上时必须用耐火材料衬垫。

此外,火灾发生后,除积极灭火外,还要及时阻断火势蔓延。如无法及时灭火或阻止其蔓延,应进行疏散,以减少财产的损失和人员的伤亡。

(二) 防止中毒的基本措施

大多数化学药品都有不同程度的毒性。有毒物质进入人体主要通过皮肤、消化道和呼吸道三种途径进入人体。为了预防和避免在实验室内使用毒性物质时的偶然中毒事件的发生,最根本的一条是一切实验工作都应遵守安全规章制度,严格操作规程,牢记并做到以下规定:

1. 严禁在实验室内饮食,严禁将实验器皿作饮食工具使用。

2. 用嗅觉检查样品时,只能拂气入鼻,稍闻其味即可,绝不可向瓶口猛吸,严禁以鼻子接近瓶口鉴别。

3. 工作人员在实验前应熟悉有毒物质的各种性状(包括毒物性质、最高允许浓度、中毒的途径、中毒症状等)和解毒的方法。

4. 使用有毒气体和可能产生毒性蒸汽的实验必须在通风橱中进行。

5. 凡对有毒物质进行操作时,必须采取必要的措施,如穿工作服、戴防护用具等。皮肤有伤口者不允许操作有毒物质。

6. 绝大多数有机溶剂具有毒性,如果实验允许,尽量选用毒性较弱的溶剂。

7. 毒物废渣应立即进行无害化处理或者密封并统一处置。有毒废液经解毒后,用水稀释后倒入废桶内,统一处置。

(三) 防止化学烧伤及玻璃割伤的基本措施

1. 取用腐蚀性刺激药品,如强酸、强碱和溴水等,应戴上橡皮手套和防护眼镜等。

2. 必须采用特制的虹吸管移出危险液体时,应采取相应的防护措施(如配戴防护镜、橡皮手套和围裙等)。

3. 稀释硫酸时,必须在耐热容器内进行,并且在不断搅拌下,慢慢地将浓硫酸加入水中,绝对不能将水加入到浓硫酸中。

4. 加热化学药品时,必须平稳放置,瓶口不能对准人或设备。

5. 取下正在沸腾的液体时,须夹稳并摇动后再取下,防止液体爆沸伤人。

6. 切割玻璃管(棒)及进行瓶塞打孔时,易造成割伤。截断玻璃管时,要用布包裹住玻璃管再折断。往玻璃管上套橡胶管时,应用水或甘油湿润管外壁及塞内孔,并戴好手套,以防玻璃破碎割伤手部。

7. 装配或拆卸玻璃仪器装置时,要戴手套作业。

二、化学实验实训中事故的急救方法

(一) 化学药品中毒时的急救方法

当发生急性中毒时,现场初步处理具有重要意义。及时妥善处理有助于尽快阻止有毒物质继续发生作用,尽可能驱除侵入的毒物,将毒素物质或毒素物质在人体内的转化产物中和或无毒化处理,提高人体对毒物的抵抗能力,是急性中毒初步处理的原则。其主要措施如下:

1. 立即报警并说明情况,同时将患者迅速从中毒环境中转移至空气流通处。

2. 解开所有妨碍呼吸的衣服,若衣服已被毒物污染,应立即脱去,并注意保暖。

3. 如腐蚀性物质已溅入眼内或灼伤皮肤,应立即用大量的水冲洗,越快越好。

4. 如患者呼吸微弱或已停止,应迅速进行人工呼吸。

5. 服用润湿的活性炭,对缓解任何毒物中毒都有效果。

(二) 化学烧伤和玻璃割伤的急救方法

化学烧伤的急救措施主要包括:

1. 如强酸溅在皮肤上,先用大量的水冲洗,然后用5%碳酸氢钠溶液洗涤。氢氟酸灼伤时,先用大量冷水冲洗直至伤口表面发红,然后用5%碳酸氢钠溶液洗涤,再以甘油与氧化镁(2:1)悬浮液涂抹,用消毒纱布包扎。

2. 强碱溅在皮肤上,先用大量的水冲洗,再用2%硼酸或2%醋酸冲洗。

3. 溴灼伤,先用大量水冲洗,再用体积比为1:1:10的氨水溶液、松节油和酒精的混合液洗涤、包扎。

4. 酚灼伤,先用大量水冲洗后,再用体积比为4:1的70%的乙醇与1M的氯化铁混合液洗涤、包扎。火伤时,在现场立刻进行冷却处理。在医生到达之前,用15℃左右的冷却水,连续冷却。并采用洗必泰或硫柳汞溶液进行消毒。最后,在伤处涂上烫伤药。发生大面积烧伤时,应立刻送医院治疗。冻伤时,把冻伤部位放入40℃(不要超过此温度)的热水中浸30分钟左右。待恢复到正常温度后,需把冻伤部位抬高,不包扎。也可饮适量酒精饮料暖和身体。

5. 玻璃割伤时,首先要止血(先除去伤口内的玻璃碎片)。一般可直接压迫损伤部位进行止血,先用双氧水(3%)将伤口周围擦干净,再涂碘酒、紫药水,撒上消炎粉后包扎。若情况严重,作上述简单处理后,立即就医治疗。

第五节　大学生顶岗实习的人身安全与防范

大学生"顶岗实习"期间的权益保护问题应当受到高度重视,如何降低实习风险,使实习的效益最大化,理应成为学校组织学生实习之前进行的重要工作。这不仅关系到大学生的群体利益,而且也是非常敏感的社会问题。提高大学生"顶岗实习"的安全防范意识和自我维权意识也是保障大学生实习期间合法权益的有效途径。

一、顶岗实习中容易出现的几个问题

(一) 心理预期与现实工作反差较大

预岗实习前,不少同学对"正式"走上工作岗位都有新奇感,也有许多憧憬,往往好的方面设想得多,困难和不足估计得少。一旦正式走上顶岗实习工作岗位,面对严格的要求,各种工作中的实际问题和困难,往往容易产生畏难消极情绪,甚至逃避懈怠。

(二) 劳动强度大

工厂、公司多是高强度劳动的企业,一种简单重复的劳动,从上班到下班连"轴"转,体力消耗,时间消耗较多,加之有时工厂为了完成订单任务,每天工作时间超过8小时,体力消耗同学校相比要多出很多倍,使得一些同学感觉太苦太累,不愿顶岗实习。

(三) 适应能力较差

从学校到工厂公司,从课堂到车间市场,这里面有一个观念转变问题。转变观念就要去适应公司工厂的要求,因为这是工作,是生活,不是在学校。而有的同学对专业期望值较高,认为所学专业同顶岗实习企业不搭界,因此不能尽快适应工厂公司生活和工作方面的要求,违规、违纪现象时有发生。

(四) 沟通能力欠缺

从学校到工厂公司,工作生活环境变了,要适应环境,适应工作要求,就离不开沟通。良好的沟通能力,是实习中提高工作效率,有效工作,同工人师傅融合在一起的基础。但在具体的顶岗实习中,一些同学缺乏必要的沟通能力,工作中抱怨多沟通少,影响了与实习单位的有效融合。

(五)要求责任不同

在顶岗实习中,同学们是作为工厂公司的实习员工看待与管理,无论工作强度、范围、责任、要求都高于以往的教学实习。面临的风险隐患相对增加,稍有不慎,极易发生安全事故。

二、顶岗实习中可能出现的伤害事故

顶岗实习是学生在真实的企业生产环境下进行职业技能综合训练的活动。与

学校的教学实习实训不同,顶岗实习是将实习同学作为企业的新进"正式"员工看待,独立工作。比教学实习实训要求更高,相对的安全隐患也更多,需要高度关注。

根据影响安全的因素来说,顶岗实习中易发生的伤害事故可分为人的不安全行为导致的事故、物的不安全状态导致的事故、环境的不安全因素导致的事故和管理的缺陷导致的事故几类,具体情况见下表:

表 2　顶岗实习中可能出现的伤害事故

事故原因	类型	表现形式
人的不安全行为	上班时间不安全行为	不遵守工作管理制度、违反工作岗位安全操作规程等。例如:进入建筑工地不戴安全帽、高空作业不系安全带、女生操作机床不戴帽子、带电作业只有一人单独操作、在严禁烟火的场所吸烟等。
	非上班时间不安全行为	违反交通规则、擅自江河游泳、与人斗殴、酗酒等。
物的不安全状态	物体(设备)静止时不安全状态	失控物体的惯性力造成的人身伤害,如落物、坍塌等。
	物体(设备)运行(搬动)时不安全状态	起重作业伤害、机械加工作业伤害、车辆行驶伤害等。
环境不安全因素	腐蚀性液体、气体,易燃易爆物质,机械、物料等	燃烧、爆炸、碰撞、跌倒等。
管理的缺陷	未按要求签订顶岗实习三方协议、学生顶岗期间人身意外及医疗保险合同、未进行有效的安全教育等	带电作业人员没有上岗证,实习学生进入危险区域或擅自离岗、发生伤害事故等。
	非上班时间管理的缺陷	被他人伤害、煤气或食物中毒等。

三、顶岗实习中的人身安全防范

顶岗实习的目的是让学生把所学专业知识、专业技能运用到企业生产、管理中,提高工作能力。顶岗实习不同于其他诸如毕业实习、试用、见习等方式的地方在于:"顶岗实习"能使学生完全履行其实习岗位的所有职责,独当一面,具有很大的挑战性,对锻炼学生的能力起到很大的作用。面对大学生求职时"没有工作经验难就业,而不能就业也就没有工作经验"的尴尬局面,是否具有较强的实践操作能力成为衡量大学生综合素养的重要尺度。因此,职业院校和用人单位以及大学生本人都极其重视大学生的实习实践环节。参加顶岗实习,首先要牢固树立"安全第一"的意识。

积极参加学校组织的顶岗实习安全教育教学活动,认真学习《顶岗实习安全守则》、《顶岗实习协议》等相关内容,深入解读顶岗实习安全问题的相关法律法规。认真参加岗前安全教育,严格遵守实习单位安全生产规章制度及操作规程,听从指挥,服从管理,正确使用防护用品。

顶岗实习期间,实习学生务必牢记以下几点:

1. 根据学校的实习管理规定,认真学习有关规章制度,在老师的指导下,与实习企业签订顶岗实习协议,确保协议符合国家、学校的相关规定,特别是有关人身安全、意外伤害保险及劳动保护的相关约定,确保实习期间的法律保护。坚决杜绝不签协议,不按规定提供相关法律和劳动保障的行为。

2. 坚决服从指导教师和实习单位的管理安排,努力提高职业素养与岗位技能。

3. 积极接受安全教育与管理,在工作、生活中加强安全意识与纪律观念,努力维护学校、实习单位声誉。

4. 杜绝一切危险、违法活动。不进入具有安全隐患的场所,避免与流窜人员来往,注意上下班的交通安全与驻外期间的人身财产安全。

另外,在学习各种安全常识的同时,要熟悉各行业相关职业病的基本常识。在顶岗实习阶段,学生只有做到充分认识行业、认知岗位、了解危险,才能处乱不惊,谨慎上岗,规范操作。

本章小结:

学生在校内外实训(验)、实习过程中存在种种不安全因素,培养学生的安全意识,采取必要的防范措施,能够有效避免安全事故的发生。因此,加强对学生的安全教育就显得非常必要。本章中,我们选取了学生实训、实验、实习过程中危险性比较大的几个训练工种,如:电工技能实训、金属冷热加工实训、汽车维修实训以及化学实验等作为范例,重点介绍在这些工种实训及实验时的安全操作规程、注意事项、防范措施及事故应急处理方法等内容,用于学生的实训(验)安全教育。

问题讨论:

1. 安全用电的主要措施有哪些?
2. 怎样使触电者脱离电源?
3. 遇到电气设备火灾时要使用什么样的灭火器?不能使用什么方式灭火?
4. 对触电者怎样就地进行心肺复苏?
5. 机械设备操作基本安全要求有哪些?
6. 大学生在顶岗实习期间应该注意哪些人身安全方面的问题?

扩展阅读:

口对口人工呼吸法

1. 迅速松开被抢救者的上衣、裤带或其他妨碍呼吸的装饰物,使其胸部能自由扩张。

2. 使被抢救者仰卧,清除被抢救者口腔中血块、痰唾或口沫,取下假牙等杂物,然后将其头部尽量往后仰,最好用一只手托在被抢救者颈后,鼻孔朝天,使呼吸道畅通,如图1所示。

3. 救护人捏紧被抢救者鼻子,如图2所示,深深吸气后再大口向被抢救者口中吹气,为时约2秒钟。

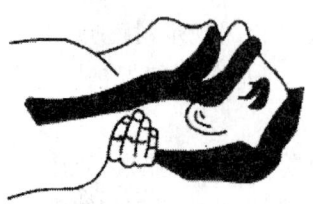 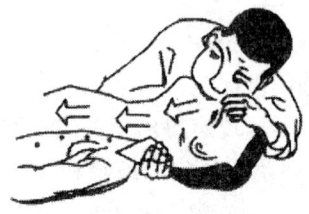

图1 保持呼吸道畅通　　　　图2 贴紧捏鼻吹气

4. 吹气完毕后救护人应立即离开被抢救者的嘴巴,放松被抢救者的鼻子,使之自身呼气,为时约3秒钟,如图3所示。

按照上述要求对被抢救者反复吹气、换气,每分钟约12次。对儿童使用人工呼吸法时,只可小口吹气,以免使其肺泡破裂。如果被抢救者的口无法张开,则改用口对鼻人工呼吸法进行抢救。

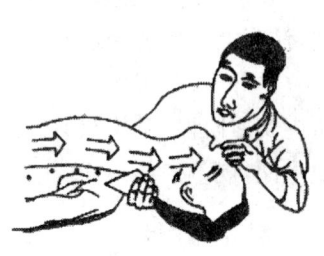

图3 放松呼气

胸外心脏挤压法

1. 解开被抢救者衣服和腰带,清除口腔内异物,使其呼吸道通畅。

2. 使被抢救者仰天平卧,头部往后仰,注意后背着地处的地面必须平整牢固,如硬地或木板之类的。

3. 救护人位于被抢救者的一侧,最好是跪跨在被抢救者臀部位置,两手相叠,右手掌按图4-a所示的位置放在触电者心窝稍高一点的地方,大约胸骨下三分之一至二分之一处,左手掌复压在右手背上。

4. 救护人向被抢救者的胸部垂直用力向下挤压,压出心脏里的血液。对成人应压陷3～4厘米,如图4-b所示。

5. 按压后,掌根迅速放松,但手掌不要离开胸部,让被抢救者胸部自动复原,心脏扩张,血液又回到心脏,如图4-c所示。

按照上述要求反复地对被抢救者的心脏进行按压和放松。按压与放松的动作要有节奏,每分钟80～100次效果最好。急救者在挤压时,切忌用力过猛,以防造成被抢救者内伤,但也不可用力过小,使挤压无效。被抢救者如果是儿童则可用一只手按压,用力要轻,以免损伤胸骨。

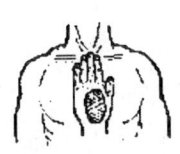  

(a) 正确压点　　　(b) 向下挤压图　　　(c) 放松回流

图 4　胸外心脏挤压法

　　注意对心跳和呼吸都停止的被抢救者的急救要同时采用人工呼吸法和胸外心脏挤压法。如果现场只有一人，可采用单人操作。单人进行抢救时，先给被抢救者吹气 2 次，然后再挤压 15 次，如图 5-a 所示，接着交替重复进行。如果由两人合作进行抢救更为适宜。方法是上述两种方法的组合，但在吹气时应将其胸部放松，挤压只可在换气时进行，如图 5-b 所示。

(a) 单人操作法　　　(b) 双人操作法

图 5　对心跳和呼吸均停止者的急救

第十三章 国际交往中的安全问题

学习目标：

通过学习,认识和了解不同国家、不同地区之间在政治制度、法律法规、宗教信仰、风俗习惯、社会环境等方面存在的差异,以及这些差异可能产生的安全问题;了解掌握避免和应对此类问题的基本方法。

导入案例：2011年4月女留学生柳某加拿大遇害

2011年4月15日加拿大时间凌晨1时左右,23岁的女留学生柳某在自己的住所遇害。案件发生前,柳某在北京的男朋友正通过网络与她视频通话,亲眼目睹了女友遇害的过程。

据柳某的男友介绍,在自己和女友视频聊天时,有一名白人男子进入了柳某的房间。柳某开门时,双方显得很熟悉并互致问候。那名男子向柳某借手机并试图拥抱柳某,但遭柳某连声拒绝。随后,该男子与柳某发生争斗,随后该男子关闭了电脑。案发后,警方发现柳某的笔记本下落不明。在视频通话中断后,柳某的男友迅速通过各种方式联系在多伦多的警方和中国的熟人,试图阻止悲剧的发生。遗憾的是多伦多警方在案发后10个小时后才赶到柳某的住所。

近年来,国内年轻学子到海外求学的人数不断攀升,有关留学生留学期间的安全事件也日渐增多,需要引起留学及对外交往人员的高度重视,确保留学期间及对外交往中自身的生命财产安全,确保学习工作的如期完成。

留学生在海外求学前,应对即将前往的国家有较为深入的了解,包括这个国家的自然环境,社会环境和文化、习俗、宗教、法律等相关情况,并有针对性地提前做好相关准备,以便心中有数,面对可能出现的安全问题提前做好预案;在异国他乡遇上突发事件后,能够心中有数,沉着应对,及时化解。例如有的国家多台风、海啸;有的国家地震频发;有的国家民族种族众多,生活习俗差异很大;有的国家常年处于战乱之中,提前做好功课,就能主动采取有效防范措施,避免很多不安全事件的发生,确保良好的学习与生活环境不受非安全因素的干扰和破坏。

案例 ▶ 挪威凶案打破北欧和平神话

2011年7月22日,挪威首都奥斯陆和于特岛先后发生爆炸枪击事件。这两起袭击事件共造成至少92人丧生,是二战结束以来这个爱好和平的国家发生的最严重的暴力事件。

7月22日下午3点20分左右,挪威首都奥斯陆市中心发生大爆炸,挪威政府办公大楼遭受严重破坏。大约2个小时之后,奥斯陆以西约40公里的布斯克吕郡于特岛青年营发生枪击事件,凶犯布莱维克装扮成警察向民众开枪袭击。爆炸事件导致7人死亡;枪击事件致85人死亡,成为自第二次大战以来挪威历史上最大的一场"国家灾难"。

第一节 对外交往与留学生人员构成的新变化

中国自改革开放以来,随着人们生活水平和文化素质的不断提高,以及"支持留学,来去自由"的政策鼓励,越来越多的中国父母选择让自己的子女踏出国门,到海外求学。据统计,我国的留学人数以每年24%的速度增长,截止到2010年底,中国的留学生人数已突破25万人。在人员结构上,改革开放初期,留学人员主要是以公派交流为主,以研究生和访问学者为主要留学形式,人员以大学毕业、有一定工作经验的人员为主体。随着留学人数的不断增加,近年来留学人员已扩展到在校大学生和高中毕业生,年龄结构日趋低龄化,不少学生缺少社会和工作经验,基本是从校门到校门的在校生和毕业生。留学形式上也由过去的研究生层次延伸到大学本科层次,甚至中学层次。对外交往方面,过去多在专家学者和政府交流层面,如访问学者、政府考察团等。随着民间交流的不断拓展,校际交流也日益频繁,在校的大中学生出访或短期交流实习也已较为普遍,或接受国外学生到中国学习访问,已为广大学校广泛采纳,成为学校国际化水平的重要标志。这些,无疑也带来了很多前所未有的安全问题。

以美国为例,中国赴美留学生不仅在人数上大幅度增加,平均年龄也不断降低,很多中小学生直接出国上中学或读大学。2009年华盛顿州3名来自中国内地和香港的留学生发生严重车祸,2死1伤;2010年在纽约一名中国女留学生被强暴杀死;一名中国留学生和导师发生口角,导致被开除学籍并以恐怖威胁罪名起诉;留美中国学生跳桥自杀事件,凡此等等,都是过去少有或不曾遇到的。这些安全事件的发生,不仅引起家长、社会的高度关注,也引起了中国驻美各使领馆和学生组织、华人社团的高度重视。中国驻美使领馆除在各类事件中提供了必要的领事保护和及时帮助外,中国驻旧金山总领馆还将2010年确定为"留学生安全年",旨在引起人们对留学生安全的高度重视。与此同时,旧金山加州大学中国学生学者联合会、美国其他地方的留学生组织和华人社团也纷纷举办安全年主题活动,并不定期举办此类活动,提醒和帮助广大留学生提高防护意识,确保留学在外期间的生命财产安全。

 中国留学生在"动乱"中度过春节

2011年2月2日(农历腊月三十)非洲某国民众反政府示威游行进行多天。"动乱"使该国治安严重恶化,接连曝出抢劫和强奸的消息,暴力冲突已造成该国100多人死亡,上千人受伤。1月28日,中国驻该国使馆教育处即通知所有在该国的中国留学生、汉语教师、汉语教师志愿者严禁外出,注意安全。突如其来的事件,给大家造成了极大的心理恐慌。

为减轻留学生及汉语教师们的恐慌心理,中国大使馆教育处临时决定组织在该国的公派留学生、汉语教师、汉语教师志愿者分4处聚餐过春节。因为是临时决定过春节,超市买不到过节的食品,只有一些圆白菜和牛肉馅。按照中国人的传统,过年要吃饺子,就这样,身处动乱中的中国留学生、教师和大使馆的工作人员一起,利用有限的食材包起了地道的中国饺子。

第二节 对外交往与留学中应注意的基本安全问题

一、公共突发事件

在国外,常见的事故多为交通事故、财物遗失、生病等。随着国际局势的动荡,近年来,种族骚乱、政变、国际恐怖活动等也已成为威胁海外留学与对外交往人员安全的重要隐患。大多留学生在国内多是从校门到校门的学生,缺少社会经验和工作经历,基本没有处理突发事件的实际锻炼。初到国外,遇上各种突发事件,如果事先没有必要的心理与思想准备,不能及时妥善处理,往往会使事情更趋恶化,其情形往往会比国内更为严重。如2011年3月11日13时46分,日本本州岛附近海域发生里氏9.0级地震,接踵而至的海啸袭击及引发核电厂爆炸令日本陷入空前的危机,不少在日的中国留学生或出于恐慌,或迫于家庭和亲人的催促,纷纷选择弃学休学回国。一场大地震彻底打乱了正常的留学生活。地动山摇的晃动,咆哮奔涌的海水,挥之不去的核辐射阴霾,使许多留学生平生第一次亲身体验了大灾难的恐惧。即便是远离重灾区的留学生,也从周围人的情绪中,从周围同学的纷纷撤离中,感受到一种从未有过的巨大压力,面临着人生中一次重大的抉择。

就公共突发事件而言,由于其突发事件的内在特性,事先很难准确预料。比如,2011年7月11日在挪威奥斯陆发生的爆炸案和于特岛的枪杀案就完全出人意外。事先谁也很难设想这样的惨案会发生在宁静祥和的北欧和和平富裕的挪威。这种暴力极端事件往往多发于中东或南亚种族冲突、政治动荡、贫富尖锐的国家和地区,或与恐怖主义矛盾冲突较多的国家与地区。但就总体而言,凡事有偶然因素,也有前因后果,只要认真梳理分析,也有一些特点可以把握,可以为我们提供参考,未雨绸缪,提前做好相关准备和预案,使其事件发生后能够冷静应对,妥善处置,克服远离家乡祖国,孤身在外的恐慌心理。例如,在法国、英国,罢工、游行示威是工会民众争取权力和利益的重要手段,罢工、游行示威较为普遍。大规模的罢工、游行不仅会对日常生活造成严重影响,导致交通不畅,日常生活规律打乱，也易滋生一些不安全因素，有时甚至成为暴力冲突事件的导因。又如，在北美，与我国禁止公民拥有携带枪支的法律规定不同，法律许可公民可以在规定的范围内持有枪支。在美国，公民合法拥有枪支已经成为宪法赋予公民的一种基本权利，成为一种传统和文化。如何应对枪支泛滥和由此引发的枪击等突发事件，就是赴北美人员需要高度重视与警惕的安全问题。再如，传统上英国是一个治安环境相对较好的国家，但是几年来在英中国留学生遭绑架的案件时有发生，对此，留学生及在外人员应根据所在国的安全形势变化，做好应对。针对绑架事件发生的特点，一是晚上尽量不要单独出门；二是遭遇此类事件，一要沉着冷静，二要及时寻求援助。如遇上所在国发生政治动荡，如此前东欧乌克兰、格鲁吉亚等国家的政局动荡，近期埃及、利比亚、叙利亚等非洲国家的时局变化，应及时了解时局的走向，随时同国内和我国的使领馆保持畅通联系，确保第一时间能够得到及时帮助与指导，必要时提前做好应急和撤离准备。

为了更好地应对各种突发事件，确保自身安全，平时应熟记学校的紧急联系电话和联系人、居住地附近的报警电话号码、当地中国使领馆的电话号码等紧急联系方式，并把上述电话和自己在国外的联系方式、国外密切的同学朋友的联系方式一并告知自己的家人和亲朋好友，以便必要时得到亲朋好友和国内的必要帮助，提高对突发事件的应变能力。

二、法律法规的差异

每个留学生都应该自觉地学习和遵守当地的法律法规，运用法律维护自己的合法权益。由于所在国法律法规与我国法律法规不同引发冲突争议，进而引发的不适应和司法纠纷是初到国外的学生需要高度重视的。如，留美博士翟某与教授讨论学业时意见不合，争辩时措辞不当，被对方误认为有恐吓行为，被校方起诉为"恐怖分子"，给翟某带来了意想不到的麻烦。因此，身在异乡的留学生，只有对所在国的法律有较为清晰的了解，特别是与国内法律法规相悖的一些特殊情况（如哪些做法在国内不违法，而所在国的法律却认定为违法），才能既有效地维护自己的合法权益，又避免不必要的冲突纠纷，甚至司法诉讼。

一个国家有一个国家的法律，这是和各个国家的政治体制、历史背景密切相关。我国不仅与西方国家在政治体制、法律制度上迥然不同，就是与其他东方国家在政治制度、宗教信仰、法律体系也有很大差别。以我国留学生较多的美国为例，根据美国联邦宪法《权利法案》的第二条规定，全美共有38个州的州法律规定本州公民可以合法持有枪支。遇到私闯民宅的，住户可以开枪自卫。因此，在美国如果不是受到邀请，不要擅自进入私家领地，否则会给自己带来很大的麻烦，甚至危险。再如，在国内吵架时有时双方都会忍不住说一些相互威胁的狠话，对这种失控时的言语大家一般都会理解原谅，会给予提醒和批评教育，一般不会报警，请求司法机关的介入。但在美国则不同，这种言行会被当事人作为受到恐吓威胁报警，招致警方的调查，甚至会被定罪。因为根据美国"人有免于恐惧的自由"的法律规定,当事人可以以受到恐吓为由向法院起诉。曾经有一个在美国的越南留学生,因在和室友的争执中忍不住说:"这种情况在越南我就会干掉你!"结果可想而知,室友迅速向警方报案,这位越南留学生为他的这句不当言辞被警方带走调查。

三、文化、宗教、风俗习惯问题

文化是一个民族建立在自己的信仰、价值和规范体系之上的一种生活方式和观念。它不仅影响我们的言行举止,也影响到我们的评价体系。中西方的文化存在明显差异,大到价值观念、宗教信仰,小到个人隐私、社交礼仪、风俗习惯。这些差异不仅体现了文化的多元性,也体现了人类文化的丰富性。但是,如果在对外交往和留学学习中不了解各个国家、民族的文化传统、宗教信仰、民族习惯,就容易引发不必要的文化冲突,既未很好地尊重所在国的文化传统、民族习惯,又给自己带来不必要的冲突麻烦,甚或成为不受欢迎的人,平添事端。

案例 ▶ 中国留学生被控性骚扰

2003年11月3日清晨,就读于日本福冈电脑教育学院的张某像往常一样去送报。在一幢住宅楼门口,他遇见一位年近四十、浓妆艳抹的体态肥胖的妇女,两人同时走进电梯,这位妇女的头莫名其妙地靠向张某的肩膀。张某以为她是醉了,怕她摔倒,用手扶住她的胳膊,把她慢慢送回家去。谁知当天,电梯里遇到的那位妇女将张某告上了法庭,指控他性骚扰。

文化隔阂与融合是每个对外交往和留学国外的人永远避不开的一个话题,许多人的摩擦冲突都是因为这种文化差异性处置不当引发的。比如,美国虽然是个移民国家,历史不长,但各地区的文化差异依然还是很大。如在白人居多的区域,你打扮得很黑人化,说话用黑人口音,举止模仿黑人的风格等,自然会让很多人看不顺眼,容易给别人留下惹是生非的借口。

四、社会生活中常见的安全问题

1. 中介欺诈

中介诈骗现象在留学中介市场中并不鲜见,通常利用信息不对称,通过提前交学费、预付生活费等种种借口骗取各种费用。还有些非法中介公司与国外一些机构合伙勾结,以欺骗手段把申请留学的同学送到国外,待受骗同学到国外以后才发现所谓的国外名校其实是一些不具办学资质,或办学条件很差的社区学校、或培训机构,甚至是收钱发文凭的"野鸡大学"。所谓"野鸡大学",指的是在没有得到国家权威认证机构认证的情况下,授予学生欺诈性的或毫无价值的学位的学校。在非法中介机构的宣传下,语言学校或技术培训机构被"包装"成提供预科课程的大学;一些不知名的大学在中介机构的精心策划下,被美化成为"国际性大学",留学生辛苦数年最终到手的一纸文凭,却根本得不到国家教育部门的承认。

案例 ▶ 苏州学生遭受留学中介欺诈

2000年,苏州市一些应届、往届高中毕业生从苏州市某出国服务中心得到了塞浦路斯CTL学院的留学信息,在缴纳了报名费、学费、中介费等多项费用(总计约12万人民币)后,12名同学怀揣着对国外留学生活的美好憧憬踏上了塞浦路斯国土。当这些同学到了塞浦路斯以后才发现,事实与他们所设想预期的完全不一样。中介服务中心为他们安排的所谓的国际知名的CTL学院,实际就是一所彻头彻尾的"野鸡大学"。CTL学院文凭别说国际不认可,就连塞浦路斯本国教育部都不予承认。

2. 人身伤害

近年来,时有留学生在海外留学期间受到人身伤害的事件发生。海外留学生被伤害事件集中表现为夜间外出受袭、被绑架劫财、受到异性骚扰、交通事故等。在国外,城市中心区的犯罪率往往要比其他地区高。相对而言,留学生在市中心区被盗的机率比其他地区更高。尤其是晚上,在一些街头更容易碰见醉酒和吸毒等滋事挑衅人员。网吧、酒吧、歌厅是另一个高风险的地方,如果经常流连在网吧、酒吧之类的场所,容易受到不法人员的跟踪与勒索。任何时候,单身女性都更容易成为歹徒袭击的对象,安全问题更应格外重视。

3. 社会不良环境的潜在威胁

近期,澳洲有媒体报道称,亚洲留学生正成为黑帮试图招募的对象,拟利用他们来从事贩毒、诈骗、抢劫等违法活动。在悉尼地区,因为经济原因,一些留学生居住在较为贫困杂乱的街区。这些街区也是非法移民、非法打工者,或在灰色行业工作的人,具有帮派社团背景的人较为集中的地区,属于城市安全的高危地区。对于广大涉世不深,缺少社会经验的留学生来说,这无疑增添了更多的安全隐患,需要高度警惕,尽量避开这些高危地区和人群。

4. 外籍在华留学生的安全问题

一般来讲,由于我国政治社会稳定,民族性格讲究以和为贵,使得在华留学生的安全系数高,面临的安全威胁并不大。据统计,目前在华留学生人数超23万,预计到2020年外籍留学生总人数将达到50万人,届时中国将成为亚洲最大留学目的地。因此随着在华留学生人数的不断增加,有关的安全隐患也会增加,需要引起有关部门的高度重视。承担留学生教育的学校与机构也应进一步加强对外籍留学生的管理与安全教育,告诫在华留学生遵守中国的法律法规,不得有危害中国国家安全、损害社会公共利益和破坏社会公共秩序的行为,避免因法律法规和文化背景不同带来的矛盾冲突。当遇到人身安全受到威胁时,要及时报警,寻求警方的保护和帮助,并及时与所在学校的相关部门取得联系。

第三节 安全问题的防范措施与应对方法

一、事先对留学目的地进行全面的了解,做到防患于未然

对目的地进行深入细致地了解是留学出发前必须做的工作。这是一个细致的工作,既要了解留学国家相关政策、法律法规、交通规则,也要了解当地自然环境、气候特点、风土人情。同学们在选择留学目的地的时候,除了考虑自己兴趣、专业优势、个人发展的需要外,还应把目的地国家的政治稳定情况和社会治安因素考虑进去。总体而言,一般经济发达国家的社会情况相对比较稳定,但也同其他任何国家一样,总有阳光无法照到的黑暗死角。同学们可以通过咨询具备专业资质的留学服务机构,了解留学国家的法律制度、风俗习惯、文化背景和消费水平;还可以登录权威部门网站对留学国家和地区的多发疾病、食品安全、社会治安等安全问题有一个全面的了解;平时还可以通过新闻网络、留学的同学朋友收集留学国家的相关信息,为自己的留学生活进行必要的知识贮备。比如在去美国之前,可从美国国务院、疾病预防控制中心、食品安全委员会,甚至当地新闻网站上,获取相关政策、规定,了解当地的流行病、医疗保障等重要情况。时刻谨记一些安全原则,确保自身安全。例如,夜晚尽量不要独自一人出行或旅游;不要和陌生人一起喝酒;不要进入人群复杂地区,尤其在一些枪支泛滥的地区。

二、注意遵守所在国的交通法规和风俗习惯,避免发生事故和冲突

(一)严格遵守所在国家的交通法规

许多国家的交通规则和驾驶习惯与国内存在很大区别,留学国外应事先对所在国的交通状况进行了解,避免发生交通事故。例如英国的机动车都是靠左行驶的,当你穿越路口时,要特别留意地面上"注意左边"和"注意右边"的提示。澳大利亚以私家车交通为主,除少数大城市外,大部分地区的公共交通极不发达,需要步行或骑自行车。新西兰多山区,道路崎岖,平时要注意限速要求,确保出行安全。

(二)充分尊重他人的宗教信仰与民族习惯

对于他人的宗教信仰、民族禁忌,要以尊重文化差异为前提,不妄加评论,避免不必要的冲突。对于中外文化的差异,要求同存异,不作无谓的争论,更不要涉及有关宗教信仰、有伤民族自尊心的争论。对于一些风俗习惯,注意入乡随俗,避免产生不必要的冲突与隔阂。

在国外,有宗教信仰是一件很普遍的事,欧美国家大多信仰基督教,有些外籍华人信仰佛教。在宗教信仰方面,我们尤其要注意尊重各民族的宗教情感,避免矛盾冲突。例如信奉印度教的人因宗教原因不吃牛肉,而信奉伊斯兰教的穆斯林则不吃

猪肉。留学生在国外如果与信奉印度教的印度人和信奉伊斯兰教的马来人同住一宿舍,切忌把牛肉、猪肉放在冰箱里,否则会遭到印度人和马来人的激烈反对,引起尖锐的矛盾冲突。

(三) 充分尊重和理解他人的文化传统与生活方式

中西方在生活方式、文化传统、经济观念,以及生活方式,都有明显的差异。对于这些差异,要尽可能的了解、理解、包容,切忌唯我独尊的"盲目仇外"和失去立场主张的"盲目媚外"。"盲目仇外"和"盲目媚外"都是思想偏狭的表现,极易引发不同民族、不同文化间的对立冲突,妨碍不同民族、不同文化间的正常交流与正常相处。经验告诉我们,差异往往会引起他人的注意或者是好奇,但如果我们能够把差异转化为一种沟通的动力,利用好奇来加强沟通,那么我们就可以交到很多朋友,化不同为相通,学习更多有趣的东西,丰富自己。

三、掌握避险避灾自救方法,有效防范灾害事件的发生

在国外留学期间,常见的事故通常有三类:自然灾害、大型社会事件和个人突发事故。因此,具备一定的应对突发事件的能力,掌握一些必要的避险避灾自救方法,对广大留学生来说就显得格外的重要。

当遭遇地震、飓风、海啸等自然灾害时,可根据留学所在国自然灾害方面的特殊性,事先进行有针对性的防灾知识的学习和预案准备。例如美国夏季多飓风、日本是地震多发国,这些自然灾害频发的地区,都会有比较系统的安全教育。国外的院校在开学之初,都会组织国际学生学习有关避灾自救知识,并定期安排专门的火灾、地震等求生演习。日本大多数院校每年都有两次防灾训练,由老师带领学生去参加正规的防灾演习,了解如何逃生和自救。新西兰及澳大利亚等国学校每年都会组织学生参与火灾、地震等求生演习。留学生应认真参加、仔细学习,以便应对自然灾害的发生。如遇到地震可迅速躲到容易形成三角生存空间的墙根下和坚固的家具旁,趴在地上闭目,用鼻子呼吸,并用毛巾或衣物捂住口鼻,千万不要在地震时盲目外逃或从楼上跳下,也不能使用电梯。在户外要避开高大建筑物,要远离高压线及化学、煤气等有毒的工厂或设施。

当抢劫、财物遗失、交通事故等个人突发事件突然降临,不要慌乱,因为很多犯罪分子都是乘机行事,如果你和朋友在一起,就会相对安全。同行的伙伴越多,你成为犯罪分子袭击目标的可能性就越低。因此白天出门,尽量与朋友在一起。晚上最好不要出门,不要独自走僻静的小巷或人少的街区,出门要随身携带手机,如果感觉有人跟踪,立即报警。出门前,要把出行信息告知老师或朋友。不要随便跟别人夸耀自己父母的地位、财富等,即使是好朋友也不宜谈论,避免信息互传造成不必要的麻烦。学生出门不要携带大量现金,尽量使用银行卡、支票等支付工具,同时把护照、银行卡和支票号码进行备份,以便在遗失后可以及时、准确地挂失、报案。

四、注重亲情沟通，呵护心理健康

几乎所有的留学生，在刚出国的一段时间内，都会面临语言、学习、生活的巨大压力，都会经历一个陌生环境的心理适应期与苦闷期，特别需要家人、朋友的鼓励与关怀。这时多给家里亲人和朋友打些电话，家里亲人、朋友对留学的年轻同学多关心关心，对排解留学初期的苦闷焦虑极有好处。面对心里的苦闷和焦虑，可以向家人朋友适当倾诉，不要一味地报喜不报忧，或淤积在心里。面对这样的倾诉，家人朋友一定要耐心倾听，不要埋怨，要设身处地地理解，多安慰，多排解，多帮助。有时电话中一句简单的问候，QQ上的一段亲切的留言，邮寄出的一个小小的包裹，对孤身在外拼搏奋斗的学子来说，都是莫大的安慰与鼓励，都会给他们在国内生活的人们无法感受的温暖和激励，平复他们的孤寂与苦闷。

五、掌握求助、逃生、自救的基本安全技能

（一）用法律手段维护自身权益

如有案件发生在自己身上，如何尽量将损失减至最低并用法律手段来保护自己的合法权益是留学生在国外需要特别关注的问题。任何时候应牢记一点，不管发生什么事情，切忌采取过激甚至是不合法的手段，而应始终通过司法渠道，利用当地的法律法规维护自身的合法权益。

如遭遇突发事件，要冷静沉着，迅速报警，对事件发生经过尽量了然于心，并注意搜集各种有利证据。在与警察陈诉事件的过程中，要做到条理清晰，没有把握的话不说或少说，及时寻求律师的法律帮助；因为你说的每一句话，今后都可能在法庭上作为证据使用。如果手机被抢，需要保险公司赔款，理赔时必须要有警方出具的证明。发生入室盗窃和被抢劫案件，要尽量保护好现场。如果事件重大，留学生应在第一时间与当地大使馆或领事馆联系，寻求使领馆的及时指导与帮助。

（二）加强安全意识，培养安全习惯

到达国外后，应尽快到银行开设个人账户。养成出门消费用卡，身上只带零钱的习惯。大部分留学生出现安全问题的根源都是"炫富"。家境比较好的留学生们，在日常生活中应该注意避免过多地"露富"，尽量不要用名贵的饰物、名车等，尽量避免向他人透漏过多自己家庭的经济状况。以免沦为不法之徒的作案目标，给自己带来不必要的麻烦。

在日常生活中，自我防范安全意识一定要增强，并避免过多地泄露自己的隐私，尤其是在陌生人面前。若与人合租房屋，应尽量通过协商杜绝闲杂人等进入合租房屋。根据居住地区的治安情况，制订个人安全的防范方案，强化安全意识。集体活动时更应合法有度，避免蹦极、登山、潜水等高风险活动。在酒吧等公共场合，不喝烈性酒，不喝未当自己面开启的酒水和开启后离开过自己视线的酒水饮品；不吸食他人的香烟，确保远离毒品，保护自身安全。

(三) 科学理智利用网络

注意网络的虚拟性，在充分利用网络交际联络时，应有必要的防范意识，切忌轻易在网上给陌生人提供自己详细的家庭电话、住址、独自在家的情况、外出的计划等，更不要随便与网友会面，特别是不要单独与陌生网友在不熟悉或有安全隐患的环境会面，以免发生不测。

(四) 女留学生的自我保护

单身女性容易成为犯罪分子锁定的目标是世界各国犯罪的普遍现象，独处异国他乡的女留学生们更要学会保护自身的人身与财产安全。陌生人搭讪要多留个心眼，避免独自深夜回家，独处时尽量留心周边环境是否安全，这些易被忽略的细节，却是保护自己的必要手段。

扩展阅读：

留学美国的十五条生活习惯

1. 不要随便称呼老师

学校称呼老师最好是用"professor"（教授），不要称老师为"Sir"（先生），尤其是对女老师。也不要直呼老师的名字，除非老师告诉学生可以这么做。

2. 不要随便在书上做记号

上课前可先去书店买教材，但要保留收据并询问店员是否可退书，因为老师上课后可能会改变教材，而学生听课后若觉得太简单、太难或太枯燥，也可能会退选，这时便需要退书，用过的书（usedbook）是不能退的，所以刚开始不要随便在书上写名字，划线，及做任何记号。

3. 不要称呼黑人为"Negro"

Negro是英语"黑人"的意思，尤指从非洲贩卖到美国为奴的黑人，所以在美国千万不要把黑人称作"Negro"。否则，黑人会感到你对他的蔑视。说到黑人，最好用"Black"，黑人对这个称呼会坦然接受。

4. 同性不能一起跳舞

同性不能双双起舞，这是美国公认的社交礼仪之一。同性一起跳舞，旁人必定投以责备的目光，或者认为他们是同性恋者。因此，即使找不到异性舞伴，也绝不能与同性跳舞。

5. 别在别人面前脱鞋

在美国，若是在别人面前脱鞋或赤脚，会被视为不知礼节的野蛮人。无论男女在别人面前拉下袜子、拉扯袜带都是不礼貌的；鞋带松了，也应走到没人的地方系好。

6. 不要随便搭便车

搭便车而被抢去钱财或遭到凌辱之类的案件在美国屡见不鲜。有些歹徒看到路边步行的女性，就主动停车，殷勤要求送上一程，碰到这种情况，最好还是冷言拒绝。不仅如此，遇到要求搭便车的人也不要轻易答应，因为有些歹徒，包括年轻姑娘专门等候搭乘便车,上车后靠威胁等手段诈取钱财。

7. 夜间不要乘地铁

纽约的地下铁道极为脏乱,夜间更成为黑社会成员聚集之地。吸毒犯、盗窃犯、流氓、贩毒者齐集于此,整个气氛令人不寒而栗。

8. 不能随便说"I am sorry"

"I am sorry"和"Excuse me"都是"抱歉"、"对不起"的意思,但"I am sorry"语气较重,表示承认自己有过失或错误;如果为了客气而轻易出口,常会被对方抓住把柄,追究实际不属于你的责任,到时就只有"哑巴吃黄连"了。

9. 谦虚并非美德

中国人视谦虚为美德,但是美国人却把过谦视为虚伪的代名词。同美国人交往,应该大胆说出自己的能力,有一是一,有十是十,不必谦虚客气,否则反而事与愿违。

10. 同陌生人打招呼

我们常常与迎面走来的人打照面,这时美国人的习惯是用目光致意,不可立刻把视线移开,或把脸扭向一边,佯装不见。美国人清晨散步时,若碰到擦身而过的人,会习惯地说"早上好"。

11. 交谈时的话题

参加美国人的聚会时,切莫只谈自己最关心最拿手的话题,谈论只有自己熟悉的话题,会使其他人难堪,产生反感。尤其"自杀"这个话题不受欢迎,不论何时何地还是少谈为妙。

12. 不可在别人面前伸舌头

美国人认为在别人面前伸出舌头是一件既不雅观又不礼貌的行为,给人以庸俗、下流的感觉,甚至可以解释为瞧不起人。

13. 不可随便微笑

在某些场合,微笑往往代表对某种事物的允诺。尤其是女性,最好不要无来由地微笑,因为暧昧不明的微笑,有时候会被误认为是"耻笑",有时会被误认为"默认",容易造成很大的误会。

14. 不乱送礼物

送礼必须送得有意义,例如朋友生日、同事结婚可以送上一份礼物;但不能动辄送礼,这样对方不但不会感激,还会疑心你另有所图;不知送何礼物为宜时,可以送鲜花,作客或参加宴会,鲜花总是得体的。香水和威士忌等也普遍受到欢迎。

15. 不为别人付账

中国人的习惯是:几个好友一道出门时,总是抢着付钱买车票、门票等。但这种作法会使美国人觉得欠了人情账,心理上很难受。美国人一起外出,总是各付各的费用,车费、饭费、小费都是如此。(《盘点:留学美国的十五条"潜规则"》,摘自新华网)

本章小结：

近年来，中国留学生在海外遇到的人身安全问题时有发生。留学生出国前，应该做好充分的准备，学习前往国家的有关法律、习俗和地方安全状况，遵守相关法律法规，同时要学会尊重当地习俗，学会良好地沟通，尽量避免争执和中外文化差异带来的冲突，减少麻烦和危险。

问题讨论：

1. 在国外留学期间，遇到人身伤害问题应通过哪些渠道来寻求帮助？
2. 女留学生更应该注意哪些安全问题？
3. 不同文化背景下的各国留学生应怎样实现很好的融合和交流？

附录一：疏散演习模板

学生宿舍楼消防疏散演习模板

一、特情介绍

学生公寓 E 栋宿舍四楼宿舍发生电线短路引发的火灾。公寓消防控制室接到火灾自动报警系统发出的火灾报警信号后，立即通知校卫队消防队员赶往现场实施扑救，并引导学生紧急疏散。在校卫队消防队员的疏散和引导下，成功疏散宿舍内学生，并及时扑灭大火。

二、参演部门

120 急救中心、校学生处、校医务室、保卫处校卫大队、各参演学院

三、演习所需设备、器材、道具

120 救护车（1 辆）、消防服、头盔、战斗靴、灭火器、消防栓、消防水带、防毒面具、救生斧、救生绳索、铁钳、对讲机、担架、医用急救箱、湿毛巾（学生自备）、烟雾弹。

四、人员分工

演习总指挥：1 人

指挥员：2 人

疏散引导组负责人：1 人（成员按需要配备）

灭火行动组负责人：1 人（成员按需要配备）

安全警戒组负责人：1 人（成员按需要配备）

后勤保障组负责人：1 人（成员按需要配备）

参演学生：500 人

五、演习流程

1. 安全警戒组进入演习现场，按照演习方案划定的警戒区域和位置拉警戒线，执行警戒任务。

2. 全体参演人员各就各位，由演习总指挥下达演习开始命令。

3. 学生公寓 E 栋 4 楼宿舍阳台释放烟雾弹，公寓消防控制室接到火灾自动报警系统发出的火灾报警信号，立即通知校卫队巡逻队员赶往现场查看火情，消防控制

室队员模拟拨打"110"电话报警,通报着火地点、燃烧物性质、火势蔓延趋势、受困人员和到达火灾现场路线;同时拉响消防警铃,并向学生公寓消防演习指挥员报告。

4. 指挥员立即启动消防应急预案,灭火行动组齐装满员(灭火器、防毒面具、救生斧、救生绳索、铁钳、对讲机)赶到火灾现场,利用灭火器、墙壁消防栓对火势进行有效控制;同时切断非消防用电,将电梯迫降到首层,查看防火卷帘、排烟风机和消防水泵,确保消防设施和消防用电正常。

5. 疏散引导组控制各疏散通道出口,使用消防广播通知楼内学生疏散逃生,疏散出的人群用衣服或者毛巾捂住口鼻,身体贴近地面行走,疏散指引到指定位置(安全地点)集结,并以院系、班级为单位清点集结人数。

6. 后勤保障组组织医护人员、引导救援车辆迅速到达现场,开展救援工作。急救人员用担架抬出伤员,实施人工呼吸和简单救护包扎,协助120急救人员进行救助。

7. 安全警戒组负责学生公寓楼火场周围的安全警戒,设立交通警戒标志,防止无关人员进入火场,维持现场秩序。

8. 灭火行动组启动消防水带进行灭火,经过奋力扑救,公寓内大火被成功扑灭。

9. 各学院负责人组织人员疏散到指定安全地点集合后,迅速清点人数向指挥员报告。校卫大队义务消防队负责人向指挥员报告火灾已扑灭,指挥员使用对讲机向演习总指挥员报告公寓楼火灾已扑灭,人员全部疏散撤离,伤员已送医院急救处理,组织疏散出的人员按指定队形在指定地点(安全地点)集合待命。

六、疏散指示图

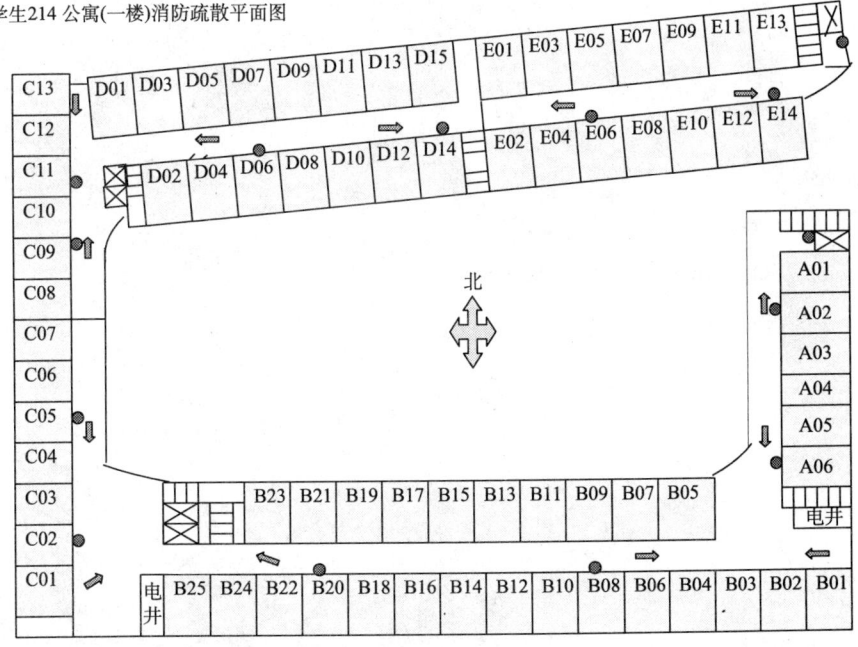

学生214公寓(一楼)消防疏散平面图

● 表示消火栓　　⊠ 表示电梯　　→ 表示逃生指示　　▯ 表示楼梯

七、演习讲评要点

1. 此次演习按照演习方案流程,演习全部项目完成情况,肯定成绩,指出不足。
2. 各行动小组各司其职,按要求完成任务。
3. 疏散过程中,能够按照演习须知进行人员疏散,但也存在个别同学在疏散过程中穿高跟鞋、没用湿毛巾掩住口鼻等现象。
4. 学生宿舍消防疏散演习整体表现平稳有序,没有发生拥堵、踩踏等安全事故。

附录二：消防疏散标志

附录三：消防警示标志

参考文献

① 《中华人民共和国国家安全法》,1993 年 2 月 22 日第七届全国人民代表大会常务委员会第三十次会议通过,中华人民共和国主席令第 68 号发布。

② 《中华人民共和国国家安全法实施细则》,1994 年 5 月 10 日国务院令第 157 号发布,自发布之日起施行。

③ 《中华人民共和国保守国家秘密法》,2010 年 4 月 29 日中华人民共和国第十一届全国人民代表大会常务委员会第十四次会议修订通过,自 2010 年 10 月 1 日起施行。

④ 张永华主编:《教育系统突发公共事件应急管理》,广州:广东高等教育出版社,2007 年。

⑤ 孙多勇著:《突发事件与行为决策》,北京:社会科学文献出版社,2007 年。

⑥ 《公务员应对突发事件学习读本》,北京:国家行政学院出版社,2008。

⑦ 《深圳公众应急常识》,深圳:海天出版社,2008 年。

⑧ 张雅宾:《城市居民应急避险手册》,北京:北京出版社,2003 年。

⑨ 胡传健、孙道胜:《大学生安全教育教程》,合肥:安徽大学出版社,2008 年。

⑩ 吴超:《大学生安全文化》,北京:机械工业出版社,2005 年。

⑪ 高开华:《当代大学生安全知识读本》,合肥:中国科学技术大学出版社,2007 年。

⑫ 平凡:《自救逃生手册》,北京:民主与建设出版社,2010 年。

⑬ 孙绍玉主编:《火灾防范与火场逃生》,北京:中国人民公安大学出版社,2001 年。

⑭ 邢明典、侯少清主编:《社会安全消防培训教材》,开封:河南大学出版社,2008 年。

⑮ 刘本生、田亮本编著:《消防安全管理》,青岛:青岛出版社,2008 年。

⑯ 董洪艳编著:《消防安全》,北京:中国社会出版社,2007 年。

⑰ 黄郑华、李建华、黄汉京编:《消防安全知识》,北京:中国劳动社会出版社,2008 年。

⑱ 范强强、贾建民主编:《公众聚集场所消防安全》,北京,中国石化出版社,2008 年。

⑲ 《新消防法及防火安全》,北京:中国法制出版社,2008 年。

⑳ 师婕:《消防常识 ABC》,北京:中国减灾,2006 年。

㉑ 郭九苓:《大中专院校安全教育知识读本》,北京:北京理工大学出版社,2008 年。

㉒ 纪荣顺、王浩:《大学生避险与自救全攻略》,济南:山东大学出版社,2008 年。

㉓ 万鹏飞:《市民公共安全应急指南》,北京:北京大学出版社,2006 年。

㉔ 施卫芳:《护卫生命》,广州:广东高等教育出版社,2008 年。

㉕ 陈日文:《大学生安全教程》.广州:华南理工大学出版社,2004.

㉖ 陈颙、史培军:《自然灾害》,北京:北京师范大学出版社,2007 年。

㉗ 约翰·怀斯曼:《生存手册》,海口:海南出版社,2003 年。

㉘ 孙柏枫,刘佳男:《大学生安全教育》,北京:高等教育出版社,2008年。
㉙ 李伟:《大学校园暴力行为的分析与教育对策研究》,云梦学刊,2005年。
㉚ 刘南南:《浅析美国校园暴力类型及成因》,科教文汇,2007年。
㉛ 刘士合:《校园暴力的成因和对策》,法制与经济,2008年。
㉜ 姜忠良:《实验室安全基础》,北京:清华大学出版社,2009年。
㉝ 宋涛,顾军:《热处理工工作手册》,北京:化学工业出版社,2007年。
㉞ 胡桂兰,徐晓光:《机械工安全知识读本》.北京:机械工业出版社,2010年。
㉟ 鲁植雄等:《汽车车身修复》,南京:江苏科学技术出版社,2006年。
㊱ 鹏小龙:《汽车车身修复与涂装》,北京:机械工业出版社,2009年。
㊲ 吴兴敏:《汽车车身维修与美容》,北京:机械工业出版社,2002年。
㊳ 黄士力:《大学生安全教育案例评析》,宁波:宁波出版社,2007年。

后　　记

在《大学生安全教育与应急处理训练》即将出版印行之际，关于本书的编写还有些话尚需说明。

首先要说的是，本教材是在总结深圳职业技术学院多年安全教育经验的基础上，吸收整合国内外安全教育先进理念与经验，针对目前高校学生面临的安全实际编写而成的，适合广大高等职业学院和普通大学学生学习使用，具有较好的针对性和实操性。其次，教材中的不少章节内容已在深圳职业技术学院开设的安全教育通识课中实际使用，或是在实际教学中提炼而成，体现了教材从理论到实践、实践到理论的编写原则，是一部融先进教育理念与实际教学经验，适用面广的安全教育教材。三是本教材是大范围集体合作的成果。作者队伍由深圳职业技术学院牵头，汇集了深圳职业技术学院、宁夏职业技术学院、四川烹饪专科学校、电子科技大学等多所院校和广东核电集团等部门的老师与研究人员，吸收了国内安全教育先进的教学模式与经验，体现了国内安全教育的最新水平。四是教材初稿成稿后，编委会在主编单位深圳职业技术学院的大力支持下，于2010年8月召开了《大学生安全教育与应急处理训练》审稿会，来自商务印书馆、深圳信息职业技术教育学院、深圳市电大和宁夏职业技术学院、深圳市教育局高教处、广东省安全教育协会和深圳职业技术学院技术与职业教育研究所的十余位专家对教材初稿进行了认真细致的审读评审。评审中，与会专家学者对教材的编写思路与体例框架给与了充分肯定，一致认为教材充分吸收了国内外安全教育的先进理念与成果，注重实践性和理论性的有机结合，强化自主性学习，贴近安全教育和大学生的实际，具有理念新、方法实、编排灵活的特点，是我国安全教育教学与教材编写中的一次突破，必将全面提升我国安全教育的教学水平。同时，与会专家也对教材中存在的疏漏和不足提出了具体的修改建议。根据这次评审会提出的意见和建议，主编召集全体编写人员，对书稿进行了再次修改，使教材质量有了进一步提升。可以说，这部教材不仅凝结了参编学校老师的心血，也包含了参与审定的各院校及单位专家学者的智慧。

深圳职业技术学院历来重视在学生中开展安全教育，一直把安全教育摆在十分重要的位置上。2009年以来，在刘洪一校长和学校领导班子的大力支持下，学校确定把安全教育列入学生必修课程，并设置一个课程学分，纳入学校必修课程统一管理。这不仅是国内高校率先之举，也实实在在的调动了教学双方的教学积极性，使深圳职业技术学院的安全教育走到了国内高校的前列。可以说，没有深圳职业技术学院在安全教育和人文通识教育课程的先期探索与实践，没有兄弟院校的积极响应参与，也就没有这部教材的编写出版。在本教材的编写中，深圳职业技术学院刘洪一校长、温希东副校长、杨润辉副校长和宁夏职业技术学院撒承贤校长自始至终给与了大力支持。主编张效民副校长确定了教材编写的基本指导思想和整体构想及内容安排,审定了编写提纲。教材成稿后,电子科技大学周玲老师协助主编张效民进行了审稿统稿。副主编赵伟光及夏勇、任全录、李强除完成各自所承担的编审任务外,还负责了教材编写大量的组织协调工作,保证了编写工作的顺利开展。孙剑坪、肖燕、阴法楠等负责了教材相关资料的收集和整理及教材初稿的校对工作。宁夏职业技术学院常红霞、吴轶宏参加了教材前期的部分编写工作。教材具体章节编写分工如下:导论(张效民),第一章(李耀),第二章(胡明鸣),第三章(赵伟光),第四章(孙剑坪、肖燕),第五章(肖燕),第六章(夏勇),第七章(孙剑坪),第八章(孙剑坪、肖燕),第九章(孙剑坪、肖燕),第十章(孙剑坪),第十一章(孙剑坪),第十二章(撒承贤、黄炳华),第十三章(肖燕、胡明鸣、阴法楠),后记(张效民、撒承贤)。

在本教材即将出版之际,我们要感谢以各种形式参与教材编写审稿工作的各位老师与朋友,感谢商务印书馆于殿利总经理、李平副总编辑和教育室苑容宏主任对高校人文教育的重视和教材建设的大力支持。正是由于他们的关心与支持,本教材才能顺利编辑出版。编写中,我们广泛阅读参考了国内外出版的相关著述,在此谨向这些著述的作者和出版与发表单位表示真诚的感谢!

最后,真诚希望能够听到使用师生对教材的意见与建议,以便我们进一步提高水平,使本教材在今后的修订中更臻完善。

编委会
2011 年 8 月 26 日